MICHÈLE LIUSSI

SELBST-BEWUSST BEDÜRFNIS-ORIENTIERT

Wie du Vorurteilen, Widerständen und Erziehungsmythen begegnest, während du dein Kind liebevoll begleitest

humboldt

INHALT

Die Vergangenheit bearbeiten,
die Gegenwart gestalten,
die Zukunft verändern.
Für unsere Kinder

VORWORT

Wann immer die Idee für ein Buch aufkommt, stellt sich unweigerlich die Frage: Braucht es dieses Buch? Auch bei dem, das du gerade in der Hand hältst. Braucht es tatsächlich ein Buch darüber, dass Kinder bedürfnis- und bindungsorientiert aufwachsen sollen und dürfen? Darüber, dass es sinnvoll ist, dass wir unsere Kinder gewaltfrei, auf Augenhöhe, zugewandt und achtsam beim Aufwachsen begleiten? Darüber, wie wir mit den Widerständen umgehen? Sind wir uns nicht längst alle einig?

Ich wünschte, dem wäre so. Wirklich, das wünsche ich mir sehr. Doch noch während ich an diesem Buch schreibe und mich mit dieser Frage beschäftige, bekomme ich die Antwort von mehreren Seiten. Ein auflagenstarkes Blatt stellt groß infrage, ob es wirklich sinnvoll ist, dass Kinder beim Bäcker selbst entscheiden dürfen, was sie haben möchten. Und ob es zumutbar ist, dass deswegen andere Menschen warten müssen. Auf X (ehemals Twitter) liest man Diskussionen darüber, wann „Nein sagen" zum Verbrechen gegen Kinder wurde. Die Beobachtung, die diese Annahme untermauern sollte: Kinder gehen verkleidet in den Kindergarten. Und das, obwohl nicht einmal Fasching ist! Ganz eindeutig haben hier Eltern nicht an der „richtigen" Stelle Nein gesagt, ihre Kinder nicht richtig erzogen.

Wären Diskussionen über solche „Kleinigkeiten" das einzige Problem, mit dem Eltern zu kämpfen haben, die bedürfnisorientiert, frei und unverbogen erziehen wollen, könnten wir es schulterzuckend an dieser Stelle gut sein lassen. Sollen sie doch reden. Aber zum einen ist es schwer, die vielen Verfechter*innen veralteter Erziehungsmethoden einfach auszublenden, zum anderen sind gewaltvolle Haltungen und Verhaltensweisen immer noch die Lebensrealität unserer Kinder. In einer großen, repräsentativen Befragung des österreichischen Bundeskanzleramtes gaben 2021 36 % der Befragten an, dass man in der

Erziehung schon mal mit einem Klaps nachhelfen darf, 34 % waren der Meinung, dass ein kleiner Klaps nicht schadet und 20 % dachten, dass eine Ohrfeige oftmals besser erziehen kann als viele Worte (Bundeskanzleramt, 2021). In Deutschland zeigte sich laut der Studie „Aktuelle Einstellung zu Körperstrafen und elterlichem Erziehungsverhalten in Deutschland" aus dem Jahr 2020 der Unicef und des Kinderschutzbundes, durchgeführt vom Universitätsklinikum Ulm, ein ähnliches Bild. Dort gab gut ein Viertel der Befragten an, dass sie der Aussage „Ein Klaps auf den Hintern hat noch keinem Kind geschadet" völlig zustimmen (Clemens et al., 2020).

Und selbst wenn du ein Elternteil bist, der jede Form von Gewalt gegen sein Kind strikt ablehnt, so wirst du vom Umfeld mit diesen Einstellungen konfrontiert. Ebenso dein Kind. Es gibt Gewalt in Familien, Gewalt in Betreuungs- und Bildungseinrichtungen, Gewalt im kindlichen Alltag. Ein Blick ins Nachbarland spricht Bände: Im Jahr 2023 diskutiert die Schweiz über die gesetzliche Verankerung eines Züchtigungsverbots. 2023! Gewaltfreie Erziehung ist dort zu diesem Zeitpunkt noch nicht im Gesetz angekommen. Fairerweise muss man ergänzen, dass 96 % der befragten Eltern sehr oder eher zustimmten, dass Kinder ein Recht auf gewaltfreie Erziehung haben, als die Stiftung Kinderschutz 2022 danach fragte (Stiftung Kinderschutz, 2022). Eine solche Verankerung im Gesetz wird von diesen Eltern sehr oder eher befürwortet.

Aber selbst in den Ländern, in denen das Recht auf gewaltfreie Erziehung gesetzlich verankert ist, ist Gewalt im Alltag noch zu finden. Oft erwächst sie auch heute noch aus einer Haltung, die Erwachsene über Kinder stellt. Aus der Überzeugung, dass Kinder strenge Führung und Disziplinierung brauchen, weil sonst nichts aus ihnen wird. Weil wir sie andernfalls verziehen, verwöhnen und sie uns auf der Nase herumtanzen lassen. Es ist schwer, sich diesen „Befürchtungen" zu entziehen, denn sie werden Eltern gern ungefragt aufgedrückt. Diese „Befürchtungen", denen wir und unsere Kinder nahezu jeden Tag begegnen, werde ich in diesem Buch als – nennen wir das Kind beim Namen – Bullshit entlarven. Ich beschreibe und durchleuchte die gängigsten Bullshit-Sätze eingehend. Damit bist du künftig gerüstet, wenn dir Kritik und Widerstände begegnen und dir Erziehungsmythen aufgedrückt werden. Aber das Umfeld ist nicht das einzige Schlachtfeld, auf dem der Kampf für eine bedürfnisorientierte Erziehung ausgetragen wird. Wir selbst, die wir überwiegend noch autoritär erzogen wurden, tragen die Narben dieser Zeit auf unserer Seele und heilen, während wir begleiten.

Lass uns gemeinsam den Weg zur selbstbewussten, bedürfnisorientierten Erziehung gehen. Ein Weg, der nicht nur den Blick auf Erziehung, sondern auch unser gesamtes Verständnis von Familie, Partnerschaft und Gemeinschaft verändern wird. Du hältst den Schlüssel zu einer radikalen Veränderung in den Händen. Erziehung ist im Wandel. Wir sind Teil einer Bewegung, die nicht nur eine Reaktion auf die Unzufriedenheit mit der autoritären Erziehung darstellt, die viele von uns erlebt haben, sondern auch auf aktuellen wissenschaftlichen Erkenntnissen basiert. Denn bei Erziehung geht es nicht darum, was „man schon immer so gemacht hat“, sondern darum, was beispielsweise aus entwicklungspsychologischer Sicht sinnvoll ist. Es geht nicht darum, ob man an bedürfnisorientierte Erziehung „glaubt“. Man „glaubt“ ja auch nicht, dass die Erde rund ist oder dass Penicillin wirkt. Man weiß es. Wissenschaft und Forschung schenken uns Erkenntnisse, die unser Leben verändern, das ist ihre Aufgabe. Und das gilt auch für Entwicklung und Erziehung. Wir entstauben veraltete Erziehungsvorstellungen, räumen mit festgefahrenem Bullshit auf und blicken nach vorne. Darum und um uns, unsere Kinder und unsere Familie geht es in diesem Buch.

Deine

Michèle Liussi

SCHLÜSSELBEGRIFFE

Die folgenden Begriffe begegnen dir im Verlauf des Buchs. Du kannst dich jetzt gleich mit ihnen vertraut machen oder hierher zurückkommen, um sie nachzulesen.

Stöbert man durch die Ratgeberliteratur und einschlägige Social-Media-Kanäle, findet man unterschiedliche Begrifflichkeiten, die alle einen zugewandten Erziehungsweg beschreiben: Da gibt es die bedürfnisorientierte, die bindungsorientierte und die beziehungsorientierte Erziehung (alle drei mit BO abgekürzt). Synonym wird dafür oftmals das „Attachment Parenting" genannt. Ebenfalls zu finden sind eher beschreibende Bezeichnungen wie „Begleitung auf Augenhöhe", „Freiheit in Grenzen", die „friedvolle Elternschaft", „gewaltfreie Erziehung" oder relativ neu „regulationsorientierte Erziehung". Diese Erziehungsformen unterscheiden sich sicherlich hier und da voneinander. Im Grunde beschreiben alle jedoch eine den Eltern innewohnende Haltung.
Für dieses Buch habe ich mich für „bedürfnisorientierte Erziehung" als übergeordneten Begriff entschieden, denn er umfasst meiner Ansicht nach auch den Fokus der anderen Strömungen. Ich wende mich jedoch an alle Eltern, die für ein Miteinander auf Augenhöhe und einen respektvollen, kindgerechten und gewaltfreien Umgang mit ihren Kindern kämpfen wollen. Ganz egal, wie sie ihre Erziehungsweise nun nennen.

Erziehungsstil Erziehungsstile sind Erziehungsverhaltensweisen, die über die Zeit hinweg stabil bleiben. Ein in der Erziehungswissenschaft gängiges Modell (Hurrelmann/Bauer, 2015) beschreibt Erziehung anhand zweier Dimensionen: dem Einsatz elterlicher Autorität (Wie stark lenken und kontrollieren die Eltern?) und der Berücksichtigung der kindlichen Bedürfnisse (Wie viel Zuwendung und emotionale Unterstützung bekommt das Kind?). Je nachdem, wie Eltern sich dahingehend verhalten, kann man sie bestimmten Erziehungsstilen zuordnen.

Autoritäre Erziehung Eine Form der Erziehung, die durch einen hohen Einsatz elterlicher Autorität, Macht und Kontrolle gekennzeichnet ist, bei geringer Berücksichtigung kindlicher Bedürfnisse und wenig emotionaler Wärme. Strenge, Disziplin und Gehorsam sind zentrale Werte dieser Erziehung. Strafen, Disziplinierungen und Druck sind beobachtete Erziehungsmethoden (siehe z. B. Charlotte et al., 2012).

Autoritativ-partizipative Erziehung Dieser Erziehungsstil charakterisiert sich durch eine ausgewogene Balance von Wärme und emotionaler Unterstützung sowie Lenkung und Orientierung. Bei dieser Bezeichnung handelt es sich um den Fachterminus aus der Erziehungswissenschaft. Viele der neuen Erziehungsbewegungen fallen in diese wissenschaftliche Kategorie.

Laissez-faire-Erziehung Bei dieser Erziehung ist das Kind weitestgehend auf sich allein gestellt, die Eltern halten sich aus der Erziehung heraus. Dadurch fehlt es an erfahrbaren Grenzen, Orientierung und zugewandter Unterstützung. Eine milde Form dieses Erziehungsstils ist die „permissive Erziehung", die ebenfalls keine Grenzen und beobachtbares Erziehungsverhalten kennt, dafür aber mit liebevoller Zuwendung einhergeht.

Adultismus Unter Adultismus versteht man eine Form der Diskriminierung, die auf dem Ungleichgewicht der Macht zwischen Kindern und Erwachsenen gründet. Wird ein Mensch aufgrund seines jungen Alters diskriminiert, also nicht ernst genommen, übergangen, ausgeschlossen oder Ähnliches, spricht man von Adultismus. Dieser kann familiär, gesellschaftlich, strukturell, institutionell und politisch beobachtet werden.

Bedürfnisse Bedürfnisse sind grundlegende Bereiche, in denen Menschen keinen Mangel aushalten. Wenn er aufkommt, verspüren wir einen starken Drang, diese Bedürfnisse zu erfüllen. Neben den körperlichen Grundbedürfnissen definierten der Kinderarzt Berry Brazelton und der Kinderpsychiater Allan Greenspan (Brazelton & Greenspan, 2002) sieben Grundbedürfnisse.

Das sind die Bedürfnisse nach:

- beständigen liebevollen Beziehungen (→ Bindung)
- körperlicher Unversehrtheit, Sicherheit und Regulation
- individuellen Erfahrungen (→ Autonomie)
- entwicklungsgerechten Erfahrungen (→ Lernen)
- Grenzen und Strukturen (→ Orientierung)
- stabilen, unterstützenden Gemeinschaften und nach kultureller Kontinuität (→ Zugehörigkeit)
- einem globalen Verantwortungsbewusstsein (→ Beachtung kindlicher Bedürfnisse und Rechte durch die Gesellschaft)

Ich habe dieses Bedürfniskonzept gewählt, weil es einen sehr wichtigen Aspekt beinhaltet: das globale Verantwortungsbewusstsein. Nach der Auffassung von Brazelton und Greenspan ist es uns ein Bedürfnis, dass die Gemeinschaft, in der wir leben, Verantwortung für uns übernimmt. Besonders Kinder brauchen den Schutz der Gemeinschaft, brauchen eine Gesellschaft, die ihre Bedürfnisse und Rechte achtet und eine Lebenswelt erschafft, in der sie gesund gedeihen können.

Die im Buch verwendete Literatur sowie die Studien, aus denen ich zitiere, findest du im Anhang.

DIE GROSSE REVOLUTION FÜR UNSERE KLEINEN

Erzieht man seine Kinder bedürfnisorientiert, hat man die Forschung auf seiner Seite, gefühlt aber sonst jeden gegen sich. Die Partnerperson zieht nicht mit, die Schwieger- und Großeltern halten mit ihren veralteten Weisheiten dagegen und der Kindergarten glänzt mit einem wohlklingenden Konzept, dessen Umsetzung aufgrund der Umstände zu wünschen übriglässt. Als wäre eine bedürfnisorientierte Erziehung im Alltag nicht schon anstrengend genug, machen uns Eltern das soziale Umfeld, das System und die Gesellschaft zusätzlich das Leben schwer. Die gute Nachricht: Du bist Teil einer Revolution, die voll im Gange ist, und dieses Buch unterstützt dich dabei.

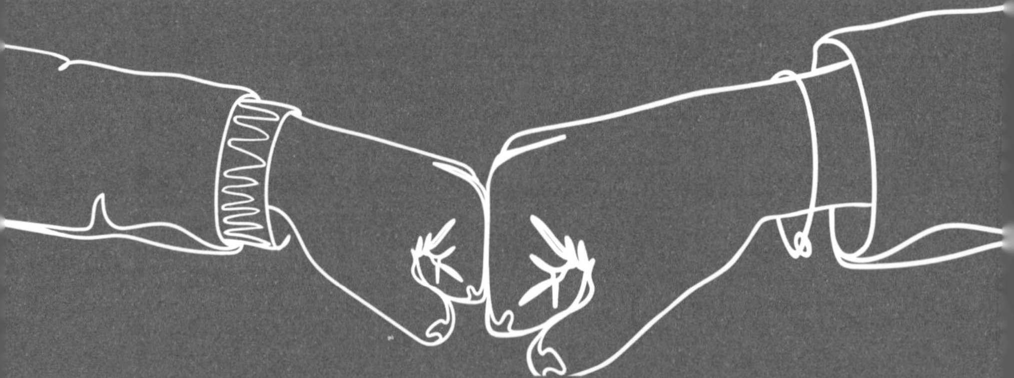

Elternvorbereitung

Wenn wir Eltern werden, bereiten sich die meisten von uns mehr oder weniger darauf vor. Paare besuchen Geburtsvorbereitungs-, Säuglingspflege- und Stillkurse, die werdende Mutter sucht sich eine Hebamme, die ihr in der ersten Zeit mit Rat und Tat zu Seite steht. 74 % der befragten Mütter haben 2017 laut Statista einen Geburtsvorbereitungskurs besucht (Statista, 2019). Während es also recht selbstverständlich scheint, sich auf dieses Ereignis vorzubereiten, gibt es darüber hinaus nur wenige Möglichkeiten, sich auf das Leben mit Kindern vorzubereiten. Oder hast du schon mal etwas von einem Erziehungsvorbereitungskurs gehört? Zugegeben, es gibt Elterntrainingsprogramme, aber vorbereitend werden diese nicht genutzt. Obwohl drei große wissenschaftlichen Analysen (Pinquart und Teubert, 2010a,b; Weiss et al., 2015) übereinstimmend deutlich positive Effekte von Trainingsprogrammen auf das elterliche Erziehungsverhalten und die kindliche Entwicklung nachweisen konnten.

Nun kann man natürlich argumentieren, dass man sich auf etwas so Komplexes wie Erziehung nur schwer vorbereiten kann. „Erziehung findet stets in ‚Ernstsituationen‘ statt – es gibt keinen Probelauf [...]“, schreibt Jutta Standop 2013. Sie erklärt weiter, dass erzieherisches Denken und Handeln Werten unterliegt und somit die erziehende Person ethische Entscheidungen treffen muss (Standop 2013, S. 171). Werteeinstellungen sind geschichtlich und kulturell vorgezeichnet, aber individuell ausgeprägt. Kommen noch die eigene Kindheit, das persönliche Temperament, das Bildungsniveau und weitere persönliche Faktoren dazu, sieht man schnell, dass Erziehung nicht für alle gleich aussehen kann und es kein Schema F gibt. Außerdem unterscheiden sich auch unsere Kinder voneinander und stellen uns vor unterschiedliche Herausforderungen. Es ergibt daher Sinn, dass ein Teil des Unterstützungsbedarfs, den Eltern haben, durch Ratgeber, Beratungsangebote, themenspezifische Elternbildungsangebote oder Elterntrainingsprogramme abgedeckt ist. Wer um diese Möglichkeiten weiß und sie nutzt, kann sich so sein Handwerkszeug für die Begleitung von Kindern zusammensuchen.

Du selbst wirst vermutlich schon den ein oder anderen Ratgeber gelesen oder Vortrag besucht haben, um ein besserer Elternteil zu werden und Antworten auf einige deiner Fragen gefunden haben. Worauf du vermutlich noch keine Antwort gefunden hast: Wie bleibe ich auf meinem Weg als bedürfnisorientiert erziehender Elternteil und verteidige diesen selbstbewusst gegen all die Widerstände, die uns im Alltag begegnen? Denn es reicht ja nicht, dass wir, die wir meist selbst nicht bedürfnisorientiert aufgewachsen sind, gegen innere Muster ankämpfen müssen. Nein, wir müssen vielleicht noch eine Partnerperson motivieren und überzeugen, bei dieser Art der Begleitung mit uns an einem Strang zu ziehen. Wir müssen uns gegen die Kritik anderer Eltern und der vorangegangenen Generation wehren. Wir werden auf Missstände im vorherrschenden System aufmerksam und müssen unser Kind davor schützen, diese Missstände vielleicht sogar aktiv anpacken und verändern. Das sind ganz schön viele Baustellen neben der eigentlichen: der bedürfnisorientierten Erziehung unserer Kinder.

Wie erziehst du?

Wir werden uns in den folgenden Kapiteln anschauen, mit welchen Erziehungsformen viele von uns groß geworden sind und welche erzieherische Haltung unsere Kinder mit größter Wahrscheinlichkeit gut auf ihre Zukunft vorbereitet. Außerdem werden wir sehen, wie der bedürfnisorientierte Ansatz nicht nur dein Kind unverbogen groß werden lässt, sondern wie er auch die Zukunft unserer Gesellschaft verändern kann.

> **Demokratie und Teilhabe beginnen am Esstisch, wenn das Kind mitentscheiden darf, was gegessen wird. Bei der Urlaubsplanung, wenn das Kind mitentscheiden darf, wo es als Familie hingeht und was dort unternommen wird. Beim gemeinsamen Aushandeln der Umgangsregeln, die in dieser Familie gelten. Beim Gefühl, eine Stimme zu haben, die gehört wird und etwas bewegt.**

Dieses Buch wird dich dabei unterstützen, diesen Weg zu gehen und den Erziehungswandel voranzutreiben. Vorher möchte ich dich jedoch einladen, deine Kindheit und deine jetzige Haltung zu reflektieren. Dafür habe ich dir ein paar Fragen mitgebracht, die du für dich oder gemeinsam mit deiner Partnerperson beantworten kannst. Sie eignen sich auch dafür, dass ihr über Erziehung ins Gespräch kommt und die jeweilige Position des anderen besser versteht. Lasst euch Zeit bei der Beantwortung der Fragen, egal, ob gemeinsam oder allein. Spür gut in dich hinein und mach eine Pause, wenn belastende Gedanken oder Gefühle aufkommen sollten. Oder lies erst mal weiter und komme später noch mal darauf zurück.

Fragen für dich

Eigene Kindheit

1. Wie würdest du die Erziehung deiner Eltern beschreiben? Worauf haben sie Wert gelegt, welche Methoden haben sie angewandt?
2. Wie wurde mit Fehlern, Versäumnissen und Konflikten umgegangen?
3. Im Umgang mit dir als Kind, worin haben sich deine beiden Elternteile am meisten unterschieden und wie hast du das als Kind erlebt?
4. Was ist dir von der Erziehung deiner Eltern (oder eines Elternteils) so gut in Erinnerung, dass du es an dein Kind weitergeben möchtest?
5. Was möchtest du im Umgang mit deinem Kind anders machen?
6. Wie würdest du die Beziehung zu deinen Eltern als Kind und heute als erwachsene Person beschreiben?

Eigene Elternschaft

1. Was für ein Elternteil möchtest du sein?
2. Womit tust du dich als Elternteil schwer?
3. Welche Werte und Prinzipien sind dir besonders wichtig?
4. Welche Gefühle, Erfahrungen und Fähigkeiten möchtest du deinem Kind gerne mitgeben?
5. Erkennst du manchmal deine Eltern in deinen Handlungen oder Worten? Wenn ja, wann? Wodurch wird das ausgelöst?
6. Wie ist der Umgang mit Fehlern und Konflikten in eurer Familie?
7. Wie würdest du die Beziehung zu deinem Kind beschreiben?
8. Wie würde dein Kind eure Beziehung beschreiben?

Bedürfnisorientierte Erziehung – da wollen wir hin

Mithilfe der vorangegangenen Fragen konntest du bei dir, und vielleicht auch bei der anderen Bezugsperson deines Kindes, nachspüren, wo du dich selbst in Sachen Erziehung verortest. Das ist dein Jetzt, dein Startpunkt auf unserer Reise. Wenn du dieses Buch in der Hand hältst, kennen wir auch schon den Zielpunkt dieser Reise: eine selbstbewusste bedürfnisorientierte Erziehung für dein Kind entgegen den Widerständen. Aber was heißt das? Was ist bedürfnisorientierte Erziehung und was nicht? Was ist es, was die einen so feiern, während die anderen kopfschüttelnd seufzen? Was machen immer mehr Eltern anders als die Eltern der letzten zwei bis drei Generationen?

Ein überraschender Fakt vorweg: Bedürfnisorientierte Erziehung ist keine Erfindung neumodischer Eltern des 21. Jahrhunderts. Unter diesem oder dem amerikanischen Namen *Attachment Parenting* ist sie zwar erst seit der Nachkriegszeit bekannt und im Kommen. Ähnliche Ansätze, Gedanken und Haltungen gab es allerdings auch schon davor, sowohl in unserer als auch in anderen Kulturen.

In unserem Kulturraum erlitt diese Haltung jedoch durch zwei Weltkriege, wirtschaftliche Krisen und den Nationalsozialismus einen enormen Rückschlag. Um die Jahrhundertwende herrscht in allen Erziehungsratgebern eine emotional vernachlässigende und autoritäre Haltung vor. Exemplarisch dafür werden heute gerne die Lehren der deutschen Ärztin und Autorin Johanna Haarer herangezogen, die Mütter in ihrem Buch „Die deutsche Mutter und ihr erstes Kind" davor warnte, ihr Kind zu „verzärteln" und es somit zum Tyrannen zu erziehen (Haarer, 1934). Wenn man bedenkt, dass sie eine bekennende Anhängerin des Nationalsozialismus war, ist das geradezu ironisch. Ihre Gedanken dazu, dass die deutsche Mutter ihre Kinder nicht verwöhnt, sondern von Anfang an zu einem „nützlichen Gliede der Volksgemeinschaft" (Haarer, 1934, S. 261) erziehen müsse, zogen in viele Kinderzimmer ein. Ihre Ratschläge, besonders die der emotionalen Vernachlässigung, des Schreien-Lassens und der sehr frühen nächtlichen Trennung, traumatisierten über die Generationen hinweg Kinderseelen. „Auch das schreiende und widerstrebende Kind muss tun, was die Mutter für nötig hält, und wird, falls es sich weiterhin ungezogen aufführt, gewissermaßen ‚kaltgestellt', in einen Raum gebracht, wo es allein sein kann und so lange nicht beachtet, bis es sein Verhalten ändert. Man glaubt gar nicht, wie früh und wie rasch ein Kind solches Vorgehen begreift", schreibt Haarer auf Seite 249 ihres Buches. Ein solches Vorgehen hinterlässt Spuren. Wunden, die wir bis heute spüren. Wunden, die nur langsam heilen. Wir werden uns den Schatten dieser Vergangenheit im folgenden Kapitel → „Die Aufarbeitung" noch genauer anschauen.

Glücklicherweise kann man sehen, wie der Einfluss dieser sehr autoritären und adultistischen Erziehungshaltung immer weiter schwindet und einer Erziehung Platz macht, die Entwicklung, Gesundheit und Wohlbefinden maßgeblich fördert. Und nicht nur das. Die stetig wachsende Bewegung, die eigenen Kinder auf Augenhöhe zu begleiten und ihren Bedürfnissen einen ebenbürtigen Stellenwert innerhalb der Familie beizumessen, dreht auch unsere Gesellschaft auf links. Die Prioritäten verschieben sich, immer mehr Eltern fordern eine bessere Vereinbarkeit sowie ein politisches Mittragen der Care-Arbeit und die Zukunft der Gesellschaft und unseres Planeten gewinnt an Bedeutung.

Und das alles durch Erziehung? Ja. Denn wer lernt, seine eigenen Bedürfnisse gut im Blick zu haben und die Bedürfnisse anderer zu achten, der wird auf das große Ganze schauen können, ohne sich dabei selbst aus dem Blick zu verlieren. Räumen wir menschlichen Bedürfnissen in gesellschaftlichen Belangen einen hohen Stellenwert ein und lassen das Wohl von Kindern und ihren Familien in wichtige Entscheidungen einfließen, verändert sich das gesamtgesellschaftliche Miteinander.

Was ist das nun für eine wundersame Haltung? Denn genau das ist es, eine Haltung, eine Einstellung. Weit mehr als eine Abfolge von Erziehungsmaßnahmen oder eine Checkliste, wie die „Baby-Bs" von

William Sears, dem Begründer des Attachment Parenting, oftmals (miss-)verstanden wurden. Diese „Baby-Bs" aus seinem Buch „The Attachment Parenting Book" sind sieben wichtige Prinzipien (die im Englischen alle mit B beginnen), an denen er diese Erziehungsform festmacht. Sie beinhalten unter anderem das Stillen (Breastfeeding), das Bonding, das Tragen des Babys am Körper (Baby-wearing) und das gemeinsame Schlafen (Bedding near your baby) (Sears, 2001).

Bindung und Bedürfnisse sind auch bei ihm zentral und sein Ansatz findet sich auch heute noch in der bedürfnisorientierten Erziehung. Von einer Fixierung auf bestimmte Verhaltensweisen ist jedoch abzuraten. Davon ist in der heutigen Bewegung der bedürfnisorientierten Erziehung auch nicht mehr viel zu spüren. Sie legt den Fokus auf eine tiefe Verbindung zum Kind und seine Bedürfnisse. Es geht um eine respektvolle und achtsame Kommunikation zwischen Eltern und Kindern, um eine Erziehung, die auf Empathie und Verständnis basiert. Bedürfnisorientierte Erziehung bedeutet, dass die Bedürfnisse der Kinder ebenso wichtig sind wie die Bedürfnisse der Eltern und sich nicht an den Wünschen und Vorstellungen der Erwachsenen orientieren. Für diese Haltung gilt der Grundsatz: **Alle Bedürfnisse sind gleichwertig, nur zeitweise unterschiedlich dringend.** Dieser Umgang auf Augenhöhe ermöglicht es, dass sich dein Kind sicher und geborgen fühlt, was sich wiederum positiv auf seine gesamte Entwicklung auswirkt.

Dabei geht es bei dieser Erziehungshaltung nicht um perfekte Elternschaft. Es geht darum, ein stabiles Fundament für eine gesunde Beziehung zwischen Eltern und Kindern zu schaffen. Dieser Erziehungsansatz konzentriert sich darauf, die individuellen Bedürfnisse und Interessen des Kindes zu berücksichtigen und zu respektieren. Es geht darum, das Kind mit seiner eigenen Persönlichkeit zu akzeptieren und ein Umfeld zu schaffen, in dem es sich gesund entwickeln kann und sicher und geborgen aufwächst. Im Gegensatz zum autoritären Weg, bei dem die Eltern bestimmen, wo es langgeht, beziehen sie bei der Bedürfnisorientierung ihr Kind mit ein und ermutigen es, seine eigenen Bedürfnisse und Wünsche zu äußern. Sie unterstützen es dabei, die wichtigsten Fähigkeiten zu entwickeln. Es erfährt Grenzen, die eigenen und die der anderen Menschen, sie werden ihm nicht willkürlich auferlegt. Der Umgang mit persönlichen und sozialen Grenzen wird (vor)gelebt und begleitet.

Beschäftigt man sich intensiver mit dem Thema Erziehung, kommt auch die Frage nach den Erziehungszielen auf. Was motiviert Eltern, ein bestimmtes Erziehungsverhalten an den Tag zu legen? Was motiviert dich? Die Erziehungswissenschaft nennt diese Erziehungsziele die „kognitive Komponente" (Köhne, 2003) der Erziehung. Unter anderem diese Ziele steuern das Verhalten. Der Erziehungswissenschaftler Wolfgang Brezinka war sogar der Meinung, dass Erziehungsziele eine notwendige Voraussetzung für Erziehungsverhalten seien (Brezinka, 1993). Es gibt Fürsprecher*innen der bedürfnisorientierten Erziehung, die sich dafür einsetzen, dass es für den Weg der Begleitung auf Augenhöhe keine Zielsetzung braucht. Weil es moralisch betrachtet das Richtige ist, Kinder gleichwertig zu behandeln und nicht durch Machtgebrauch zu formen und zu unterdrücken. Andere sehen das Ziel dieser Erziehungshaltung darin, eine Generation heranwachsen zu lassen, die emotional und psychisch gesund ist, über psychische Widerstandskraft und einen guten Umgang mit Gefühlen verfügt und dabei selbstbewusst und selbstwirksam ist. Eine Generation, die auf die sich wechselnden Herausforderungen einer ungewissen Zukunft vorbereitet ist. Und wieder andere erhoffen sich durch diesen beziehungsorientierten Ansatz eine starke Eltern-Kind-Beziehung, die bis ins Erwachsenenalter hinein Bestand hat. Ich für meinen Teil fühle mich beidem verbunden. Es ist moralisch richtig, Kinder gleichwürdig zu behandeln, sie als vollwertigen Menschen zu sehen. Das ist meine Überzeugung. Gleichzeitig hilft mir ein Ziel vor Augen, auf Kurs zu bleiben, wenn es mal schwierig und anstrengender wird.

DIE AUFARBEITUNG: SCHATTEN DER VERGANGENHEIT

Die Vergangenheit ist ein Teil von uns und den Menschen, mit denen wir jeden Tag zu tun haben. Sie haftet an uns, beeinflusst, was wir denken und fühlen und durch welche Brille wir die Welt und unser Umfeld betrachten. Sie ist ein maßgeblicher Teil von uns: vom allgemeinen Wertesystem bis hin zu den kleinsten impulsartigen Reaktionen. Um uns selbst als Eltern und den Widerstand, der uns auf unserem Weg entgegenschlägt, besser zu verstehen, ist es hilfreich und notwendig, sich dieser Vergangenheit und damit auch der eigenen Geschichte bewusst zu werden.

Der Blick zurück

Wir verstehen unser Heute besser, wenn wir unser Damals verstehen. Denn unser Heute – wie wir fühlen, denken, reagieren, uns binden, kommunizieren oder einfach leben – ist beeinflusst davon, was Eltern und Bezugspersonen uns vorgelebt haben, wie sie uns behandelt haben, wie sie uns die Welt erklärt haben. Also wie wir aufgewachsen sind. „Eltern prägen ihre Kinder durch ihr gesamtes Verhalten, durch ihre Einstellungen, Überzeugungen und Aktivitäten, aber auch durch ihr Erziehungsverhalten und speziell durch ihren Erziehungsstil." (Bründel & Hürrelmann, 2017, S. 77) Um aber zu verstehen, wie wir erziehen und erzogen wurden, müssen wir noch ein paar Generationen zurückgehen. Denn die Art und Weise, wie unsere Eltern mit uns umgegangen sind, ist nicht unabhängig davon, wie deren Eltern sie erzogen und behandelt haben.

Nun werde ich die Geschichte nicht bis in die Antike aufrollen, obwohl das sicherlich spannend wäre. Aber es lohnt sich, die letzten knapp 100 Jahre einer kurzen Betrachtung zu unterziehen. Denn damit umreißen wir vier bis fünf wichtige Generationen: die (Ur-)Urgroßeltern unserer Kinder, ihre (Ur-)Großeltern, uns selbst und unsere Kinder. Außerdem fließen dann auch die Prägung durch zwei Weltkriege, eine aus pädagogischer Sicht fehlende Kriegsbewältigung und die tiefgreifenden gesellschaftlichen Veränderungen der Nachkriegszeit in unsere Betrachtung ein, ohne die ein umfassendes Verständnis nicht möglich ist. All das sind wichtige Aspekte der Geschichte der Erziehung.

Unser Rückblick startet in einer Zeit größter Not, rund um den zweiten Weltkrieg und in den Jahren unmittelbar danach. Angetrieben von der nationalsozialistischen Ideologie beherrschte die autoritäre Erziehung, geprägt von Disziplin, Gehorsam und einem strikten Machtgefälle, die Kinderzimmer und die Lebenswelt der Jugendlichen. „Bolschewismus wie Nationalsozialismus waren jeweils Erziehungsdiktaturen, in denen versucht wurde, die nachwachsende Generation auf das System zu verpflichten und keine Alternativen zuzulassen." (Oelkers, 2013, S. 7) Man mag sich gar nicht ausmalen, wie sich Eltern, Jugendliche und Kinder in dieser Zeit, in der Selbstbestimmung, Selbstverwirklichung und kritisches Denken unterdrückt wurden, gefühlt haben. „Weil ich es sage!" war nicht einfach ein Satz. Es war ein unverrückbares Gesetz.

Für die Umsetzung dieser Erziehungsziele, also dem Anpassen des eigenen Kindes an die gesellschaftlichen Erwartungen, war zu dieser Zeit die Verwendung von körperlicher und psychischer Gewalt ein probates Mittel. Erst ab den 1950ern wurde in Deutschland ein Rückgang körperlicher Gewalt in der Erziehung verzeichnet (Wetzels, 1997). Das Recht auf gewaltfreie Erziehung kam erst viel später.

Um es auf den Punkt zu bringen: Unsere Urgroßelterngeneration war nicht selten auf vielfache Weise traumatisiert, eine verwundete Generation, die ihrerseits wieder zu Eltern wurde. Unsere autoritäre Vergangenheit war geprägt von klaren Regeln, starren Hierarchien und dem festen Glauben daran, dass Autorität nur durch Strenge und Gehorsam durchsetzbar ist. Die Regeln waren klar, die Strafen noch „klarer". Gehorsam wurde erzwungen, für individuelle Persönlichkeitsentwicklung blieb kein Platz. „Warte, bis dein Vater nach Hause kommt ..." flößte Furcht ein statt Respekt oder gar Freude.

Die Nachkriegszeit brachte Demokratie ins Land und einen demokratischeren Erziehungsstil in die Familien. Wirtschaftliche Krisen und Wiederaufbau verhinderten jedoch eine Aufarbeitung der Kriegswunden bezogen auf Kindheit und Erziehung. Nicht einmal in der pädagogischen Literatur dieser Zeit findet sich ein Hinweis auf Kriegsbewältigung. Dieses Kapitel der Geschichte wollte man, verständlicherweise, hinter sich lassen und den Neubeginn feiern. In diese Zeit der beginnenden politischen Auseinandersetzung mit autoritären Haltungen wurden die (Ur-)Großeltern unserer Kinder geboren. Sie ging jedoch nur langsam und mit regionalen Unterschieden voran. Daher ist überaus wahrscheinlich, dass ein Großteil der (Ur-)Großeltern ebenfalls noch mit autoritären Erziehungsmaßnahmen sozialisiert wurde.

DAS GESPRÄCH SUCHEN

Leben die eigenen Großeltern und/oder Eltern noch, lohnt es sich, mit ihnen über ihre Kindheit zu sprechen, um ein Gefühl dafür zu bekommen, was sie erlebt haben und wie sie groß geworden sind. Das kann anlassbezogen geschehen, wie zum Beispiel „Mir ist aufgefallen, dass es dich wundert, wenn ich so oder so mit meinem Kind umgehe. Wie war das bei dir? Wie hast du das als Kind erlebt?" oder ganz allgemein mit den Fragen „Was hat dich geprägt? Wie gingen deine Eltern mit Fehlern um? Welche Regeln gab es eigentlich bei euch zu Hause?" Solche und ähnliche Fragen können eine Einladung für einen offenen, wertfreien Austausch sein, der dann zu tieferem gegenseitigen Verständnis führt.

Die Spuren dieser Vergangenheit sind nicht zu übersehen, denn viele von uns haben selbst noch erlebt, wie autoritäre Erziehung zwar kurzfristig Gehorsam erzeugte, doch langfristig einen Schatten auf die emotionale Entwicklung warf. Unsere Eltern und wir selbst lernten, uns anzupassen, nicht selbstständig zu denken und nicht gesund mit unseren Gefühlen umzugehen. Die Konsequenzen reichen bis heute, wenn wir Gefühle unterdrücken, bis sie explosionsartig aus uns hervorbrechen. Wenn wir Frauen unsere Grenzen ein ums andere Mal überschreiten und mit Füßen treten lassen, weil wir zur Fügsamkeit und sozialen Anpassung erzogen wurden. Wenn Väter ihre Söhne nicht umarmen können, weil sie es selbst nicht gelernt haben und sich das für sie falsch anfühlt. Wenn wir Schwierigkeiten haben, Entscheidungen zu treffen, weil wir als Kind so gut wie kein Mitbestimmungsrecht hatten und gar nicht wissen, was wir selbst eigentlich wollen.

Der Blick auf diese Spuren der Vergangenheit ist frustrierend, besonders wenn du heute weißt, wie es besser gehen kann. Wenn du siehst, in welchen Momenten falsch mit dir umgegangen wurde. Das macht bisweilen wütend, manches braucht vielleicht sogar eine individuelle

Aufarbeitung oder ein klärendes Gespräch. Gleichzeitig kann es ein kleiner Trost sein, dass sich die Zeiten (wenn auch langsam) ändern und es unsere eigenen Kinder schon anders erfahren dürfen.

In den letzten Jahrzehnten wurden individuelle Rechte und Freiheiten wichtiger, Kinderrechte gewannen an Bedeutung und wurden schließlich sogar ins Gesetz aufgenommen. Ein Wendepunkt in der Erziehung, nicht nur im privaten, sondern auch im institutionellen Umfeld! Dass der angestoßene Wandel jedoch noch voll im Gange ist, betonte Unicef in seiner Kampagne #NiemalsGewalt und nennt Zahlen: Weltweit erfahren drei von vier Kindern zwischen zwei und vier Jahren körperliche oder psychische Gewalt durch ihre Eltern oder andere Erziehende (Unicef, 2017). Und das, obwohl fast alle Staaten der Erde die UN-Konvention über die Rechte des Kindes anerkannt haben. Wie es um die Einstellung zu körperlichen Formen der Erziehungsgewalt in Deutschland und Österreich bestellt ist, kannst du im Vorwort noch mal nachlesen.

Es ist daher von entscheidender Bedeutung, dass wir uns weiterhin auf die Förderung von Kinderrechten und einen respektvollen Umgang mit Kindern konzentrieren. Eltern, Erzieher*innen und Lehrer*innen müssen sich bewusst sein, dass erzieherische Gewalt nicht nur unmoralisch, sondern auch gesetzlich verboten ist. Es liegt in unserer Verantwortung, sicherzustellen, dass Kinder in einer Umgebung aufwachsen, die ihre körperliche und emotionale Sicherheit gewährleistet. Wir müssen dafür sorgen, dass alle Kinder die Chance haben, in einer Umgebung aufzuwachsen, die ihre Entwicklung fördert und ihre Rechte respektiert. Nur so können wir gewährleisten, dass die nächsten Generationen in einer besseren Welt aufwachsen, in der die Rechte und Bedürfnisse von Kindern anerkannt und geschützt werden.

Autoritäre Erziehung – da kommen wir her

Eine ungefähre Vorstellung davon, was diese Erziehungsform, die das Leben der vorherigen Generationen bestimmt hat, ausmacht, hast du vermutlich. Vielleicht hast du Formen davon sogar selbst erlebt. Für unsere Aufarbeitung der Vergangenheit ist es jedoch wertvoll, uns in die Denkweise vergangener Generationen hineinzuversetzen. In einer Zeit, in der soziale Strukturen oft hierarchisch und autoritär geprägt waren, spiegelte sich diese Dynamik auch im Familienleben wider.

Autoritäre Erziehung in einer ausgeprägten Form ist ein Erziehungsstil, der durch klare Hierarchien, strenge Regeln und die Betonung von Gehorsam und Disziplin gekennzeichnet ist. Seine historischen Wurzeln beruhen auf gesellschaftlichen Normen und Überzeugungen. Dazu zählt auch der Einfluss der (katholischen und protestantischen) Kirche, die lange Zeit auf Bildung und Erziehung und damit auch auf individuelles Erziehungsverhalten eingewirkt hat. Während das Christentum auf der einen Seite das Bild des schützenswerten Kindes zeichnete, gab es auch unbarmherzige Seiten, die in sogenannte „christlichen Hausbücher“ Einzug fanden. Darin heißt es zum Beispiel, dass die Erziehung mit der Rute eine väterliche Pflicht sei. Überhaupt war die elterliche Pflicht Inhalt zahlreicher Predigten, denn es galt, die Kinder auf einen „lasterfreien“ Weg zu führen (Oelkers, 2021).

Eltern, die autoritär erziehen, legen großen Wert auf ihre Autorität und erwarten von ihren Kindern Gehorsam. Neben Traditionen, gesellschaftlichen und religiösen Geboten basiert diese Erziehungshaltung oft auch auf dem Gedanken, dass Kinder klare Anweisungen und Grenzen benötigen, um sich zu entwickeln und in der Gesellschaft zu funktionieren. Die Idee, dass Kinder wenig Mitspracherecht haben sollten, war lange Zeit fest in den Köpfen der Erwachsenen verankert. Es fehlt(e) das Vertrauen in kindliche Kompetenzen und das Wissen um den inneren Entwicklungsmotor, der Kinder antreibt. Gleichzeitig geht diese Form der Erziehung oft mit einem Mangel an emotionaler Wärme und individueller Entfaltung einher.

Ein charakteristisches Merkmal autoritärer Erziehung ist die hohe Kontrolle der Eltern über ihre Kinder. Regeln sind strikt, Entscheidungen werden von oben nach unten getroffen, und es gibt wenig Raum für Diskussion oder Verhandlung. In einer autoritären Umgebung wird von den Kindern erwartet, dass sie die Anweisungen ihrer Eltern ohne Widerspruch befolgen. Das ist sicher zu einem Teil auch der gesellschaftlichen Unsicherheit zuzuschreiben, die in der Nachkriegszeit vorherrschte, in der diese Erziehungsform ihren Höhepunkt erlebte. In turbulenten Zeiten voller Angst sehnen sich Menschen nach Stabilität und Sicherheit, die durch starre Strukturen, Machtausübung und Kontrolle vermeintlich erreicht werden kann. Das bestätigte zum Beispiel der Rechtswissenschaftler und Kriminologe Kai-Detlef Bussmann in zahlreichen Schriften zum Thema (u. a. Bussmann, 1995, S. 39–61). Er erklärt nachvollziehbar, warum körperliche Gewalt in verunsichernden Zeiten nicht in erster Linie eine generelle Erziehungsstrategie darstellt, sondern als eine Form der Disziplinierung eingesetzt wird, wenn Eltern das Gefühl haben, die Kontrolle zu verlieren.

Auswirkungen der autoritären Erziehung

Die Auswirkungen autoritärer Erziehung auf Kinder sind wie unsichtbare Fäden, die sich tief in ihre Persönlichkeit gewoben haben. Die Absicht der meisten Eltern, ihre Kinder auf das Leben vorzubereiten und sie für die Unwägbarkeiten abzuhärten, war durchaus ehrenhaft. Aber die Umsetzung hinterließ oft tiefe Spuren, die bis ins Erwachsenenalter reichen können. Spuren, die die körperliche oder psychische Gesundheit betreffen können. Spuren, die die Bindungsfähigkeit oder die berufliche Leistungsfähigkeit beeinflussen können.

Diese Art der Erziehung kann aus einem Kind einen Jugendlichen oder Erwachsenen machen, der Schwierigkeiten hat, eigene Entscheidungen zu treffen. Autoritär erzogene Jugendliche sind weniger selbstständig und verfügen über weniger soziale Kompetenz, fassen die

Entwicklungspsychologin Susie Lamborn und Kollegen in einer Studie mit über 4.000 Jugendlichen zusammen (Lamborn et al., 1991). Sie fühlen sich den elterlichen Reaktionen ausgeliefert und haben weniger Kontrolle über ihr eigenes Handeln, was zu einer geringen Selbstwirksamkeitserwartung führt (Uslucan, 2013). Das Befolgen von Regeln geschieht bei ihnen nicht aus einer intrinsischen Motivation heraus, sondern aus Angst vor einer möglichen Bestrafung. Die Anpassung an die Bedürfnisse der Eltern geschieht auf Kosten der eigenen Bedürfnisse, denn die Kinder lernen nicht, diese zu kommunizieren. Auch das Bilden einer eigenen Meinung kann ihnen schwerfallen, ebenso wie das Gefühl, etwas bewirken zu können oder eine Stimme zu haben.

Möglicherweise rebelliert das älter werdende Kind irgendwann gegen den starren Rahmen. Restriktive Disziplin konnte in Untersuchungen (Baumrind, 1989) oft mit einem höheren Maß an aggressivem Verhalten des Kindes in Verbindung gebracht werden. Das bestätigten viele Studien, die Psychologin Dr. Dorothea Dette-Hagenmeyer und die Professorin für Entwicklungs- und Pädagogische Psychologie Barbara Reichle wie folgt zusammenfassen: „Inkonsistenz, restrikte Diziplinierungsmethoden, körperliches Strafen und negative Kontrollstrategien sind hingegen eher mit problematischen Verhaltensweisen des Kindes, wie emotionalen Auffälligkeiten, oppositionell-aggressivem Verhalten und Hyperaktivität assoziiert." (Dette-Hagemeyer & Reichle, 2019, S. 31) Oder ein so autoritär erzogenes Kind unterwirft sich und unterdrückt Gefühle und Autonomiebestrebungen, die negative Konsequenzen nach sich ziehen könnten. Hier zeigt sich ein Unterschied zwischen Jungen und Mädchen. Während Jungen ein höheres Maß an Wut und Trotz zeigen, ziehen sich Mädchen zurück, werden unselbstständig, explorieren kaum und fühlen sich von Herausforderungen schnell überfordert (Hart et al., 2002). Angst ist eine zentrale Triebfeder dieser Form der Erziehung, denn sie beruht auf Einflussnahme auf das kindliche Verhalten durch Zwangsmaßnahmen, Strafen und Gewalt.

STRAFEN

Eine Strafe dient in der Regel dem Ziel, unangemessenes Verhalten anzuprangern und das Kind abzuschrecken, dieses Verhalten in Zukunft zu wiederholen. Dabei steht die Strafe nicht in Verbindung mit dem gezeigten Verhalten. Beispielweise darf das Kind, das die Wand angemalt hat, eine Woche nicht mehr fernsehen, statt dass es die beschmierte Wand säubern muss. Die Konsequenz einer bemalten Wand ist eine bemalte Wand. Eine Wiedergutmachung wäre das Reinigen eben dieser Wand, oder gar das Streichen.

Eine Strafe zielt jedoch darauf ab, negative Emotionen wie Angst, Wut oder Scham auszulösen, auf dass das Kind diese Gefühle und folglich die Handlung, die zu diesen Gefühlen geführt hat, vermeiden möge. Unterbewusst ist manchmal auch eine gewisse Rachsucht für die eigenen negativen Gefühle, die das Kind ausgelöst hat, eine Triebfeder für Strafen. Aber wie beschrieben geschieht das meist unterbewusst. Fatal sind die Auswirkungen dieser auf schmerzhafte Emotionen ausgelegten Strafen, weil sie den Selbstwert des Kindes angreifen und das Vertrauensverhältnis zwischen Eltern und Kindern belasten.

Ein weiteres Phänomen, das häufig bei autoritär erzogenen Kindern zu beobachten ist, ist ein verzerrtes Selbstwertgefühl. Durch das fehlende Zutrauen in kindliche Kompetenzen und die daraus resultierende Entscheidungsgewalt, die ausschließlich bei den Eltern liegt, entwickeln Kinder ein niedriges Selbstwertgefühl. Kontrollierende Eltern kommunizieren dem Kind direkt oder indirekt, es sei unzulänglich (Pomerantz & Eaton, 2000). Die ständige Betonung der elterlichen Autorität kann dazu führen, dass Kinder ihren Selbstwert von der Erfüllung externer Erwartungen abhängig machen. Ein Lob von außen wird wichtiger als die innere Zufriedenheit, und der Selbstwert wird an Erfolge oder Misserfolge geknüpft.

Das erklärt den Leistungsdruck, den viele von uns heute verspüren. Mit Blick auf eine erfolgreiche Zukunft legen Eltern sehr großen Wert auf die Leistungen ihrer Kinder, sei es in der Schule oder auch beim Sport. Das macht sich zum Beispiel in der starren Regelsetzung in Bezug auf Hausaufgaben bemerkbar. Eltern, die autoritär erziehen, machen klare Zeitvorgaben und erwarten, dass ihre Kinder ohne Diskussion die Hausaufgaben erledigen. Die Betonung liegt hier auf der Befolgung der Regel, ohne Raum für Diskussion über den Lernprozess oder individuelle Bedürfnisse des Kindes. Wird die Regel nicht eingehalten, werden Strafen angedroht und/oder umgesetzt.

Die Eltern treffen viele Entscheidungen und erwarten, dass die Kinder sich dem fügen. Zudem werden die eingeschlagenen Wege mit viel Disziplin beschritten, Aufgeben ist eher keine Option. Fehlermachen auch nicht. Die ständige Angst vor Bestrafung oder Kritik kann ein Klima schaffen, in dem Kinder zögern, ihre Gedanken, Bedenken und Wünsche zu äußern, um dann ihren eigenen Weg zu gehen. Daraus kann ein Mangel an Selbstvertrauen resultieren.

Die oben beschriebenen Absolutismen beziehen sich auf die rein autoritäre Ausprägung der Erziehung. Selten findet man Erziehungsstile in Reinform, aber um sie zu beschreiben, ist es hilfreich, ihre extremen Formen und Auswüchse zu kennen. Dann kann man Mischformen und Grauzonen ausmachen. Es ist daher auch wichtig zu betonen, dass autoritäre Erziehung nicht zwangsläufig gleichbedeutend mit Misshandlung ist. Das ist in den allermeisten Fällen mitnichten die Motivation dieser Eltern und meist wissen sie auch nicht um die negativen psychischen Auswirkungen.

Viele Eltern, die autoritär erziehen oder erzogen haben, glauben, dass sie das Beste für ihre Kinder tun, indem sie klare Strukturen und klare Erwartungen schaffen. Die Klarheit, die Kinder in ihrer Begleitung durchaus benötigen, wird oft mit Strenge und engen Grenzen verwechselt. Man darf auch nicht vergessen, dass jedes Kind ein Individuum ist und unterschiedlich auf verschiedene Erziehungsmethoden reagiert. Und tatsächlich gibt es auch kulturelle und milieubedingte Unterschiede. Allerdings zeigen zahlreiche Studien, dass ein übermäßig autoritärer Erziehungsstil negative Auswirkungen auf die emotionale Entwicklung, das Selbstwertgefühl und die sozialen Fähigkeiten der Kinder haben kann (siehe weiter vorne oder im Anhang). Es ist daher wichtig, einen ausgewogenen Erziehungsstil zu finden, der klare Grenzen setzt, aber auch Raum für die individuelle Entfaltung und emotionale Verbindung zwischen Eltern und Kindern ermöglicht.

Das unsichtbare Erbe

> **Elternschaft ist kein Kampf gegen die eigenen Kinder.**
> **Es ist ein Kampf mit der eigenen Kindheit.**

Die Übertragung von Erziehungs- und Bindungsmustern von einer Generation zur nächsten ist ein faszinierender, aber oft unbeachteter Aspekt in der Familiendynamik. Und bevor man nicht selbst Eltern wird, setzt man sich so gut wie nie damit auseinander, was man eigentlich bereits an Erziehungsverhaltensweisen mitbringt. Die unscheinbaren Rituale des Alltags, die Worte unserer Eltern und vermeintlich harmlose Gesten und Phrasen legen die Grundlage dafür, wie Kinder später selbst Eltern werden.

Wie der Kinderarzt und Autor Herbert Renz-Polster in seinem Buch „Erziehung prägt Gesinnung“ erläutert, legt unsere Kindheit sogar den Grundstein dafür, wie politisch wir als Erwachsene sind. Hattest du als Kind eine Stimme und wurdest gehört, wirst du mit größerer Wahrscheinlichkeit auch als Erwachsener davon überzeugt sein, dass deine Stimme etwas bewirkt. Das wiederum macht politisches Interesse und Engagement wahrscheinlicher, lässt dir demokratische Grundwerte als wichtig erscheinen.

Deine eigene Kindheit prägt dich auf so viele unterschiedliche Weisen. Sie prägt, wie du liebst und diese Liebe zeigen kannst. Sie prägt, wie du mit Gefühlen umgehst und wie du dich selbst siehst. Sie prägt, wie du dich bindest und an wen. Viele winzige Kleinigkeiten haben die Art und Weise geprägt, wie du heute erziehen möchtest. Das können sehr positive Prägungen sein, die dich befähigen, heute vertrauensvolle, positive Beziehungen einzugehen und gesund mit deinen eigenen Gefühlen und Bedürfnissen umzugehen. Es können aber auch vereinzelt schmerzhafte Prägungen sein, die dich hemmen, deine Bedürfnisse zu kommunizieren, Grenzen für dich selbst zu setzen oder starke Gefühle zu regulieren. Einige dieser „negativen" Prägungen zeigen sich nur in Ausnahmesituationen, wie zum Beispiel bei großer Wut oder heftiger Überforderung. Wenn du im Konflikt mit deinem Kind nicht mehr weiter weißt und plötzlich schreist „Geh auf dein Zimmer und bleib dort, bis ich dich wieder rauslasse!", obwohl du das eigentlich nie tun wolltest. Weil du weißt, wie es sich anfühlt. Weil du es kennengelernt hast. Weil du dabei klingst wie deine Mutter oder dein Vater. Das ist Teil deines unsichtbaren Erbes.

Das ist die Übertragung teils autoritärer Erziehungsweisen, die unbewusst in uns wirken. Eltern greifen auf Verhaltensweisen zurück, die sie selbst erlebt haben, sei es aus Gewohnheit, Unsicherheit, fehlender Reflexion oder eben im Ausnahmezustand, in dem der Mensch immer dazu neigt, auf Gewohntes und Bekanntes zurückzukommen. Diese Muster sind internalisiert, besonders wenn man als Kind die Erfahrung gemacht hat, sie seien normal. Sie sind tief verwurzelt in der eigenen Kindheit und man neigt dazu, diese Muster aufrechtzuerhalten, da es die einzige erlernte Methode der Kindererziehung ist. Der Kreislauf der Übertragung wird somit fortgeführt, es sei denn, es erfolgen eine bewusste Reflexion und die Entscheidung, diesen Kreis zu durchbrechen. Das gilt ganz besonders für den Teufelskreis der Gewalt, wie u. a. eine Unicef-Studie im Jahr 2020 zeigen konnte. Von den Personen, die in ihrer Kindheit selbst keine Körperstrafen erlebt hatten, lehnten 85,7 % in der Gegenwart Körperstrafen ab. Aus der Gruppe der Befragten, die in ihrer Kindheit selbst Körperstrafen erlebt haben, waren es nur 27,5 % (Clemens et al., 2020). Wie diese Kreisläufe durchbrochen werden können, schauen wir uns im Kapitel → „Cycle-Breaking“ noch genauer an.

TRANSGENERATIONALE TRAUMATA

Unbearbeitete traumatische Erlebnisse bahnen sich ihren Weg und beeinflussen unsere Gegenwart. Und nicht nur das, sie beeinflussen auch das Leben unserer Nachkommen. Es ist gut möglich, dass wir selbst bereits Opfer einer traumatischen Weitergabe geworden sind. Traumatische Erfahrungen können über den Erziehungsweg, die Emotionen und sogar die Kultur weitergegeben werden.

Ich fühle mich heute automatisch schuldig, wenn ich etwas über die Opfer des Nationalsozialismus lese oder höre, denn diese Schuld ist ein kulturelles Erbe, das den Geschichtsunterricht meiner Kindheit beherrscht hat. Dabei liegen schon mehrere Generationen zwischen mir und diesen Verbrechen. Ähnlich kann es sich auch mit den traumatischen Erfahrungen innerhalb einer Familie entwickeln. Ein Elternteil, das als Kind Opfer von wiederkehrender erzieherischer Gewalt wurde, gibt diese Gewalterfahrungen unreflektiert an die eigenen Kinder weiter, die wiederum unter ungesunden Bedingungen aufwachsen. So kann sich ein Trauma durch viele Generationen fortsetzen. Wenn du dich näher mit diesem Thema auseinandersetzen möchtest, dann empfehle ich dir das Buch „Das bleibt in der Familie“ von Sandra Konrad (Konrad, 2024) und „Der lange Schatten der Kindheit“ von Christian Firus (Firusm 2023).

Gleichzeitig wird die Übertragung von autoritären Erziehungsmustern auch durch gesellschaftliche Erwartungen und Normen verstärkt. In einer Gesellschaft, in der „gute Kinder brave und ruhige Kinder“ sind, spüren Eltern den Druck, autoritäre Methoden zur Erreichung dieser Anpassung einzusetzen. Es könnte der Eindruck entstehen, dass diese Methoden notwendig sind, damit sie selbst, ihre Kinder oder ihre ganze Familie nicht gesellschaftlich ausgegrenzt werden.

Die Angst vor Ausgrenzung begleitet uns stets, wenn auch meist eher unbewusst. Wir sind soziale Wesen und ohne die Gemeinschaft nachweislich nur schlecht überlebensfähig. Zumindest nicht körperlich und psychisch gesund. Die Erziehung eines Kindes ist nicht isoliert von den Einflüssen der Gesellschaft, **Familie passiert nicht im luftleeren Raum.** Unsere sozialen Strukturen, Werte und kulturellen Normen prägen maßgeblich die Art und Weise, wie Eltern ihre Kinder erziehen. Ich bin jedoch davon überzeugt, dass das auch in die andere Richtung funktioniert, weswegen wir uns in diesem Buch auch noch damit beschäftigen werden, wie eine bedürfnisorientierte Erziehung die Gemeinschaft und die Gesellschaft positiv verändern kann. Diese Veränderung beginnt bei dir.

DEINE EIGENE AUFARBEITUNG

Manche Muster sind dir bewusst, manche nicht, oder sie zeigen sich nur, wenn du es am wenigsten willst. Diese Prägungen sind nichts, wofür man sich schämen oder schuldig fühlen müsste. Beeinträchtigen sie jedoch deinen Weg, den du als Elternteil gehen möchtest, und hast du Schwierigkeiten damit, sie aufzuarbeiten, kann es sinnvoll sein, Hilfe in Anspruch zu nehmen. Das kann auf der praktischen Ebene Erziehungsberatung oder auf der tieferen Ebene Psychotherapie sein.

Horch mal in dich hinein: Fehlen dir Alternativen im Umgang mit deinem Kind, weil du für bestimmte Situationen keine guten Vorbilder hattest, oder spürst du in Konfliktsituationen alte Narben aufbrechen und wirst von Gefühlen überflutet, die für die eigentlich Situation unverhältnismäßig sind?

Hast du genickt? Dann sprich darüber, hol dir Hilfe.

Es ist wichtig zu betonen, dass diese gesellschaftlichen Einflüsse sich kulturell etwas unterscheiden und unterschiedlich ausgeprägt sein können. Historische Entwicklungen spielen eine entscheidende Rolle.

Das Bewusstsein dafür ist ein wichtiger Schritt Richtung Reflexion und Veränderung.

Als Elternteil kannst du einen kritischen Blick auf diese gesellschaftlichen Normen und Haltungen werfen und mit einer bewussten Entscheidung für einen anderen Umgang mit deinem Kind dazu beitragen, die autoritäre und adultistische Haltung in der Gesellschaft zu verändern. Nur durch dieses Bewusstsein kannst du solche Verhaltensweisen erkennen und dann sowohl für dich selbst entscheiden, welchen Weg du gehen willst, als auch andere inspirieren, es dir gleich zu tun.

Adultismus in der Erziehung

Ein Schatten unserer Vergangenheit, der oft übersehen wird, wenn wir über Erziehung sprechen, ist der Adultismus. Der Begriff beschreibt die mehr oder weniger systematische Diskriminierung von Kindern und Jugendlichen aufgrund ihres Alters, also ein Ungleichgewicht der Macht. Dieses zeigt sich in verschiedenen Facetten, ganz besonders jedoch in der Art und Weise, wie Erwachsene ihre Macht gegenüber Kindern ausüben und was sie ihnen zugestehen.

Klassischerweise werden Kinder und Jugendliche bei Personen, die diese Haltung verinnerlicht haben, nicht in Entscheidungsprozesse eingebunden, da ihnen die Kompetenz abgesprochen wird, solche Entscheidungen zu treffen: „Wir wissen, was gut für euch ist." Sei es wegen mangelnder Intelligenz, Weitsicht, Vernunft oder einfach, „weil sie dafür noch zu jung sind". Erwachsene haben die Kontrolle über die kleinen und großen Entscheidungen im Leben von Kindern. Was sie essen, was sie in ihrer Freizeit tun dürfen, was sie wann anziehen, was sie lernen sollen, ja sogar, wie sie ihre grundlegenden Bedürfnisse befriedigen sollen oder können.

Die Vorstellung, dass Kinder weniger fähig sind, ihre eigenen Bedürfnisse zu kennen oder sich eine Meinung zu bilden, führt dazu, dass ihre Stimmen oft nicht gehört, ignoriert oder herabgestuft werden. Sie führt dazu, dass Entscheidungen eher von oben nach unten getroffen werden, ohne die Perspektive und die Empfindungen der Kinder ausreichend zu berücksichtigen. Dadurch fehlt es im Umgang an Respekt und dem Zugeständnis von Autonomie. Dieses Ungleichgewicht kann dann dazu führen, dass Kinder sich nicht ernst genommen fühlen und sich nicht zutrauen, selbstständig zu denken und zu entscheiden.

Adultismus zeigt sich nicht nur im Umgang miteinander, sondern auch sehr deutlich in der Sprache. Darin, wie wir über Kinder sprechen und wie wir mit ihnen sprechen. Worte wie „Gehorsam" und „brav" sind Ausdruck einer solchen Haltung, ebenso wie elterliche Aussagen wie „Weil ich es besser weiß" oder „Davon verstehst du nichts". Aussagen wie diese sind Anzeichen für eine einseitige Autorität, die keinen Raum für einen Dialog oder gegenseitiges Verständnis lässt. Liegt der Fokus mehr auf Gehorsam als auf Mitbestimmung und Teilhabe, lernen Kinder, dass ihre eigenen Bedürfnisse, Gefühle und ihre Persönlichkeit keine Rolle spielen. Dass sie nicht wichtig genug sind, um Beachtung zu finden. Das gilt innerhalb der Familie sowie im kleinen Kreis der Gemeinschaft oder auf der großen politischen Bühne.

„Mama, warum stehen hier überall Plakate mit Menschen drauf?", fragte mich mein Sohn Wochen vor der nächsten Gemeinderatswahl. Aus meiner selbstverständlichen Haltung heraus, eine Gemeinderatswahl würde er weder verstehen noch würde es ihn interessieren, hatte ich darüber nicht mit ihm gesprochen. Es war mir gar nicht in den Sinn gekommen, während ich ganz selbstverständlich mit meinem Mann über die Kandidaten und deren Programme diskutiert hatte.
Ich erklärte meinem Sohn, dass in ein paar Wochen gewählt würde, welche Menschen im Gemeinderat sitzen werden. Dass diese Menschen dann quasi die „gewählten Chefs und Chefinnen der Gemeinde sein werden" und damit zum Beispiel entscheiden können, was mit

dem Geld der Gemeinde gemacht werden soll. Er fragte mich, wer das wählen dürfte, und ich sagte: „Die Menschen, die in dieser Gemeinde leben." Absolut folgerichtig wies mich mein fünfjähriger Sohn darauf hin, dass er ebenfalls in dieser Gemeinde leben würde und daher auch mitentscheiden wolle, wer hier das Sagen hat. Mit nur einem Satz zeigte er mir meinen eigenen Adultismus sowie den der Gemeindepolitik auf.

Nun wird sich der ein oder die andere beim Lesen denken, dass man Kinder mit so großen Entscheidungen durchaus überfordern kann. Sie besitzen weder die intellektuell-akademischen Fähigkeiten noch die Weitsicht, um abschätzen zu können, welche Auswirkungen manche Entscheidungen haben. Und das ist sicher zum Teil richtig. Eltern haben die Verantwortung, ihre Kinder zu schützen. Vor Gefahren, vor Schaden, vor Überforderung und davor, Verantwortung zu übernehmen, die für kindliche Schultern zu schwer wiegt. Am Ende sind es wir Erwachsenen, die die Entscheidung treffen, das **Ungleichgewicht der Macht ist unauflösbar**, es ist ein fixer Bestandteil der Eltern-Kind-Beziehung. In den Fällen, in denen es sich teilweise umgedreht hat und Kinder zu viel Verantwortung für ihre Eltern übernommen haben (eine sogenannte Parentifizierung), war das für die Kinder meist belastend und entwicklungshemmend. Es entsteht die Gefahr von emotionaler Verunsicherung und Verarmung (Polz, 2018).

Es geht bei der Bewegung gegen Adultismus nicht darum, Kindern alle Entscheidungen aufzubürden. Es ist nicht schwarz oder weiß. Es geht um eine Berücksichtigung kindlicher Bedürfnisse, Gedanken, Meinungen, Ansichten, Gefühle und Entwicklungsräume. Schauen wir, wie die Geschichte mit meinem Sohn weiterging.

„Das stimmt, da hast du vollkommen Recht", stimmte ich ihm zu. „Möchtest du wissen, wer diese Menschen sind und welche Pläne sie für unsere Gemeinde haben?", fragte ich ihn, und er nickte. Also erzählte ich ihm, was ich von den „Gruppen" (Parteien) wusste, die in den Gemeinderat einziehen wollten und was ich über die beiden Bür-

germeisterkandidaten wusste. Ich versuchte, es so kindgerecht wie möglich zu erklären und beantwortete seine Fragen, wie zum Beispiel „Darf dann der Bürgermeister alles allein entscheiden?“

Kleine Randnotiz: Sich von den Fragen des Kindes leiten zu lassen, ist eine gute Möglichkeit, zu überprüfen, ob man das Feld des Verstehbaren bereits verlassen hat oder ob das Interesse schwindet.

Am Ende fragte ich ihn, wie er sich denn entscheiden würde und erneut überraschte er mich. „Ich würden den Jüngeren wählen, er und seine Gruppe wollen mehr Sachen für den Kindergarten und für Familien machen. Und wir sind ja eine Familie, also ist das gut für uns, oder?“

Warum schildere ich das Gespräch mit meinem Sohn so genau? Im politischen Prozess können wir fast immer beobachten, dass Wählerinnen und Wähler die für sie vorteilhafteste Partei wählen, was dazu führt, dass die größte Wählergruppe (derzeit also die Senioren und Seniorinnen) die interessanteste Zielgruppe für Wahlprogramme ist. Da Kinder keine Stimme haben, stellen sie nicht mal eine Wählergruppe dar. Höchstens deren Eltern, für die dann eben zum Beispiel die Familienleistungen in den Programmen enthalten sind.

Hätten Eltern, nur mal so als Gedankenspiel, eine Stimme mehr, eine Stimme extra für ihre Kinder, wie würde sich das wohl auswirken? Plötzlich würde eine sehr große Wählergruppe auf dem politischen Parkett auftauchen, die die Parteien nicht ignorieren könnten. Politik würde dann mit und für Kinder gemacht werden müssen, daran würde kein Weg vorbeiführen. Wenn Eltern eine Stimme hätten, mit der sie ausschließlich die Bedürfnisse ihrer Kinder oder die ihrer Familie vertreten könnten, ließe sich die Gruppe nicht mehr so einfach an den Rand der Gesellschaft drängen. Es ist nicht sehr wahrscheinlich, dass so etwas je ausprobiert wird. Es scheint ja schon fast unmöglich, das Wahlalter herunterzusetzen, so sehr ist der Adultismus in den Köpfen der Entscheidungsträger verankert.

Eine bewusste Auseinandersetzung mit dem Phänomen des Adultismus ist nicht nur eine kritische Reflexion über die Machtverhältnisse innerhalb der Familie und der Gesellschaft, sondern auch ein Anstoß für Veränderung. Der bedürfnisorientierte Weg bemüht sich, die Perspektiven der Kinder mitzudenken und deren Autonomie zu stärken. Es geht um eine Begleitung auf Augenhöhe, bei der Entscheidungen gemeinsam getroffen und die Bedürfnisse aller Familienmitglieder berücksichtigt werden. Dadurch bekommt die Stimme der Kinder wenigstens durch uns mehr Gewicht und verstummt in Zukunft nicht.

Auswirkungen von Adultismus

Adultismus wirkt sich nicht nur auf Kinder, sondern auf die gesamte Familiendynamik aus. Dieses Ungleichgewicht hinterlässt ein Echo, das das Wohlbefinden der ganzen Familie schmälert. Ein Verständnis dafür ist hilfreich, um diesen Kreislauf zu durchbrechen und eine gesunde Erziehungsumgebung zu schaffen. Dafür ist es wichtig, die entwicklungsrelevanten Bedürfnisse zu kennen und die Auswirkungen von Adultismus zu reflektieren.

Werden Kinderstimmen dauerhaft ignoriert oder abgewertet, im Sinne von „Was weißt du schon?“, fühlen Kinder Machtlosigkeit, was zu einem geringeren Selbstwert und Selbstvertrauen führen kann. Für die Entwicklung von Selbstwirksamkeit ist die Erfahrung von Kindern, dass ihre eigene Meinung in Familie, Freundeskreis und Schule Berücksichtigung findet, sehr förderlich (Bründel & Hurrelmann, 2017). Eine Umgebung, die ihre Perspektive nicht ernst nimmt, beeinträchtigt die Fähigkeit, Selbstbestimmung zu entwickeln. Die Chance, zu erfahren, wer sie sind, was sie mögen und wollen, wird ihnen dabei genommen und sie lernen sich selbst nicht gut genug kennen, um später für sich selbst einzustehen. Das wiederum ist jedoch eine zentrale Fähigkeit im Erwachsenenalter, wie wir Eltern, die zum Teil autoritär erzogen wurden, teils schmerzlich erst in späteren Jahren lernen mussten.

Eine autoritäre und adultistische Erziehung kann nämlich auch dazu führen, dass Konflikte nicht in angemessener Weise bewältigt werden können. Die eigene Position einzunehmen und gesund zu behaupten ist etwas, das man lernt, wenn man mit Eltern Konflikte auf Augenhöhe austragen darf und in Entscheidungsprozesse einbezogen wird. Dadurch lernt man auch, in einem System mit mehreren Menschen unterschiedliche Bedürfnisse zu erkennen, abzuwägen und in Einklang zu bringen. Man lernt Kompromissbereitschaft und den Umgang mit Frustration, wenn eigene Bedürfnisse nur zum Teil erfüllt werden können. Diese Lernerfahrungen werden bei Entscheidungen, die ausschließlich von oben herab getroffen werden, vernachlässigt.

Die Missachtung kindlicher Bedürfnisse, Meinungen und Perspektiven wirkt sich jedoch nicht nur auf die kindliche Entwicklung aus, sie hat auch Einfluss auf die Eltern-Kind-Beziehung. Beziehungen leben vom empathischen Einfühlen, einem Miteinander in der Gestaltung der Beziehung und des gemeinsamen Alltags. Ein Mangel an Miteinander und gegenseitiger Wertschätzung kann zu einer kühleren emotionalen Verbindung führen. Groll kann entstehen. Der autoritäre Erziehungsstil führt zu eher einseitiger Kommunikation, da Kindern das Vertrauen fehlt, sich mit ihren eigenen Themen an die Eltern zu wenden. Die Erfahrung, mit den eigenen Gedanken und Ideen Anklang zu finden, fehlt und derartige Kontaktversuche werden immer weniger.

Diese möglichen Auswirkungen einer starren autoritären und adultistischen Haltung zeigen, warum eine kritische Auseinandersetzung mit persönlichen und gesellschaftlichen Adultismus-Anteilen wichtig ist. Wir alle tragen solche Anteile mehr oder weniger in uns, nicht, weil wir wirklich so denken, sondern meist, weil wir es so vorgelebt bekommen haben und weil es in unserer Gesellschaft immer noch viele Spuren davon gibt. Das ist kein Grund zur Panik, denn wir sind Teil einer Bewegung, die diese Spuren aufdeckt und nach und nach mit neuen Erfahrungen überdeckt. Das ist ein Prozess.

Andere Erziehungsformen und ihre Auswirkungen

Bisher haben wir uns ausschließlich die autoritäre Erziehung angesehen. Auf dem Erziehungsspektrum gibt es aber noch andere Ausprägungen. Eine sehr bekannte Gegenbewegung gegen autoritäre Kindererziehung ist beispielsweise die 68er-Bewegung. Ihr Ziel war der Bruch der faschistischen Tradition und eine Erneuerung der Gesellschaft. Dieses Ziel versuchte sie unter anderem mit ihren Kinderläden und alternativen Schulversuchen, durch die Kinder dezidiert nicht zu Gehorsam und Konformität erzogen werden sollen, zu erreichen. Dadurch nahm sie großen Einfluss auf die Vorstellungen von Kindheit und einer Liberalisierung des Erziehungsstils (Baader, 2014).

Schauen wir uns jetzt die anderen Formen noch etwas genauer an.

Erziehung wird meist anhand zweier Dimensionen klassifiziert: Eine Dimension beschreibt die **erfahrene Unterstützung bzw. emotionale Nähe**, die andere das Ausmaß an **Kontrolle und Lenkung.**

Es gibt, abgesehen von den vieren, die in diesem Buch angesprochen werden, noch weitere Erziehungskonzepte und -stile, die aus den beiden Dimensionen abgeleitet wurden, aber das würde zu weit führen. Außerdem werden die eigentlichen Auswirkungen nie daran festgemacht, dass ein Elternteil seinem Erziehungsverhalten einen bestimmten Namen gegeben hat, sondern daran, welches Erziehungsverhalten überdauernd gezeigt wird. Es spielt also eigentlich keine besondere Rolle, wie die Generationen vor uns ihre Erziehungsform bezeichnet haben, es geht darum, wie die beiden Dimensionen dabei ausgeprägt waren.

Ähnlich sieht es auch für unseren eigenen Weg aus. Ob du es autoritativ, partizipativ, Neue Autorität, Freiheit in Grenzen, beziehungsorientiert, bedürfnisorientiert oder Attachment Parenting nennst, spielt eine weit geringere Rolle als die Haltung, die du deinem Kind gegenüber einnimmst und lebst. Aber dazu kommen wir später. Jetzt erst mal zurück zu den beiden Dimensionen Wärme/Nähe und Kontrolle/Lenkung. Daraus ergeben sich folgende Cluster:

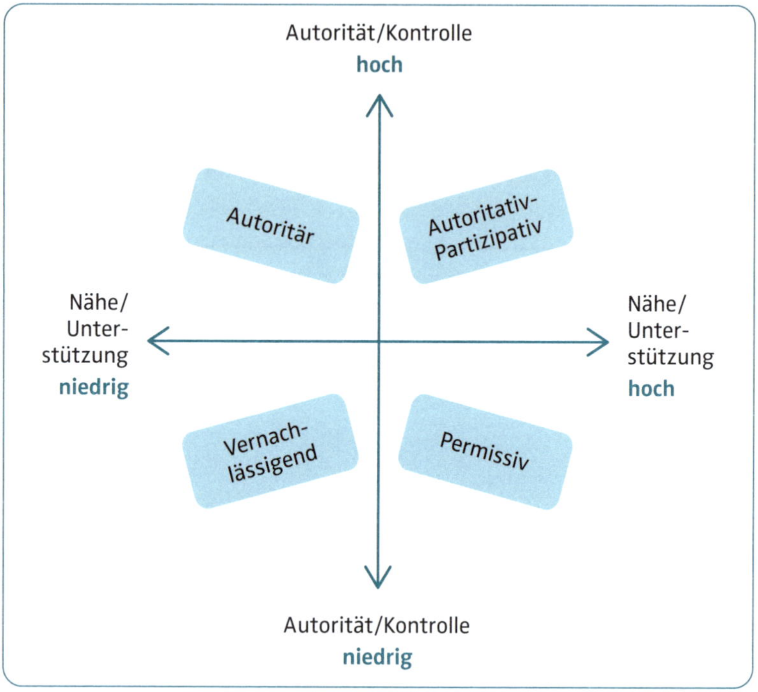

Über die Auswirkungen der autoritären Erziehung habe ich dir schon einiges erzählt. Sie befindet sich auf dem Raster in dem Quadrat, in dem sehr viel Kontrolle auf wenig Zuwendung oder gar Ablehnung trifft. Natürlich gibt es auch hier wieder Abstufungen, für die Betrachtung der möglichen Auswirkungen wird jedoch von einem ausgeprägten autoritären Erziehungsverhalten ausgegangen. Dieses war bereits in einer Untersuchung von 2006 nur noch selten zu finden (Andresen, Hunner-Kreisel & Fries, 2013), in unserer Vergangenheit kam es jedoch noch sehr häufig vor. So sind unsere Eltern und wir diejenigen, die mit diesen Auswirkungen eher zu kämpfen haben, als es später unserer Kinder haben werden.

So viel zu den guten Nachrichten. Doch auch Erziehungsformen, die sich in anderen Bereichen des Rasters ansiedeln, oder Erziehungshaltungen, die falsch verstanden werden und daher im Raster verrutschen, können sich ungünstig auf die Entwicklung des Kindes auswirken oder haben das in deiner und unserer Vergangenheit bereits getan.

Besonders schwerwiegend können die Auswirkungen einer vernachlässigenden Erziehung sein, bei der das Kind weder Zuwendung und Unterstützung noch Lenkung und Kontrolle in irgendeiner Form erfährt. Hierbei zeigt sich deutlich, dass Kinder nicht nur von einer unterstützenden Wärme profitieren (so viel war uns ja schon klar), sondern auch von einer gewissen Anleitung. Ganz auf sich allein gestellt haben Kinder nämlich erhebliche Schwierigkeiten, soziale Kompetenzen, einen gesunden Umgang mit Gefühlen und einen guten Selbstwert zu entwickeln (Kracke & Noack, 2019). Sie trauen sich mit höherer Wahrscheinlichkeit weniger zu als andere und verzagen sehr schnell bei Problemlöseanforderungen. Ein erfolgreiches Einfügen in die Gemeinschaft kann erschwert sein, denn ohne Eltern, die ihre eigenen Grenzen und die anderer Personen erfahrbar machen und erläutern, ist soziale Interaktion über die Maßen verwirrend. Unbeholfenheit oder Grenzenlosigkeit im Umgang mit anderen Menschen führt dann wiederum zu Konflikten und/oder Ausgrenzung, besonders im Jugendalter (Wolfradt et al., 2003).

Dazu erzählte mir einmal ein Vater in der Elternberatung von seiner Jugend. Seinen Eltern war es immer egal, was er tat und wie er sich aufführte. Eigentlich gefiel ihm das. Als Jugendlicher aber begann er sich zu wundern, woher seine Freunde und Freundinnen wussten, wie sie sich in Cafés, Restaurants, bei Freizeitangeboten oder auf Ausflügen zu benehmen hatten. Er selbst eckte an und fühlte sich zunehmend unsicher. Richtig schlimm wurde es, als er sich dann eine Ausbildungsstelle suchen sollte und sich damit komplett alleingelassen fühlte.

Erziehen Eltern sehr verwöhnend, also nehmen dem Kind sehr viel ab und sind sehr nachgiebig, kann das dazu führen, dass Entwicklungschancen nicht ergriffen werden können, was sich auf die Selbstständigkeitsentwicklung auswirkt. Viel Unterstützung und Nähe treffen auf wenig Lenkung, was unterm Strich bedeutet, dass ständig vorgegriffen wird und kein Platz für Lernen ist. Die Kinder erfahren viel Zuwendung und Nähe, was zu einem hohen Selbstwert und weniger Ängsten führt. Gleichzeitig neigen nachgiebig erzogene Kinder zu einer höheren Impulsivität und geringer Selbstregulation – durch das Nachgeben der Eltern entstehen keine Lernsituationen für diese Fähigkeiten (Grolnick & Ryan, 1989).

Sehr nachgiebige Eltern sind in der Regel weniger emotional stabil, konfliktscheu und haben eine geringe Frustrationstoleranz (Fan et al., 2023). Werden Konflikte nicht ausgetragen und Gefühle nicht ausgehalten und co-reguliert, sondern zum Beispiel durch Konsumgüter (wie Spielzeuge oder Süßigkeiten) besänftig, erlernen beide Seiten, Eltern und Kinder, weder einen gut funktionierenden Umgang mit zwischenmenschlichen Konflikten noch das Aushalten und Regulieren von Frust. Beides sind jedoch Fähigkeiten, die einen Menschen gut für seine Zukunft rüsten. Nachgiebigkeit der Eltern hemmt auch die Entwicklung der kindlichen Impulskontrolle. Eine geringe Impulskontrolle, fehlende Frustrationstoleranz und ein ungesunder Umgang mit Konflikten, das alles sind Risikofaktoren für psychische Erkrankungen wie Essstörungen, Sucht und Depression. Beispielweise konnten die Pädiatrie-Professorin Kyung Rhee und ihre Kolleg*innen (Rhee et al., 2006) einen Zusammenhang von nachgiebiger Erziehung und Übergewicht in der Grundschule zeigen.

WIE VIEL EINFLUSS HAT ERZIEHUNG?

Nun bekommt man es beim Lesen über diese ganzen Auswirkungen schon fast ein bisschen mit der Angst zu tun. Der Druck, alles zu beachten und es „richtig" zu machen, steigt beinahe ins Unermessliche. Absolut verständlich, denn Erziehung hat nachweislich einen Einfluss auf die Entwicklung unserer Kinder. Nur ist es nicht Erziehung allein, die Einfluss nimmt, sondern auch die Genetik, die Umwelt, die Schicht und die Kultur, in die ein Kind geboren wird, und einiges mehr. Also einmal tief durchatmen und den enormen Druck abschütteln.

Tatsächlich konnten Untersuchungen zeigen, und das ist zentral (!), dass Erziehung selten einen Einflusswert von 30 % übersteigt. Das bedeutet, „nur" 30 % der kindlichen Entwicklungsmerkmale konnten mit dem Erziehungsverhalten der Eltern erklärt werden oder darauf zurückgeführt werden (Reichle & Franiek, 2009). Am stärksten ist dieser Einfluss in der frühen Kindheit, dann nimmt er immer weiter ab.

Diese Ergebnisse gelten für ein stabiles Erziehungsverhalten, nicht jedoch für traumatische Kindheitserlebnisse im Rahmen der Erziehung. Solche können die Spuren der Erziehung vertieft oder verändert haben.

Reflexion als Schlüssel zur Aufarbeitung

Fragen, die Eltern sehr oft beschäftigen, sind: Wie kann es sein, dass ich doch schon weiß, dass ich es anders machen will, was ich unbedingt vermeiden will, und wie ich es besser machen kann, und dann doch immer wieder „scheitere“? Wie kann es sein, dass ich trotz des Wissens um neue Wege in alte Muster verfalle, schreie, drohe, tobe oder mit Kälte und Liebesentzug reagiere? Wie kann es sein, dass ich mich plötzlich genauso aufführe und anhöre wie meine Eltern? Dass ich Dinge tue und sage, die ich eigentlich nicht tun und sagen möchte, für die ich mich im Anschluss schuldig fühle und schäme?

Die Antwort darauf lautet: Prägung. Wir sind durch unsere Kindheitserfahrungen, durch unsere Eltern und Großeltern, geprägt. Und da unsere Eltern in ihrer Kindheit durch das Verhalten ihrer Eltern und Großeltern geprägt wurden, ist klar, dass sich hier eine Prägungsgeschichte fortsetzt. Es ist zwar wahrscheinlich, dass jede Generation versucht hat, etwas anders und vielleicht sogar besser zu machen als die Vorgängergeneration, dennoch erlebten die meisten das gleiche Phänomen wie du jetzt. Sie wollten es anders machen und sind doch, besonders in Ausnahme- und Stresssituationen, in alte Muster verfallen. Denn das sind zumeist die Auslöser für alte Muster: überfordernde Momente, in denen wir nicht mehr klar denken können, in denen wir uns hilflos und machtlos fühlen. Hier greift unser Hirn auf Verhaltensweisen zurück, die tief verankert und daher schnell reproduzierbar sind.

Stell dir mal vor, du wirst in allerletzter Minute von deiner Führungskraft geschnappt, vor versammelter Mannschaft auf eine Bühne gestellt und sollst einen Vortrag improvisieren. In dir macht sich totale Überforderung breit, darauf warst du nicht vorbereitet und eigentlich hasst du es, vor anderen Menschen zu sprechen. Besonders vor so vielen. Dir schlägt also das Herz bis zum Hals und dein Mund ist plötzlich staubtrocken. Vielleicht spürst du sogar Wut im Bauch, weil du in diese Situation gebracht wurdest und es dir furchtbar peinlich ist, jetzt stammelnd hier oben zu stehen. Das ist die Stresssituation.

Was ist nun wahrscheinlicher? Dass du für deinen spontanen Vortrag ein Thema auswählst, über das du schon oft, zumindest im kleinen Kreis gesprochen hast, mit dem du dich sattelfest und sicher fühlst? Das du sogar schon seit deiner Ausbildungs- oder Studienzeit verfolgst? Oder das neue Thema, in das du dich gerade erst in den letzten Wochen etwas eingelesen hast? Zu dem du aber eventuelle Fragen nicht beantworten könntest? Worauf wird dein Hirn unter Stress besser zugreifen können? Welche Informationen werden mit höherer Wahrscheinlichkeit abrufbar sein?

Ich denke, die Antwort ist relativ klar. Und auch das, worauf ich hinauswollte, dürfte klar geworden sein: Besonders, wenn wir noch nicht bewusst reflektiert haben, dass diese alten Muster tiefe Wurzeln in uns geschlagen haben, greifen wir in stressigen Momenten auf das zurück, was wir als Kinder selbst erfahren haben. Oder wenn wir das Gefühl haben, dieser Weg ist zu anstrengend, das Kind entgleitet uns, wir werden dieser ganzen Erziehungsaufgabe nicht mehr Herr. Auch dann greifen wir gerne auf Verhaltensweisen zurück, die ja vermeintlich funktionieren. Denn kurzfristig sind strengere und restriktive Ansätze, besonders die, die auf Angst und Furcht bauen, ziemlich effektiv. Langfristig stören sie jedoch unsere Beziehung zum Kind, sein Vertrauen in uns und womöglich sogar seine Entwicklung.

Was also tun? Ein Rezept gibt es nicht. Das gibt es nie. Gleichwohl ist es ein erster wichtiger Schritt, sich bewusst zu machen, dass man in diesen Momenten wie auf Autopilot reagiert. Es ist wichtig, sich aktiv mit diesen Wurzeln auseinanderzusetzen, hinzuschauen, woher diese Reaktionsmuster kommen. Es geht nicht darum, unseren Vorgängergenerationen den schwarzen Peter zuzuschieben, wenn wir uns heute falsch verhalten. Nein, es geht um ein Verständnis dafür, WARUM es heute so schwer ist, anders zu handeln. Dieses Warum findet sich in unserer eigenen Geschichte, aber auch in den fehlenden Vorbildern und einer gesamtgesellschaftlichen Haltung gegenüber Kindern. Einstellungen gegenüber Personengruppen werden uns von Kindesbeinen an sehr subtil vermittelt. Durch ganz kleine, gedankenlose, abwertende Bemerkungen. Durch die Erfahrung, nicht bedacht zu werden. Durch das Gefühl, nicht erwünscht oder störend zu sein. Durch die Erfahrung, anders behandelt zu werden. Ganz egal, welche Personengruppe wir uns anschauen, seien es Senior*innen, Menschen mit einer anderen Ethnie oder Religionszugehörigkeit, Menschen mit körperlichen oder geistigen Einschränkungen oder Kinder, Vorurteile werden nicht immer offen und direkt kommuniziert und weitergegeben. Sie zeigen sich in vielen kleinen Alltagsmomenten und werden so übernommen.

Damit in dir die Vorstellung reifte, Restaurants seien eine kinderlose Zone und die Menschen dort fühlen sich von Kindern gestört, müssen deine Eltern zu dir nicht direkt gesagt haben: „Kinder haben in einem Restaurant nichts zu suchen." Es genügte, wenn sie dich nie mitgenommen haben oder dich, wenn sie dich mitgenommen haben, zu ständiger Ruhe und Unsichtbarkeit ermahnt haben. Es gibt ja sogar Restaurants, Thermen und Hotels, die damit werben, dass sie gänzlich oder teilweise kinderfrei sind. Davon kann man halten, was man will, aber die bloße Existenz solcher „adults only"-Werbeinhalte pflanzt einen Beigeschmack in unsere Wahrnehmung. Den „Kinder stören"-Beigeschmack. Warum sonst müsste man sie explizit ausschließen?

Weitere Beispiele, die ich zum Teil mit meinem Sohn erlebe: Wie oft sind wir an öffentlichen Orten, an denen sehr viele Menschen ein und aus gehen, und wo doch alles nur auf Erwachsene ausgerichtet ist? Stehtische, hohe Stühle, hohe Toiletten und Waschbecken, keine Wickelräume, Vorführungen, bei denen Erwachsene in der ersten Reihe sitzen, statt Kindern Platz zu machen, keine Kinderportionen im Restaurant, steinharte Schlafsofas als „Kinderbett" im Hotel, keine Familienzimmer und so weiter. Ich sehe Durchgänge, die zu schmal für einen Kinderwagen sind, oder Café-Betreiber, die Mütter bitten, nicht zu stillen, oder wenn, dann im Wickelraum oder auf dem WC. Es könnte andere Gäste stören. Nicht nur spüren Eltern, dass sie mit ihren Kindern ganz und gar unwillkommen sind, wie Nathalie Klüver in ihrem Buch „Deutschland, ein kinderfeindliches Land?" sehr klar darlegt. Nein, auch unsere Kinder spüren das. „Ein Spielplatz mit Öffnungszeiten – Deutschland im Jahr 2022. Viel deutlicher kann man Kindern gar nicht entgegenschreien: ‚Ihr seid hier nicht willkommen'", schreibt sie gleich zu Beginn (Klüver, 2022, S. 10). Kinder erleben sich selbst in einer Welt, die sie nicht mitdenkt.

Mir blutete das Herz, als mein Sohn mich auf dem Weihnachtsmarkt fragte, warum es nur Stehtische gäbe. „Ich bin zu klein, Mama", weinte er und suchte die Schuld bei sich, statt bei den Menschen, die bei der Organisation – am Abend des Auftritts des Schülerchors wohlgemerkt – nicht daran gedacht hatten, dass vielleicht auch Kinder ihren Crêpe, ihre Pommes oder ihren Kinderpunsch irgendwo abstellen möchten.

So oft bin ich mir schmerzlich bewusst, dass diese Gesellschaft Kinder ausblendet und dass dieser Ausschluss auch Einfluss auf unsere eigene Haltung Kindern gegenüber hat. Warum es uns manchmal so schwerfällt, sie mitzudenken, obwohl sie doch genau DA sind, hier neben uns, in unseren vier Wänden, in unserem Leben. Hier genau hinzuschauen ist ein wichtiger Schritt Richtung bedürfnisorientierte Haltung. Die alten Muster aus der eigenen Kindheit zu erkennen hilft, sich selbst besser zu verstehen. Die Situationen zu identifizieren, in denen wir auf Autopiloten schalten und so reagieren, wie es andere Menschen vor uns mit uns getan haben. Neue Wege zu üben und ihnen Zeit zu geben, in unser Verhaltensrepertoire einzusickern. Die gesellschaftlichen Stolperfallen und fehlenden Vorbilder zu entdecken hilft, diese Haltung und den Blick dafür zu verinnerlichen, zu schärfen und vielleicht sogar etwas zur Veränderung beizutragen. Wie das aussehen kann, sehen wir im Kapitel → „Die Veränderung". Jetzt soll es aber erst mal um die Haltung gehen und um die vielen Widerstände, die sie erfährt.

DIE AUFKLÄRUNG: KEIN WANDEL OHNE WISSEN

Erziehung ist im Wandel, das hast du schon bemerkt. Jede Elterngeneration möchte etwas anders, besser machen als die vorangegangene und muss sich daher Konflikten und Widerstand stellen. Somit ist jede Elterngeneration Teil einer Bewegung. Sie ist auf der Suche nach einem besseren Weg für sich und ihre Kinder. Wir sind die bedürfnisorientierte Bewegung und auch wir haben mit jeder Menge Widerstand, Unverständnis und Kritik zu kämpfen. Woher diese Vorurteile kommen, haben wir uns schon angeschaut. Dafür kannst du jetzt vermutlich auch schon mehr Verständnis aufbringen. Um aber selbstbewusst auf deinem Weg bleiben zu können, brauchst du noch mehr.

Deine Wegbeschreibung

Das Ziel ist klar: Du möchtest bedürfnisorientiert erziehen. Und zwar selbstbewusst, ohne dich dafür angreifen oder verunsichern zu lassen. Das ist, wie du aber inzwischen in deinem Alltag festgestellt hast, gar nicht mal so leicht, auch wenn es in der Theorie richtig super klingt. Du hast in vielen Fällen keine Vorbilder für diese Erziehungsweise. Du bist vielleicht selbst gar nicht so aufgewachsen. Es fehlt hier und da an Wissen, zum Beispiel um die kindliche Entwicklung, das dir helfen würde, mit deinem Kind so umzugehen, wie du es dir wünschst. Es fehlen Ressourcen, um gut auf die eigenen und die kindlichen Bedürfnisse zu schauen; aufgrund sozialer, systemischer und politischer Veränderung, die vor allem Mütter in die alleinige Verantwortung drängen.

Geht es um Kindererziehung, sind die Meinungen oftmals so zahlreich wie Sterne am Himmel. Es hagelt von allen Seiten Unverständnis und Kritik dafür, dass man „sich das antut". Denn ehrlicherweise muss man zugeben, dass es manchmal so wirken kann, als würden wir Eltern uns damit selbst keinen Gefallen tun. Bedürfnisorientiert zu erziehen ist zeitweise deutlich anstrengender, als das der Elternbeziehung innewohnende Machtgefälle „einfach" auszunutzen und seinen Willen durchzusetzen.

Auf kurze Sicht ist das tatsächlich effektiver und zielführender, keine Frage. Das Kind will nicht vom Spielplatz heim? Packen, mitnehmen, Ziel erreicht. Das Kind möchte nicht in den Kindergarten? Abgeben, gehen. Das Kind benimmt sich „daneben", schreit, stampft, wirft Spielzeug durch die Gegend? Bestrafen, bis das Verhalten aufhört. Das geht deutlich schneller, als darauf zu warten, dass sich Empathie, die emotionale Regulationsfähigkeit und die Impulskontrolle des Kindes entwickeln. Es ist nicht nur verlockend, schnelle Verhaltensänderungen herbeizuführen, es ist auch für viele Eltern das, was sie selbst erfahren haben, und der einzige logische Weg. „Irgendwie muss ES das Kind ja lernen", hört man dann die autoritärer erziehende Partnerperson oder Bezugspersonen der vorangehenden Generation. Wissen über Alternativen, „es“ zu lernen, fehlt in den meisten Fällen.

Bedürfnisorientierung will aber keine kurzfristigen Ziele erreichen und reine Alltagsfunktionalität gewährleisten. Sie will die emotionalen und kognitiven Fähigkeiten fördern, die es braucht, sich selbst als wertvolles Mitglied einer Gemeinschaft zu entwickeln. Sie wünscht sich, dass das Verhalten von innen heraus erblüht, statt von außen eingefordert und mit Druck hervorgerufen zu werden. Sie ist vorausschauend, einfühlsam, geduldig, unperfekt, familienorientiert, fördernd, stärkend, auf Augenhöhe. Sie ist eine zugewandte Führung, in der sich die führende Person ihrer Macht bewusst ist und diese nach bestem Wissen und Gewissen einsetzt, um Orientierung zu bieten und Gefahren abzuwenden. Nicht, um Gefühle zu unterdrücken, weil deren Äußerungen unangenehm, peinlich, anstrengend oder gerade ungelegen sind. Nicht, um Erwartungen durchzusetzen, die vielleicht noch nicht mal entwicklungsgerecht sind. Nicht, um die Erwartungen anderer zu erfüllen und das Kind sozial angepasst zu formen. Ganz besonders das Formen will Bedürfnisorientierung vermeiden. Das heißt nicht, dass du deinem Kind nicht dabei helfen kannst und musst, sich in unserer sozialen Welt zurechtzufinden und darin klarzukommen. Denn Bedürfnisorientierung schließt die Bedürfnisse des Umfeldes und der Gesellschaft mit ein. Nicht an erster Stelle, nein. Aber ein Heranführen an die Werte und Normen, die unser soziales Leben beeinflussen, gehört ebenso dazu, wie dem Kind einen rücksichtsvollen Umgang mit seinen persönlichen Grenzen und den Grenzen anderer zu vermitteln.

Nun fehlt vielen Menschen nach wie vor das Verständnis für diesen Weg. Es fehlen Alternativen zu Druck, Strafe und Machtgebrauch. Es gibt Missverständnisse und Ängste, die eine autoritäre Haltung füttern. Wie zum Beispiel die Angst, das tobende, schlagende und vielleicht sogar beißende Kleinkind könnte ein sozialer Außenseiter werden, wenn dieses Verhalten nicht unter Kontrolle gebracht wird. Oder die Sorge, das Kind, das „zu viel Liebe und Zuwendung“ bekommt, werde unselbstständig oder gar egozentrisch, nur auf sich und seinen Vorteil bedacht. Nicht selten hört man auch die Furcht vor dem „Tyrannenkind", das schreit, tobt und wütet, um jedem seinen Willen aufzuzwingen. Zudem hat die Alleinverantwortlichkeit von Eltern dazu geführt, dass jedes „Fehlverhalten" eines Kindes auf sie zurückfällt, ihre Erziehungskompetenz infrage stellt.

In einer Gesellschaft, in der Care-Arbeit nicht den Stellenwert hat, der ihr gebührt, und in der sie nur wenig Wertschätzung erfährt, wiegt die Kritik, man verzöge sein Kind oder bringe einen Tyrannen hervor, sehr schwer. Völlig außer Acht lässt diese Kritik, wie groß der Einfluss von Erziehung auf die Persönlichkeitsentwicklung eigentlich ist. Heute wissen wir, dass mindestens (!) die Hälfte unserer Persönlichkeitsentwicklung genetisch bestimmt ist. Für die Intelligenz ist das beispielsweise schon sehr gut belegt. Zuletzt durch eine Meta-Analyse mit unglaublichen 78.000 Menschen europäischer Abstammung (Sniekers et al., 2017). Auch das persönliche Temperament ist genetisch bestimmt, wir Eltern haben relativ wenig Einfluss darauf, ob wir ein schüchternes, neugieriges, extrovertiertes oder sehr gewissenhaftes Kind begleiten. Diese Eigenschaften bringt das Kind schon mit, da gibt es nichts zu formen.

Kinder sind. Punkt.

Schauen wir uns den Begriff „Erziehung" doch einmal genauer an. In der Erziehungswissenschaft finden wir unter anderem diese Beschreibung: Erziehung ist eine zielgerichtete Einflussnahme auf Kinder oder Jugendliche (Schneewind, 2010). Dabei sind die Verhaltensweisen, Normen und Werte, die die Zielrichtung vorgeben, durch die Persönlichkeit, die eigene Geschichte und kulturell sowie gesellschaftlich beeinflusst. Es gibt eine idealtypische Vorstellung davon, wie ein gut funktionierender und sozial angepasster Mensch zu sein hat und nach dieser Vorstellung werden die Kinder dann geformt. Erziehung hat demnach auch ein kulturell vorgegebenes Ziel.

Die Erreichung dieses Ziels kommt vorrangig der Kernfamilie, dann später auch den Betreuungs- und Bildungseinrichtungen zu. Wir werden also Eltern und haben eine Vorstellung davon, wie unser Kind sein sollte. Ein Bild gemischt aus Wunschvorstellungen zum „perfekten" Kind und den Anforderungen, die die Gesellschaft an Kinder und Jugendliche stellt. Es ist gesellschaftlich vorgegeben, welche Fähigkeiten und Eigenschaften als besonders erstrebenswert erachtet werden und welche einem Kind besser ausgetrieben gehören. Das ist an dieser Stelle etwas überzeichnet, denn ich weiß, dass es Bereiche gibt, an denen diese starre Ausrichtung auf idealtypische Kindheiten und Persönlichkeiten bereits aufgeweicht werden. Aber es wäre Verblendung zu glauben, dass das schon in der Gesamtgesellschaft angekommen ist.

Die Überzeugung, Kinder formen zu müssen, ist noch sehr verankert in uns und lässt völlig außer Acht, dass Kinder bereits SIND. Was die Forschung schon lange weiß, darf auch in unseren Köpfen ankommen: Kinder kommen nicht als unbeschriebene Blätter auf die Welt, sie sind keine Leinwand, auf der wir uns oder die Vorstellungen der Gesellschaft verwirklichen können. Sie besitzen bereits die Anlagen für bestimmte Fähigkeiten und Eigenschaften, ihr ganz eigenes Temperament und eine Persönlichkeit, bei der wir Eltern sie unterstützen dürfen, sie zu entfalten. Dabei steht uns oft die Annahme im Weg, wir müssten unsere Kinder auf ihre Zukunft vorbereiten. Wir glauben, dass es bestimmte Fähigkeiten gibt, die sie auf ihrem weiteren Weg brauchen werden, um zum Beispiel in der Schule oder im Beruf erfolgreich zu sein. Tatsächlich sind die meisten unserer Vorbereitungsbestrebungen von der Leistungsgesellschaft, in der wir aufgewachsen sind und nun leben, inspiriert. Aus dem Leistungsgedanken werden Werte wie Disziplin, Ehrgeiz und Gewissenhaftigkeit als relevant für persönlichen Erfolg abgeleitet. Daran orientieren wir uns bei der Ausrichtung unserer Erziehung, fordern Durchhaltevermögen im Sportverein und Disziplin in der Schule. Ich will nicht per se sagen, dass das etwas Schlechtes ist, aber wir dürfen und sollten diese Annahme hinterfragen.

Einen guten Grund dafür lieferte die Kindheitspädagogin und Aktivistin Susanne Mierau in ihrem Buch „Frei und unverbogen“, in dem sie darlegt, dass wir auf eine ungewisse Zukunft zusteuern. Wir wissen eigentlich gar nicht, welche Eigenschaften, Fähigkeiten und Kompetenzen unsere Kinder brauchen werden, wenn sie dann erwachsen sind. Wie sieht ihre Zukunft aus? „Sehen wir uns an, an welchem Punkt wir gerade stehen:“, schreibt sie dort. „Klimawandel, weltweite Pandemie, Wirtschaftseinbruch und die Unfähigkeit der Erwachsenengeneration, die weiteren Entwicklungen vorauszusehen [...].“ (Mierau, 2021, S. 45) Nicht weit von uns herrscht Krieg. Ein Krieg, der uns wirtschaftlich und humanitär betrifft. Eine unsichere Zukunft macht Angst. Und das Gefühl, seine Kinder darauf nicht vorbereiten zu können, ebenfalls. Aber das stimmt nicht. Die Vorbereitung ist nur eine andere, als wir es gelernt haben. Das, was wir heute für unsere Kinder tun können, ist, ihnen das Verbiegen und Formen zu ersparen und sie in ihrer Gesamtpersönlichkeit so zu stärken, dass sie mit den neuen Herausforderungen auf ihre Weise klarkommen werden. Susanne Mierau bringt das auf den Punkt: „Es ist wichtig, über zukunftsoffene Fähigkeiten zu verfügen, die nicht vorgeformt sind und offene Wege ermöglichen. Wir brauchen keine angepassten, folgsamen Kinder mehr, sondern flexible, kreative, in Gemeinschaft und global denkende Kinder. Wir brauchen unverbogene, frei denkende Kinder.“ (Mierau, 2021, S. 45)

Das können wir unter anderem dadurch erreichen, dass wir ihnen so viele Altlasten wie möglich ersparen, mit denen wir uns heute herumschlagen müssen – psychische Erkrankungen, Beziehungsschwierigkeiten, Leistungstrieb, fehlende Selbstfürsorge und vieles mehr. Diese Altlasten gehen zu großen Teilen auf das Konto der Verformung, die wir als Kinder durchlaufen haben. Die Anpassung an die Vorstellungen unserer Eltern, unserer Familie und der Gesellschaft. Der Versuch, es heute anders zu machen, wird uns jedoch richtig schwer gemacht. Sei es vom eigenen Partner oder der Partnerin, den Großeltern, den vielleicht schon etwas älteren Pädagog*innen im Kindergarten, von der Schule, der Gesellschaft und sogar von anderen Müttern.

Kinder sind. Sie müssen nicht werden.

Dieser Gedanke ist noch nicht in den Köpfen aller Menschen angekommen. Und das wird auch noch dauern. Darum sind wir eine Bewegung und kein Ist-Zustand. Wir haben das Ziel einer bedürfnisorientierten Gesellschaft noch nicht erreicht, legen aber mit dieser Kindergeneration einen wichtigen Grundstein dafür.

Manchmal, wenn ich von diesem Weg erschöpft bin, stelle ich mir vor, wie wohl eine Gemeinschaft aus diesen Kindern aussehen wird, die von Anfang an mit viel Respekt behandelt wurden und gelernt haben, dass sie gehört werden. Die das geben, was sie erfahren haben: Respekt und Akzeptanz. Toleranz und Empathie. Fürsorge und Selbstliebe.

Im Moment ist das aber noch eine Vision. Eine, die viele nicht sehen können und die uns deswegen mit ganz viel Unverständnis, Kritik und sogar Vorwürfen begegnen. Die uns mit ihren Einwänden und Artikeln über Tyrannenkinder und verlorene Generationen verunsichern. Im Kapitel → „Die Aufarbeitung“ sind schon viele Gründe für diese Einwände genannt worden und vielleicht hilft es dir, zu verstehen, dass diese Kritik meist mit Unwissenheit, Sorge, eigener Unzulänglichkeit, Scham und Nachhängen nach einem anderen Zeitgeist einhergeht. Der Unwissenheit um die emotionale Entwicklung von Kindern und ihre Persönlichkeitsentwicklung. Der Sorge darüber, wie das Kind in dieser Welt bestehen kann. Der eigenen Unzulänglichkeit, über den Tellerrand hinauszublicken und andere Wege in Betracht zu ziehen. Der Scham darüber, dass man selbst es anders gemacht hat und nun erfahren hat, dass man womöglich Schaden verursacht hat. Ein häufiger Grund für Konflikte mit den Großeltern. Und ein Zeitgeist, aus dem heraus es ganz normal war, Kinder nicht als vollwertiges Mitglied der Gemeinschaft zu betrachten, ihnen viele Kompetenzen abzusprechen und eine durchgängige Bevormundung als gegeben und notwendig anzusehen.

MEIN WEG, DEIN WEG

Kritisieren Großeltern den Umgang ihrer Kinder mit deren eigenen Kindern kann ein darunterliegender Grund dafür auch sein, dass sie sich durch diese Verhaltensweisen in ihrem damaligen Weg kritisiert fühlen. „Habe ich denn damals alles falsch gemacht?" ist die quälende Frage, wenn das eigene Kind nun gefühlt alles anders macht.

Vielleicht schämen sie sich auch dafür, dass sie damals nicht auf ihr Gefühl gehört und Dinge umgesetzt haben, von denen sie eigentlich gar nicht überzeugt waren. Dann kann es ein Selbstschutzmechanismus sein, deinen Weg infrage zu stellen und den eigenen zu rechtfertigen. Denn eigentlich eint uns Eltern über die Generationen hinweg der Wunsch, dass es unseren Kindern gut geht, vielleicht sogar einmal besser, als es uns ergangen ist. Hast du das Gefühl, dass das in den wiederkehrenden Konflikten mit Oma oder Opa ein Aspekt sein könnte? Dann hilft dir dieser Satz, diese Dynamik zu durchbrechen und anzusprechen: „Mein Weg ist keine Kritik an deinem Weg. Dass ich es heute anders mache als du damals, hat viele Gründe, die ich dir gerne erkläre, wenn du möchtest."

Das Beispiel zeigt, was es braucht, um mit den Widerständen umzugehen: **Wissen, Empathie, Akzeptanz und Kommunikation.** Mit diesen vier Werkzeugen machen wir dem Erziehungsbullshit den Garaus!

Das ist Bullshit

Es folgt das nervigste Spiel, das Eltern spielen müssen: das Erziehungs-Bullshit-Bingo. Oder etwas schöner formuliert: die Auseinandersetzung mit Vorurteilen gegenüber bedürfnisorientierter Erziehung. Unsere Bewegung, die die individuellen Bedürfnisse von Kindern berücksichtigt und den kindlichen Entwicklungsstand in den Fokus nimmt, stößt oft auf Unverständnis, Missverständnisse und Kritik. Um dich für diese Bewegung und den Gegenwind zu stärken, will ich im Folgenden **klassische Vorurteile aufgreifen, hinterfragen und entkräften.** Ich zerlege die Bullshit-Sätze für dich, schaue, wo sie herkommen und was dahintersteckt. Du bekommst **Werkzeuge an die Hand, dich zu behaupten, Kritik zu entkräften und deinen Standpunkt klarzumachen.**

Vier Dinge helfen dir dabei:

- **Wissen** Das erhältst du im jeweiligen Faktencheck, der sich mit dem aktuellen Wissensstand zu genau diesem Erziehungsmythos beschäftigt. Außerdem beleuchtet der Abschnitt → „Das sagt die Wissenschaft" den aktuellen Forschungsstand aus Erziehungswissenschaft und Bindungstheorie.
- **Empathie** Wenn du verstehst, welche Ängste diese Mythen antreiben, kannst du empathischer mit der Kritik umgehen lernen und womöglich auch mehr Verständnis dafür aufbringen. Wir können die Denkmuster anderer nur dann verändern, wenn sie dafür bereit sind. Bei manchen Menschen werden unsere Gedanken auf einen fruchtbaren Boden fallen, bei manchen ist der Boden versteinert und trocken.
- **Akzeptanz** In diesen Fällen müssen wir akzeptieren, dass sie womöglich nicht bereit sind, ihre eigene Vergangenheit zu reflektieren und sich davor schützen, indem sie die Augen vor unserem Weg verschließen.
- **Kommunikation** Und zu guter Letzt findest du unter jedem Bullshit-Satz Tipps für die Kommunikation und Kontersätze. Wenn du in sozialen Situationen so schlagfertig wie ich bist, dir also vier Stunden später allein im Auto auf dem Nachhauseweg die perfekte Entgegnung einfällt, dann lohnt sich dieser Abschnitt für dich besonders.

Die Aufklärung für richtig verstandene Bedürfnisorientierung ist ein zentraler Bestandteil einer selbstbewussten Haltung. Viele, die sich einmischen, werden nicht wirklich an den Argumenten interessiert sein, dann musst du dich abgrenzen. Lass dich nicht verunsichern. Bleib bei dir und deinem Kind, bleib in Beziehung. Geh selbstbewusst und mit gutem Beispiel voran.

Aber einige wenige werden doch genauer zuhören, offener sein als andere und sich durch dein Vorbild inspirieren und anleiten lassen. Und selbst wenn die Argumente in diesem Buch „nur“ dazu beitragen, dass du deinen Weg selbstbewusst gehen kannst, auch toll! Die Konfrontation mit den Kritikern ist gar nicht immer nötig.

GELASSENHEITSGEBET

„Gott, gib mir die Gelassenheit, die Dinge hinzunehmen, die ich nicht ändern kann, Mut, die Dinge zu ändern, die ich ändern kann, und Weisheit, den Unterschied zwischen beidem zu erkennen." (Reinhold Niebhur)

Keine Sorge, du musst an dieser Stelle nicht beten. Das Gebet soll dich nur daran erinnern, dass du nicht jeden Menschen von deinem Weg wirst überzeugen können. Es ist an dir, zu erkennen, welche Personen offen genug und damit die Kraft, die du in ausführliche Erklärungen steckst, wert sind, und welchen du lediglich Grenzen aufzeigen kannst, damit sie sich nicht weiter in deine Erziehungsweise einmischen.

Am Ende kommt es darauf an, dass du dir deines Weges sicher bist und ihn selbstbewusst beschreiten kannst. Dass du mutig bist, wenn sich eine Gelegenheit gibt, anderen ein Vorbild auf dieser Reise zu sein oder für dein Kind zu kämpfen. Und dass du diese Kämpfe weise wählst..

Obwohl ich hier hauptsächlich die Erziehungsmythen beleuchte, möchte ich kurz darauf eingehen, dass das Einmischen anderer bereits beginnt, noch bevor man überhaupt von Erziehung sprechen kann. Ab dem Zeitpunkt, an dem ihr offen über Familienplanung sprecht, gibt euer Umfeld seinen Senf dazu. Das kann von lustigen Tipps darüber reichen, dass man mit Wandersocken an den Füßen Jungen zeugt, bis hin zu handfesten Vorwürfen, wie unverantwortlich es sei, in der heutigen geopolitischen Lage ein Kind in die Welt zu setzen. Und ist dann eine Schwangerschaft erst einmal deutlich erkennbar, erweitert sich der Kreis der „Senf-Dazugeber“ auf quasi jeden, Fremde in öffentlichen Verkehrsmitteln eingeschlossen.

Ich selbst wurde hochschwanger im Bus angesprochen, weil mein Bauch „eindeutig ein Jungen-Bauch“ sei und ich meinen Sohn unbedingt taufen lassen solle, weil die „Jugend von heute ja wirklich verdorben sei“.

Familiengründung und Kindererziehung, so scheint es, gehen irgendwie jeden etwas an und jede*r kennt sich aus, schließlich war jede*r selbst einmal Kind und hat schon mal etwas darüber gehört oder gelesen. Weint das Baby im Wagen, hat es bestimmt Hunger oder es ist ihm kalt, nein, zu warm. Wird es gestillt, dann aber bitte nicht zu lange, sonst wird es „brustfixiert“ (was immer das sein soll), und bloß nicht mit einem Schnuller eine Saugverwirrung riskieren. Oder doch besser zwei Jahre stillen und auf keinen Fall zu dieser vermaledeiten „Industriemilch“ greifen. Und tragen! Unbedingt ganz viel tragen! Oder besser doch nicht. Das Kind gewöhnt sich sonst dran. Wer kennt sie nicht, die 16-Jährigen, die sich noch von ihrer Mutter in die Schule tragen lassen. Oder die 18-Jährigen, die noch bei ihren Eltern im Bett schlafen, weil diese das so haben einreißen lassen. Selbst schuld!

Kann das Kind im Restaurant nicht stillsitzen, ist es verzogen und die Eltern setzen keine Grenzen. Geben die Eltern dem Kind das Handy, damit sie im Restaurant schnell aufessen können und die anderen Gäste nicht gestört werden (weil Eltern die hochgezogenen Augenbrauen der anderen förmlich spüren können), sind sie ebenfalls Rabeneltern, denn sie kümmern sich ja gar nicht um ihr Kind. Ich könnte noch ewig so weitermachen und bin sicher, du auch.

Und so häufen sich über die Eltern-Jahre hinweg jede Menge belustigende, verärgernde, verunsichernde, verurteilende, altbackene und übergriffige Bullshit-Sätze an. Sie füttern unsere innere Kritikerin, unseren inneren Kritiker und verunsichern uns damit massiv.

Wie kann man den richtigen Weg finden, wenn es tausend meist widersprüchliche Wegbeschreibungen gibt? In „Täglich grüßt das Schuldgefühl“ von Katharina Spangler und mir ist nachzulesen: „Wir bekommen so viele Ratschläge, Informationen und Hinweise, wie man eine richtig gute Mutter ist, dass wir uns gar nicht mehr zurechtfinden. Denn neben der bloßen Menge, die man gar nicht verarbeiten kann, widersprechen sich viele davon auch noch: Stillen ist gut für sechs Monate oder zwei Jahre oder sogar noch länger. Das Familienbett ist gefährlich – oder aber DIE Lösung. Außer-Haus-Betreuung unter drei Jahren schadet dem Kind – oder sie fördert es ungemein. Wieder arbeiten zu gehen ist erwünscht – aber gleichzeitig sollst du auch maximal für dein Kind da sein …“ (Liussi & Spangler, 2022, S. 15) Und das sind nur ein paar wenige Anforderungen, die an Eltern und insbesondere an Mütter gestellt werden. Da haben wir mit den Bullshit-Sätzen über Erziehung noch gar nicht angefangen.

Ich habe dir mal ein paar in Form eines Bingos mitgebracht, viel Spaß beim Ankreuzen. Danach zerlegen wir sie fröhlich in ihre Einzelteile.

KLEINER APPELL AN DICH

Wir Mütter sind selbst leider ziemlich gut im Bewerten und Verurteilen anderer Mütter. Auch wir fragen manchmal mit hochgezogenen Augenbrauen nach, kritisieren mehr oder weniger offen den Weg einer anderen. Wie wir aber später noch eingehend beleuchten, sind die Richtschnur für den bedürfnisorientierten Weg eben die Bedürfnisse der einzelnen Familienmitglieder und des Familiensystems. Und da wir selten wirklich genug Einblick in das Leben anderer haben, kann es schwer sein, die Entscheidungen anderer Menschen in Bezug auf ihre Kinder nachzuvollziehen. Wir sehen nur einen Ausschnitt, nicht das Ganze und das sollten wir, wenn wir einen anderen Elternteil betrachten, nie vergessen.

Bullshit-Bingo Erziehung

Welchen dieser Sätze hast du selbst schon gehört? Bekommst du eine Bingo-Reihe voll? Dann mach ein Foto und zeige es mir auf Instagram unter dem Hashtag #erziehungsbingo und verlinke mich gerne mit @micheleliussi.

Bullshit-Erziehungsbingo

Du verwöhnst das Kind!	Es will nur Aufmerksamkeit!	Uns hat's auch nicht geschadet.
Hier und da ein Klaps …	Kinder brauchen Grenzen!	Ich mach mich nicht zum Affen.
Das muss das Kind doch lernen!	Wenn du da bist, gibt's Theater.	Das hast du dir doch so ausgesucht!

„Das verwöhnte Kind"

Elina sitzt mit ihrer Mutter am Küchentisch und trinkt Kaffee. Immer wieder neigt sie den Kopf zur Seite, um auf Geräusche aus dem Schlafzimmer zu lauschen. Als sie dann ein Quaken hört, springt sie auf und eilt zu ihrer kleinen Tochter. Mit dem Baby auf dem Arm kommt sie zurück in die Küche, wo ihre Mutter den Kopf schüttelt und seufzt: „Verwöhn sie doch nicht so, sonst gewöhnt sie sich dran und glaubt, dass immer jemand springt!"

Ein sehr hartnäckiges Vorurteil gegenüber der bedürfnisorientierten Erziehung ist das des „verwöhnten Kindes". Es beruht auf der Annahme, dass Kinder, deren Bedürfnisse prompt erfüllt werden, weniger selbstständig, aber dafür sehr anspruchsvoll werden. Der Appell „Verwöhn dein Kind nicht so!" begegnet Eltern in unterschiedlichen Formen und Farben, immer mit der unterschwelligen Botschaft, sie würden ZU VIEL TUN, ZU VIEL GEBEN, ZU SCHNELL REAGIEREN. Dabei ist es egal, ob es um das Weinen geht („Spring doch nicht immer gleich, wenn es weint/schreit") oder um das Tragen („Kein Wunder lässt es sich nicht ablegen, wenn du es so viel trägst") oder um das Schlafen („Wenn du es bei dir im Bett schlafen lässt, bekommst du es nie mehr raus!").

Auch (un)gern gehört ist die Variante „Du gibst viel zu schnell nach", häufig bezogen auf die Gefühlsstürme, die Kinder klassischerweise in der Autonomiephase erleben, wenn vermeintliche Kleinigkeiten, wie die falsche Farbe der Müslischale, sie komplett aus der Fassung bringen. „Du wirst noch sehen, was du davon hast" zeigt die bedrohliche Vorstellung, die andere Menschen vom „Verwöhnen" haben. Augenscheinlich wird es sich einmal rächen, dass wir unsere Kinder liebevoll begleiten. Auch Sätze wie „Später bekommt es auch nicht alles geschenkt" fallen unter den Vorwurf des Verwöhnens, denn sie implizieren die Vorstellung, man würde es seinem Kind zu leicht machen und ihm damit für die Zukunft schaden.

Das „Verwöhnen“ steht, bezogen auf die bedürfnisorientierte Erziehung, immer wieder in der Kritik. Es wirkt wie Kritik am liebevollen und fürsorglichen Umgang mit deinem Kind, egal welchen Alters, und lässt durchklingen, dass eine gewisse Zurückhaltung in Sachen Zuneigung angebracht sei. Außerdem werden Eltern, die den kindlichen Bedürfnissen aktiv nachgehen, nicht selten von anderen mit der Gefahr konfrontiert, dass ihre Kinder verwöhnte Egoisten werden, die fordern, fordern und noch mal fordern. Eng damit verknüpft ist der Gedanke, das Kind würde die Eltern beispielsweise mit seinem Weinen oder später auch Toben manipulieren, um seinen Willen zu bekommen.

Sätze wie diese entspringen nicht etwa einer Lieblosigkeit Kindern gegenüber, jedenfalls meistens nicht. Wenn, dann eher noch einer veralteten Vorstellung vom Machtgefälle, das sich angeblich in Eltern-Kind-Beziehungen findet: Einer adultistischen Haltung, die ihre Wurzeln in autoritären Gedanken hat und die wir schon kennengelernt haben. Die wenigsten Menschen äußern diese Warnung, weil sie den Kindern oder Eltern etwas Böses wollen, weil sie wollen, dass das Kind beispielsweise allein weint und leidet. Nein, hinter Sätzen wie diesen steht oftmals ein Missverständnis über den Kern dieser Erziehungsform. Ein fehlendes Verständnis für kindliche Bedürfnisse und ihre Entwicklung. Aus diesem fehlenden oder falschen Verständnis von Entwicklung entsteht die Sorge, dass ein Kind mit seinem Weinen manipulieren könne, um seinen Willen zu erreichen. Dass es sich daran gewöhnen würde, jederzeit auf eine erwachsene Person Zugriff zu haben und von dieser dann abhängig zu werden.

In einer Familienbegleitung fragte mich die Mutter, verunsichert durch die Vorstellungen ihrer eigenen Mutter, wie ihr Kind denn lernen solle, sich selbst zu trösten, wenn sie es immer tröste. Würde es dann nicht für immer auf ihren Trost angewiesen sein? Müsse sie nicht langsam aufhören, ihr Kind zu beruhigen, wenn es weint, damit es das selbst lerne?

Ohne Hintergrundwissen zur emotionalen Entwicklung und zum Aufbau einer Regulationsfähigkeit ist das eine ganz logische Überlegung. Ein Kind kann ja auch nicht Fahrrad fahren lernen, wenn es immer nur hinten im Anhänger sitzt.

Das Magazin *Brigitte* fasst die Ängste in einer Auflistung zusammen, in der Anzeichen für ein zu verwöhnt erzogenes Kind aufgeführt waren: Das verwöhnte Kind akzeptiert kein „Nein" und reagiert darauf mit Wut, das verzogene Kind ist undankbar, es ist egozentrisch, ungeduldig und kann nicht mit Enttäuschungen umgehen (Brigitte, 16.08.2023). Ein richtiges Schreckensszenario, nicht? Leider ist nicht differenziert beschrieben, wie dieses „Verwöhnen" aussieht, das solche negativen Auswirkungen auf das Kind haben soll. Oder bis zu welchem Alter eines Kindes diese Eigenschaften und Schwierigkeiten normal sind. Auch unklar ist mir, ob diese Kinder dann ganz generell undankbar sind oder nur gegenüber den Eltern? Ich bin nämlich nicht der Meinung, dass Kinder uns Dank schulden. WIR haben uns entschieden, Eltern zu werden. Sie hatten dabei nicht wirklich etwas mitzureden.

Kein Wunder, dass man da große Angst vor dem „Verwöhnen" bekommt, wenn am Ende ein unselbstständiges, ich-bezogenes Kind, ein verhaltensauffälliger Jugendlicher oder eine schwierige Erwachsene dabei rauskommt. Mit diesen Annahmen im Kopf, die sich sogar heute noch so in Ratgebern, Blogs und Magazinen finden, muss man Verwöhnen ja verteufeln. Dabei sieht die Realität ganz anders aus.

Faktencheck

Bei der bedürfnisorientierten Erziehung geht es nicht darum, jede noch so kleine Wunschäußerung sofort und unhinterfragt zu erfüllen, sondern darum, die emotionalen Bedürfnisse der Kinder ernst zu nehmen und sie bei ihren Entwicklungsaufgaben zu begleiten. Dafür ist es zunächst einmal entscheidend zu verstehen, wie Kinder sich emotional und kognitiv entwickeln und welche grundlegenden Bedürfnisse, physisch und vor allem psychisch, dabei eine Rolle spielen. Diesen Punkt wirst du noch öfter lesen, denn der Blick auf die kindliche Entwicklung ist entscheidend, wenn es darum geht, wie wir Kinder begleiten. Das Wissen um Entwicklung und Bedürfnisse bildet einen Strang der Richtschnur für unseren Weg und gleichzeitig einen Schutzschild vor Kritik. Denn durch die Brille der Entwicklung betrachtet ist kindliches Verhalten in sich sinnvoll.

Kinder kommen mit dem Wunsch nach Bindung auf die Welt, das konnte der Kinderarzt, Kinderpsychiater und Psychoanalytiker John Bowlby in seiner Bindungstheorie, die später von der Entwicklungspsychologin Mary Ainsworth weiterentwickelt wurde, sehr gut zeigen (Grossmann & Grossmann, 2015). Dieser Wunsch nach Bindung ist überlebensnotwendig. Würden sie sich nicht jederzeit der Nähe ihrer wichtigsten Bezugsperson versichern – durch Weinen, Schreien, später Anklammern –, wären sie verloren. Sie kommen vollkommen unselbstständig und abhängig auf die Welt und sind darauf angewiesen, dass sich ein erwachsener Mensch um sie kümmert. Damit sind vor allem einmal die körperlichen Grundbedürfnisse wie Nahrung und Wärme gemeint, aber auch die Bedürfnisse nach Nähe, Sicherheit und Regulation.

Das Bedürfnis nach Bindung ist im ersten Lebensjahr vorherrschend, der allergrößte Teil der kindlichen Verhaltensweisen ist darauf ausgerichtet. Bindungsverhalten sieht in den ersten Jahren unter anderem so aus: quengeln, schreien, weinen, anklammern, hinterherrutschen und -krabbeln, gegen jede Trennung protestieren, eine Haarsträhne oder das Ohrläppchen der Bindungsperson festhalten, getragen werden wollen, auf der Brust oder nah am Elternteil schlafen wollen und über hundertmal am Tag „Mama!“ oder „Papa!“ rufen, nur um dann gar nichts zu wollen oder zu brauchen.

Dein Kind kann noch nicht sagen „Ich brauche deine Nähe“ oder „Ich möchte mich mit dir verbunden fühlen“ und zeigt daher einen bunten Strauß an Interaktionen, die dafür sorgen, dass du bei ihm bleibst. Beim Aufbau der Bindung sind Säuglinge keineswegs inaktiv, sondern gestalten kompetent und differenziert mit (Fthenakis, 2011). All diese Arten der Kontaktaufnahme können zuweilen anstrengend sein, am elterlichen Nervenkostüm zerren und Eltern auslaugen. Im sozialen Umfeld stoßen sie auch nicht selten auf Unverständnis. Genauso wie dein Entschluss, prompt auf das Nähebedürfnis deines Kindes einzugehen. Hat man aber erst einmal verstanden, dass diese Verhaltensweisen einer biologischen Notwendigkeit entstammen und hier keineswegs ein kleiner Mensch nach Lust und Laune seine Eltern trietzt und manipuliert, dann erkennt man, wie sinnvoll das Verhalten des Kindes ist und wie wahnsinnig wertvoll die Aufgabe, die gerade erfüllt wird.

MANIPULIEREN

Schon mal ganz aktiv darüber nachgedacht, welche Fähigkeiten ein Mensch benötigt, der einen anderen manipulieren will? Nein? Schauen wir es uns gemeinsam an: Er muss antizipieren, dass sein Verhalten eine bestimmte Reaktion auslöst, muss dieses Verhalten geplant und bewusst einsetzen, obwohl es nicht seinem wahren Befinden entspricht – also etwas vortäuschen – und muss die Perspektive seines Gegenübers einnehmen, um zu wissen, dass dieses vorgespielte Verhalten bei dieser Person auch zu dieser Reaktion führt.

Wenn dein Kind also weint, um zum Beispiel die Süßigkeiten an der Supermarktkasse zu bekommen, müsste es die Perspektive der Mutter einnehmen. „Wenn ich weine, hat sie Mitleid mit mir und schlägt mir nichts ab." Die Reaktion der Mutter wird also vorausgesehen. Und dann muss noch das entsprechende Verhalten gezeigt werden. Da sich Planungsfähigkeit und die Fähigkeit der Perspektivenübernahme erst im Vorschulalter ausbilden, ist es viel wahrscheinlicher, dass das weinende Kind schlicht und ergreifend traurig und enttäuscht ist, weil es gerne etwas Süßes hätte und das nicht bekommt.

Es ist wichtig zu verstehen, dass die Erfüllung des Bindungsbedürfnisses deines Kindes in den ersten Lebensjahren eine wesentliche Rolle für seine gesunde Entwicklung spielt. Indem du auf seine Bedürfnisse eingehst und ihm die nötige Nähe und Sicherheit gibst, trägst du dazu bei, dass es ein starkes Fundament für sein weiteres Leben aufbauen kann.

Kinder, die in den ersten Jahren eine sichere Bindung zu ihren Eltern aufbauen konnten, sind in der Regel selbstbewusster, haben ein höheres Selbstwertgefühl und sind besser in der Lage, Beziehungen zu anderen Menschen aufzubauen (Ahnert & Spangler, 2014). Ich schreibe hier explizit „Eltern", denn beide, sowohl Mütter als auch Väter, sind in der Lage, feinfühliges Verhalten zu zeigen und gelten somit für die Aufnahme von Beziehungen als gleich gut gerüstet (Bründel & Hurrelmann, 2017).

Es mag anstrengend sein, wenn dein Kind permanent deine Aufmerksamkeit einfordert, aber bedenke, dass du damit einen wertvollen Beitrag zur Entwicklung deines Kindes leistest. Indem du ihm zeigst, dass du da bist und es unterstützt, trägst du dazu bei, dass es zu einem selbstbewussten und glücklichen Menschen heranwachsen kann.

Womit wir bei einem weiteren wichtigen Bedürfnis angekommen wären: dem inneren Drang, autonom zu werden. Dem Bindungsbedürfnis steht das Explorationsbedürfnis gegenüber. Das Streben nach Autonomie ist, genau wie das Bindungsbedürfnis, in uns angelegt. Natürlicherweise möchte kein Mensch abhängig und hilflos bleiben, wir alle tragen von Anfang an einen Entwicklungsmotor in uns, der uns antreibt, selbstständig und selbstwirksam zu werden. Und als Eltern haben wir verstanden, dass es unsere Aufgabe ist, unsere Kinder dabei zu unterstützen, diese Entwicklungsaufgabe zu meistern. Nur kommt es an diesem Punkt zu einem Missverständnis, denn vielen Menschen erscheint es paradox, das ausgeprägte Bindungsbedürfnis eines kleinen Kindes zu erfüllen, um es in seinem Streben nach Autonomie zu fördern. Sie bekommen einen Knoten im Kopf. Wie kann es zur Autonomieentwicklung beitragen, dass ich immer verfügbar bin?

Die Antwort auf diese Frage ist eigentlich ganz einfach. Die Entwicklungspsychologinnen Birgit Elsner und Sabina Pauen stellten 2012 fest, dass das Explorationsverhalten in sicheren Bindungssituationen (im Beisein der Bindungsperson) gestärkt, in unsicheren Situationen (Situation neu, Bindungsperson nicht da) dagegen vermindert ist (Elsner & Pauen, 2012). Kinder, die erfahren haben, dass ihre Bedürfnisse Beachtung finden, entwickeln eine innere Sicherheit, die es ihnen ermöglicht, ihre Emotionen nach und nach selbst zu regulieren und eigenständig Probleme zu lösen. Wenn ein Kind spürt, dass es einen sicheren Hafen hat, zu dem es jederzeit zurückkehren kann, dann gibt ihm das die notwendige Versicherung, um seine Umgebung zu erkunden und neue Dinge auszuprobieren. Das kann es nur, wenn es weiß, dass es jederzeit auf die Unterstützung und Hilfe seiner Eltern zählen kann.

Wenn Eltern auf die Bedürfnisse ihres Kindes eingehen und es in seiner Autonomieentwicklung unterstützen, wird es lernen, selbstständig Entscheidungen zu treffen und Verantwortung zu übernehmen. Das ist ein wichtiger Schritt auf dem Weg zum Erwachsenwerden. Daher ist es wichtig, dass Eltern das Bindungsbedürfnis nicht ignorieren, sondern es als Basis für eine gesunde Autonomieentwicklung nutzen. Wir brauchen das Gefühl von Sicherheit, um uns an Neues heranzutrauen. Das gilt nicht nur für Kinder, das gilt für alle. Du kannst wahnsinnig mutig sein und von einer Brücke springen. Du wirst es aber nicht tun, bevor du die Ausrüstung überprüft hast und dir sicher bist, dass alles in Ordnung ist. Den Sprung ins Ungewisse wagst du nur, wenn du dich sicher fühlst.

Auf dein Kind angewandt kann das bedeuten: Du bist das Bungeeseil deines Kindes für den Sprung ins Leben. Gut, zugegeben, es sind viele Sprünge, kleine und große. Deswegen musst du auch immer wieder auf dich schauen, dich selbst versorgen. Ein anderes Beispiel: Wieso brechen manche Menschen ihre Zelte ab und fangen in fremden Ländern ein ganz neues Leben an und andere, die den gleichen Wunsch ein Leben lang hegen, bleiben für immer am selben Ort?

Erstere haben die Sicherheit, die ihnen sehr wahrscheinlich früher von wichtigen Bezugspersonen vermittelt wurde, inzwischen verinnerlicht. Durch die Hilfe stabiler und zugewandter Bezugspersonen, die das Bindungsbedürfnis zuverlässig befriedigt und gleichzeitig Raum für Autonomieentwicklung gelassen haben, konnten diese Menschen für sich selbst zum sicheren Hafen werden. Sie spüren in sich die Gewissheit, dass sie diesen Schritt, dieses Wagnis, diese Herausforderung bewältigen können. Und tatsächlich äußern solche Menschen auch im Erwachsenenalter noch die Gewissheit, bei einem Scheitern zu ihren Eltern zurückkehren zu können. Nicht, dass das das Ziel wäre, aber sie spüren das Sicherheitsnetz ein Leben lang. Es trägt sie. Egal ob es ein Umzug, eine Auswanderung, ein Jobwechsel, eine Neuausrichtung des Lebens, das Bewältigen einer Krise oder was auch immer ist.

Studienergebnisse stützen diese Ansicht. Eine Langzeitstudie von Diana Baumrind konnte zeigen, dass Kinder, deren Eltern liebevolle Unterstützung mit Klarheit kombinierten, sich am besten emotional und sozial entwickeln konnten (Baumrind, 1971, S. 1–101). Der Psychologe und Professor für Persönlichkeits- und Familienpsychologie Klaus Schneewind baute auf ihren Forschungen auf und entwickelte unter anderem damit sein Programm „Freiheit in Grenzen" (Schneewind, 2010).

Diese Kombination aus zugewandter Unterstützung und Klarheit hinsichtlich der Grenzen und Erwartungen nannte Baumrind „autoritative Erziehung". Dieser Erziehungsstil betont Warmherzigkeit und Respekt für das Autonomiebedürfnis der Kinder. Genau diese Aspekte sind auch in der bedürfnisorientierten Erziehung fundamental.

Eltern, die das oben beschriebene Netz vermitteln, vertrauen auf den inneren Entwicklungswillen ihres Kindes. Sie wissen, dass sie mit ihrer Fürsorge und ihrer eigenen Bindungsbereitschaft diesen Entwicklungsantrieb nicht untergraben, sondern fördern, ja sogar ermöglichen. Sie verwöhnen nicht mit ihrer Liebe oder dem prompten Reagieren auf kindliche Bedürfnisse, sie ebnen den Weg. Gleichzeitig strahlen sie Vertrauen in die Fähigkeiten ihres Kindes aus, ermuntern es, zu lernen und zu entdecken, bauen nach Scheitern wieder auf und leben vor, wie unterstützende Beziehungen aussehen. Was sie nicht tun, und hier kommt jetzt der kleine wahre Kern der Kritik des Verwöhnens: Sie nehmen dem Kind keine Entwicklungschancen, indem sie eine Welt gestalten, die überbehütend sicher ist. Indem sie dem Kind alle Aufgaben abnehmen, jeden Konflikt vermeiden, jede Quelle von Frustration beseitigen und positive Herausforderungen verunmöglichen. Hier kommt sicher so mancher Elternteil ins Schlingern, besonders mit steigendem Alter des Kindes. Wenn aus Verwöhnen Überbehüten wird, dann fehlt die Sicherheit, die mit der im Kind verankerten Grundüberzeugung „Mama/Papa ist immer für mich da. Ich kann mich auf sie verlassen“ geschaffen wurde. Das ist der Katalysator für eine innere Sicherheit, die mit der Botschaft „Ich glaube an dich! Du schaffst das! Du kannst das!“ verankert wird.

BEDÜRFNISSE VS. WÜNSCHE

Ein Schlüssel, um nicht in die „Verwöhn-Falle" zu tappen, ist die Unterscheidung zwischen dem Erkennen und Erfüllen grundlegender physischer und psychischer Bedürfnisse und einer unkritischen Erfüllung jedes Wunsches. Das Wissen um menschliche Bedürfnisse ist dafür entscheidend. (Mehr zum Begriff „Bedürfnisse" findest du im Anhang.) Diese Unterscheidung zu lernen ist ein zentraler Bestandteil der bedürfnisorientierten Erziehung.

Das ist mitnichten als Rechtfertigung für ungebetene Ratschläge und Vorwürfe anderer Menschen gemeint. Verstehe es bitte vielmehr als Einladung zur Reflexion darüber, wie es in eurer Eltern-Kind-Beziehung um die Balance von Bindung und Autonomie steht. Und weißt du, wer der einzige Mensch ist, der berechtigte Kritik äußern darf? Dein Kind. Wenn es dich daran erinnert, dass es etwas schon selbst kann. Oder darum bittet, etwas selbst ausprobieren zu dürfen (sofern es nicht ernsthaft gefährlich ist). Wenn es lautstark seine Autonomie einfordert und dafür kämpft, selbst entscheiden oder tun zu dürfen. Alle anderen haben auf dieser Wippe nichts verloren, sie würden sie nur aus dem Gleichgewicht bringen. Und wie machst du ihnen das klar?

Kommunikation
Selbstbewusst ausgesprochen, den Blickkontakt haltend, sind diese Kontersätze schon dein bester Schutzschild gegen den „Du verwöhnst dein Kind"-Bullshit-Satz:

„Ich verwöhne nicht, ich spende Sicherheit."
„Ich gehe auf die Bedürfnisse meines Kindes ein."
„Danke! Indem ich auf die Bedürfnisse meines Kindes eingehe, fördere ich seine Entwicklung. Toll, dass dir das aufgefallen ist!"

Du hast bereits einiges gelesen, was diesen Satz bei Bedarf untermauern kann. Und im Kapitel → „Das sagt die Wissenschaft" werden noch mehr Argumente dazukommen. Du selbst musst entscheiden, ob die Person, die dir gegenübersteht und dir den Vorwurf macht, du würdest dein Kind verwöhnen, offen für Erklärungen ist. Oder ob es ausreicht, diese Person mit einer schlagfertigen oder bestimmten Aussage in die Schranken zu weisen. Sind es die eigenen Eltern, wirst du dir vermutlich eher wünschen, dass sie deinen Weg verstehen und akzeptieren lernen und ihn vielleicht sogar ein Stück weit mit dir gehen. Ist es eine fremde Person im Bus oder ein ferner Verwandter auf einer Familienfeier, den man nur einmal im Jahr sieht, lohnt es die Mühe vielleicht gar nicht. Ist es die Pädagogin in der Kinderkrippe, lohnt sich der Dialog sogar sehr, weil beide Seiten von der Perspektive der anderen Bezugsperson profitieren könnten. Wie schon gesagt: Wähle deine Kämpfe weise. Du brauchst deine Energie für dich und deine Kinder.

Einfach mal ganz provokant nachfragen, wo denn eigentlich das Problem liegt. Den Wind aus den Segeln nehmen und hinterfragen, was an Verwöhnen denn eigentlich so schlimm sein soll:

„Na, wer wird denn nicht gern verwöhnt?“

Wer freut sich denn nicht, wenn er schon in die Decke eingekuschelt auf der Couch liegt und die Partnerperson bringt noch etwas zu Knabbern und ein Getränk mit? Klar könnte man das selbst, aber verwöhnt werden ist nach einem harten Tag doch viel schöner! Vielleicht lässt sich die ein oder andere Person damit aus der Reserve locken, dass sie da gerade etwas verteufelt, was sie selbst eigentlich auch sehr genießt oder genießen würde. Wo wir beim empathischen Nachfragen wären:

„Du hast Sorge, dass es meinem Kind schadet, wenn ich es verwöhne, richtig?“

Du hast ja schon gelesen, dass es Personen gibt, die glauben, dass ein Kind, das bedürfnisorientiert aufwächst, verwöhnt und unselbstständig wird. Beides wird als großer Nachteil für die weitere Entwicklung und das Erwachsenenleben angesehen. Unselbstständigkeit ist sicher keine gute Eigenschaft für einen erwachsenen Menschen, aber der Schluss von der bedürfnisorientierten Erziehung auf Unselbstständigkeit ist falsch. Diese Sorge kannst du der Person nehmen, wenn du ihre Sorge ernst nimmst und sie dann mit deinem Wissen über die Autonomieentwicklung abmilderst.

Hier ist Platz für deine eigenen Gedanken und schlagfertigen Entgegnungen, die du nächstes Mal parat haben möchtest. Leg los!

....

....

....

....

....

....

„Kinder brauchen Grenzen"

„Was hast du denn da alles im Rucksack, sag mal?"
„Ach so, das. Ja, Lia wollte heute selbst entscheiden, was sie anzieht, da habe ich was zum Wechseln eingepackt, falls ihr in Strumpfhose und kurzer Hose doch kalt wird. Und noch eine Jacke, für den Fall ..."
Es folgt ein verständnisloses Kopfschütteln.
„Also ich bin sicher nicht der Packesel für meine Kinder. Ich sage, was angezogen wird, sonst geht's nicht raus. Pech gehabt. Kinder brauchen klare Ansagen und Grenzen, sonst wird das nichts."

Was Kinder nicht alles brauchen! Was andere Menschen nicht alles darüber wissen, was dein Kind braucht. Und besonders, in welcher Form es das braucht. Die ältere Dame im Bus weiß, dass dein Kind dickere Söckchen braucht und die Oma deutet die Signale deines Kindes so, dass es jetzt unbedingt Schlaf braucht. Das Einzelkind sollte unbedingt früh in die Betreuung, denn es braucht soziale Kontakte. Das kleine Mädchen braucht eine Puppe, damit es Mama spielen kann.

Davon, was Kinder brauchen, hören und lesen wir den lieben langen Tag sehr viel. Sehr viel Verwirrendes und Unnötiges.

Absurd, wie lang die Erstausstattungsliste für Neugeborene auf manchen Mami-Blogs ist. Ich selbst bin auf eine solche Liste „reingefallen“. Es gab mir die Sicherheit, mich so weit wie eben möglich auf die neue Aufgabe – Mamasein – vorzubereiten. Es ist absolut verständlich, dass man sich absichern will, wenn es um die größte Verantwortung geht, die man tragen kann. Allerdings wurde das Babybettchen nach einem Jahr unbenutzt weiterverkauft und viele andere Dinge, die ich nie benutzt habe, habe ich irgendwann verschenkt. Gar so viel hat dieser kleine Mensch nämlich dann doch nicht gebraucht. Vor allem nicht in der 22. Schwangerschaftswoche, als ich das Kinderzimmer fertiggestellt habe. Aber das ist eine andere Geschichte.

Ein Dauerbrenner unter den „Kinder brauchen …“-Sätzen ist dieser: „Kinder brauchen Grenzen.“ Er begegnet uns manchmal auch als „Du musst härter durchgreifen“ oder „So würde ich nicht mit mir reden lassen“. Auch das häufig vorwurfvoll dahingesagte „Bei uns hätte es das nicht gegeben“ schwingt auf dieser Frequenz. Ziemlich verzweifelt werfen Leute die Hände in die Luft und führen an, dass „es doch Regeln gibt!“ Und nicht wenige Menschen sind davon überzeugt, dass ohne Konsequenzen keine Lehre aus (vermeintlichem) Fehlverhalten gezogen werden kann.

Alles in allem kann man sagen, dass vielen die Erziehung, die wir heute unseren Kindern angedeihen lassen wollen, zu grenzenlos, zu frei, zu liberal erscheint. Die darunterliegenden Ängste reichen von Kindern, die Erwachsene nach ihrer Pfeife tanzen lassen, bis zu Kindern, die durch Selbstverantwortung überfordert sind. Wobei Letzteres sicher noch die fürsorglichere Sorge ist. Die erste Angst jedoch, die Angst vor den undisziplinierten „Tyrannenkindern“, ist die weit häufigere. Sie basiert auf dem Missverständnis, dass das Einbeziehen kindlicher Bedürfnisse nach Autonomie und Selbstbestimmung zu einer laxen Haltung gegenüber Regeln und Grenzen führt. Und diese

Regeln sorgen doch dafür, dass unsere Gesellschaft funktioniert und nicht im Chaos versinkt! Wer sind wir, dass wir diese nun hinterfragen und auf den Kopf stellen, indem wir unsere Kinder sich frei entfalten lassen. Wie sollen die sich später einfügen, wenn sie nicht jetzt schon lernen, dass man sich an Regeln und Grenzen halten muss?

Ja, wie nur? Schauen wir uns das doch mal genauer an.

Faktencheck
Um mit diesem Bullshit-Satz aufzuräumen, müssen wir uns zwei Dinge anschauen: Wie geht die bedürfnisorientierte Erziehung mit Regeln und Grenzen um? Und wie lernen Kinder?

Tatsächlich ist die bedürfnisorientierte Haltung gar nicht der Meinung, dass Kinder keine Grenzen brauchen, sie geht nur differenzierter mit dem Grenzbegriff um. Zum einen finden nicht nur die Grenzen der Erwachsenen und die Regeln der Gesellschaft Eingang in die Begleitung, sondern auch die Grenzen des Kindes werden gewahrt und geachtet. Wollen wir den Bullshit-Satz in einen sinnvollen Satz verwandeln, würde der dann vielleicht so lauten:

> **Kinder brauchen ein Recht auf eigene Grenzen.**

Zum anderen werden Regeln und Grenzen auf ihre Sinnhaftigkeit und Willkür hin untersucht. Meine persönlichen Grenzen als Frau, Mutter, Mensch kommuniziere ich und mache sie für mein Kind erfahrbar. Willkürliche Regeln werden hinterfragt. Mein Lieblingsbeispiel dafür ist die willkürlich aufgestellte „30 Minuten Medienzeit“-Regel. Warum 30 Minuten? Die meisten Kinderserien haben Folgen, die zwischen 15 und 20 Minuten lang sind. Sollte ich dann nach genau 30 Minuten einfach mitten in der Folge den Stecker ziehen und mein Kind maximal frustrieren? Und ist es eigentlich egal, was mein Kind anschaut, Hauptsache es sind nicht 31 Minuten oder mehr? Es ist doch sehr viel sinnvoller, Regeln und Grenzen aufzustellen, die für dein Kind und euch als Familie passen!

Der entscheidende Unterschied zum früheren Umgang mit Regeln und Grenzen für Kinder ist jedoch, dass bedürfnisorientierte Eltern auf Verständnis und Kooperation setzen, statt autoritäre Vorgaben, Kontrolle und Strafen zur Umsetzung einzusetzen. Unser Weg arbeitet mit klaren und kindgerechten Grenzen, deren Einhaltung vorgelebt und begleitet wird. Regeln werden verständlich kommuniziert und ab dem entsprechenden Alter auch gemeinsam festgelegt. Sie sind nicht starr, lassen Luft für Fehler und Lernerfahrungen. Sie können je nach Situation und mit steigendem Alter angepasst werden.

Zentrale Elemente elterlicher Grenzsetzung sind Kommunikation und Partizipation. Studien zeigen, dass Kinder, die in die Festlegung von Regeln einbezogen werden, eher dazu bereit sind, diese zu respektieren und als sinnvoll zu erachten. In der Entwicklungspsychologie wird diese Fähigkeit „compliance" (Bereitschaft zur Einhaltung) genannt. Unterschieden wurden in den Untersuchungen eine Bereitschaft aus Überzeugung, eine in bestimmten Situationen vorhandene Bereitschaft zur Einhaltung von Regeln oder eine „non-compliance", also die Ablehnung von Regeln. Kinder halten Regeln vor allem dann aus Überzeugung ein, wenn ihre Bezugspersonen kindgerecht auf sie reagieren, viel Wärme ausstrahlen und sie einbeziehen (für einen Überblick vgl. Glüer, 2012). Kinder, die so erzogen werden, entwickeln eine höhere Akzeptanz und ein besseres Verständnis dafür, warum bestimmte Grenzen wichtig sind. Sie halten Regeln dann nicht nur bereitwilliger ein, sondern sie haben gleichzeitig auch eine bessere Regulationsfähigkeit, können also besser mit ihren Gefühlen umgehen, und ein höheres Verantwortungsbewusstsein. Erziehungspraktiken, die auf Druck, Liebesentzug und Misstrauen aufbauen, führen hingegen eher zu „non-compliance", also Ablehnung (Kracke & Noack, 2019).

Das Verständnis für die Wichtigkeit von Regeln – für den persönlichen Schutz, das familiäre Zusammenleben oder soziale Interaktionen – macht auch eine gängige Lehrmethode für die Einhaltung von Grenzen obsolet: Die Angst vor Strafe. Denn hinter dem Satz „Da musst du doch mal durchgreifen" verbirgt sich auch die Annahme, dass das

Fehlen strenger Konsequenzen und Strafen dazu führt, dass Kinder keinen Respekt vor ihren Eltern und anderen erwachsenen Menschen haben und sich dann aus Respektlosigkeit nicht an die Regeln halten.

Ich brauche wohl niemandem mehr erklären, dass diese Annahme auf einem total falschen Verständnis von Respekt beruht. Angst ist kein Respekt. Angst ist Angst. Und jemand, der eine Regel aus Angst befolgt, statt den Sinn der Regel zu verstehen und sie ob ihrer Sinnhaftigkeit befolgt, wird diese Regel vielleicht nicht mehr befolgen, wenn das angstauslösende Element verschwindet. Oder würdest du nicht auch etwas schneller fahren, wenn du dir sicher sein könntest, dass du nicht geblitzt wirst? An wie vielen Stellen fährst du langsam, weil du keine Strafe zahlen willst und an wie vielen, weil du die Geschwindigkeitsbeschränkung wirklich sinnvoll findest?

Bedürfnisorientierte Erziehung ist also kein zügelloses, grenzenloses Verwöhnen, sondern kindgerechte, auf Kooperation und Kommunikation aufbauende Begleitung. Eltern machen sich mit ihren Grenzen erfahrbar, respektieren die Grenzen des Kindes und führen schützend in die Regeln der Gesellschaft ein. Die Regeln und Grenzen in der bedürfnisorientierten Erziehung haben die Grenzen aller im Blick und keine verstaubten „Weil man das eben so macht"-Gedanken.

Was das Lernen angeht, so zeigen Studien auch, dass Kommunikation, Vorbild und positive Verstärkung langfristig effektiver sind als autoritäre und strafende Methoden (vgl. dazu Bandura, 1986; Helmke & Schrader, 2010; Pratt et al., 2010). Bei nachhaltigem Lernen geht es darum, die Eigenmotivation anzuregen, also einen inneren Antrieb zu erzeugen, der es sinnvoll erscheinen lässt, etwas zu tun oder zu lassen. Das zeigt sich auch in der Schulbildung deutlich. Wie oft fragen Schulkinder, warum sie dies oder jenes denn lernen müssen, und wir wissen keine Antwort darauf. Zu erfahren, dass etwas Gelerntes, und seien es auch einschränkende Regeln, Sinn ergibt, steigert die eigene Motivation, sich auch daran zu halten oder das Gelernte anzuwenden, ja, gar zu vertiefen.

Außerdem lernen Kinder besonders durch das, was sie sehen, nicht das, was sie hören. Wir sind ihre Vorbilder, von uns lernen sie, wie das Leben funktioniert. Logischerweise ergibt für sie eine Einschränkung ihrer Medienzeit wenig Sinn, wenn wir selbst ständig am Handy, vor dem PC oder dem Fernseher hängen. Wenn wir selbst Süßigkeiten essen, sie aber keine oder nur wenig haben dürfen. Wenn es immer wieder ohne weitere Erklärung heißt: „Ich darf das, du nicht. Ist halt so." An solch willkürlich anmutenden Auflagen wird sich jemand nur dann halten, wenn er negative Konsequenzen bei Nichteinhaltung fürchtet. Das spüren sogar erwachsene Arbeitnehmer*innen, die aufgetragene Arbeiten nur mit Widerwillen erledigen, weil sie nicht verstehen, wofür sie gut sind. Dahingegen sind Angestellte, die in Prozesse und Entscheidungsfindungen involviert sind und verstehen, wie ihre Arbeit dem Wohl der Firma zugutekommt, motivierter und engagierter. Das Prinzip der Eigenmotivation gilt also nicht nur für Kinder, sondern auch für Erwachsene in allen möglichen Lebenslagen.

Nun haben wir gesehen, welche Sorgen und Missverständnisse hinter dem Bullshit-Satz „Kinder brauchen Grenzen" stecken, besonders, da dieser Satz häufig eigentlich gar nicht meint, dass Kinder Grenzen brauchen, sondern, dass sie mehr Respekt zeigen und Konsequenzen für ihr Handeln erfahren sollten. Denn die Annahme, dass Kinder Grenzen brauchen, ist an und für sich gar nicht falsch. Naja, eigentlich doch. Denn Kinder HABEN Grenzen. Ihr Körper hat persönliche Grenzen, ihre Fähigkeiten haben altersbedingte Grenzen, ihr Recht auf Mitbestimmung ebenfalls.

Auch wir Eltern haben Grenzen, ganz natürliche Grenzen. Wir mögen bestimmte Berührungen nicht, sind zu erschöpft für die vierte Gute-Nacht-Geschichte oder bekommen Kopfschmerzen von einer bestimmten Art von Musik. Unser Körper hat Grenzen, physikalische und physische. Wir können nicht fliegen. Wir werden krank. Wir leben nicht ewig. Wir können nur begrenzt ohne Wasser und Essen leben. Diese Grenzen sind da. Wir müssen die Grenzen unserer Kinder so gut wie möglich wahren und schützen, dürfen eigene Grenzen setzen und haben die Aufgabe, ihnen die Grenzen der Gesellschaft näherzubringen und sie bei deren Einhaltung zu unterstützen.

Worauf wir verzichten sollten, sind willkürliche Grenzen, die aus irgendeiner Fantasie entstehen, wie Erziehung auszusehen hat oder was für ein Mensch unser Kind einmal werden soll. Auch Grenzen, die wir unhinterfragt nur setzen, weil man das eben so macht oder weil andere es von uns als Eltern eben erwarten, sollten wir ausmisten. Meist sind das gar keine wirklichen Grenzen, die zum Beispiel die Integrität einer Person oder das Funktionieren der Gesellschaft schützen oder ein Gesetz einhalten, sondern verstaubte Regeln.

UNTERSCHEIDUNG: GRENZEN, REGELN UND VERBOTE

Hilfreich für die Beziehungsgestaltung ist eine sprachliche Unterscheidung den Begriffe Grenzen, Regeln und Verbote. Alternativ kannst du statt Regel auch Vereinbarung oder Abmachung sagen. Wichtig ist Folgendes:

Eine Grenze ist einseitig festgelegt. Du zeigst deine persönliche Grenze auf, sagst beispielweise „Ich will keine weitere Geschichte vorlesen, ich bin schon zu müde" oder „Ich will nicht, dass du an meinen Haaren ziehst, das tut mir weh". Du legst diese Grenze fest und kommunizierst sie gewaltfrei als Ich-Botschaft. Es ist deine Grenze.

Eine Regel oder Vereinbarung wird von mindestens zwei Seiten festgelegt oder getroffen. Sie dient der Gestaltung des Zusammenlebens und eurer Beziehung. Bei der Festlegung dieser Verhaltensregel werden die Bedürfnisse aller Beteiligten berücksichtigt. Eine solche Vereinbarung regelt dann beispielsweise die Beteiligung aller Familienmitglieder an den Haushaltsaufgaben und der Wahrung der Ordnung, auf die man sich für ein gutes Zusammenleben geeinigt hat.

Ein Verbot ist eine einseitig festgelegte Unterlassung, im familiären Kontext meist aus Schutzgründen.

Mit diesen wichtigen Unterscheidungen hast du ein Werkzeug an der Hand, das Regelwerk eurer Familie genauer zu betrachten:

- Ist es eine persönliche Grenze, eine gemeinsam aufgestellte Regel oder ein Verbot?
- Dient die Regel unserer Beziehungsgestaltung und unserem Zusammenleben?
- Gibt es Regeln oder Verbote, die eigentlich eine persönliche Grenze schützen und entsprechend besser als Grenze kommuniziert werden sollten?
- Gibt es extern diktierte Regeln und Verbote, auf deren Gestaltung wir und auch unsere Kinder keinen Einfluss nehmen können?
- Gibt es Regeln (des Anstands beispielsweise), die uns in unserem Zusammenleben stören und die wir vielleicht ändern oder verwerfen könnten?
- Hat es unmittelbare, natürliche Konsequenzen, wenn eine Regel oder ein Verbot missachtet wird, oder ist das, was als Konsequenz in Aussicht gestellt wird, vielmehr etwas künstlich Konstruiertes und somit eine Strafe?
- Wo gilt die Regel und für welchen Zeitraum?

Wie ihr gemeinsam Familienregeln erarbeitet, erfährst du im Kapitel → „Familienleben auf Augenhöhe“.

Es ist wichtig zu verstehen, dass es hier drei Formen gibt: die Grenze, die gemeinsam vereinbarte Regel und das Gebot bzw. Verbot. Alle drei Formen müssen entsprechend kommuniziert werden, wofür du erst mal reflektieren musst, was eigentlich was ist.

Eine Grenze wird anders mitgeteilt als ein vorgegebenes Gebot, das wiederum einen ganz anderen Dialog benötigt als eine Regel, auf die sich mehrere Personen einigen. Hierbei ist es wichtig, dass wir die Mitteilung der von uns festgelegten Verbote nicht mit einer Abmachung verwechseln. Haben wir als Eltern entschieden, dass wir aus gut überlegten Gründen ein Verbot aufstellen und teilen dieses unserem Kind mit, wäre es überaus unfair, zu einem späteren Zeitpunkt zu behaupten: „Aber wir haben doch ausgemacht …" Ein Fehler, der uns leider häufig passiert, weil wir ja eigentlich um ein Miteinander auf Augenhöhe bemüht sind. Dann wollen wir uns selbst nicht gern eingestehen, dass wir jetzt gerade etwas diktiert haben und gaukeln uns selbst und auch unseren Kindern den Anschein einer Abmachung vor.

Für eine wirkliche Abmachung musst du aber vorher offen für die Seite deines Kindes in den Dialog gegangen sein, ohne die Absicht, nur deine eigene Vorstellung der Regel durchzusetzen. Am Ende sollte ein für beide Seiten einhaltbarer und passender Fahrplan herauskommen. Eine solche Regel hat gleichzeitig viel höhere Chancen, eingehalten zu werden, da sie die Kooperationsbereitschaft des Kindes durch die Mitgestaltung erhöht.

Regeln und Grenzen sind zentrale Merkmale sozialen Zusammenlebens. Ohne sie wird's schwierig. Das gilt für Kinder und Erwachsene gleichermaßen. Gleichzeitig gilt für Beziehungen auch: Je besser die Kommunikation eigener Grenzen und die Wahrung der Grenzen des Gegenübers, umso besser ist die Beziehungsqualität und umso weniger Regeln braucht es für das Miteinander.

Ein starres Regelwerk kann Zeichen eines großen Machtgefälles sein und somit als Warnzeichen für die Eltern-Kind-Beziehung angesehen werden. Kinder müssen die Grenzen anderer Personen auf verständliche und nachvollziehbare Weise ERFAHREN. Diese Erfahrung füttert ihre Empathieentwicklung und gibt ihnen gleichzeitig Orientierung. Diese BRAUCHEN sie wirklich. Das ist auch ein großer Kritikpunkt an der Laissez-faire-Erziehung, bei der Eltern passiv agieren und sich sehr zurückhalten. Sie lassen ihre Kinder eben machen, sie halten sich aus der Erziehung quasi raus. Kinder, die so aufgewachsen sind, berichten nicht selten als Erwachsene, dass ihnen besonders in sozialen Situationen die Anleitung der Eltern und eine Orientierung gefehlt haben. In schulischen Belangen und bei Herausforderungen habe ihnen die Unterstützung gefehlt. Dadurch fühlten sie sich überfordert und alleingelassen. Und das ist nun wirklich nicht im Sinne der bedürfnisorientierten Erziehung.

Kommunikation

Wie ich schon gezeigt habe, ist eigentlich gar nicht immer klar, was mit „Grenzen“ gemeint ist. Und hier haben wir auch schon einen Ansatzpunkt für das Gespräch mit den Menschen, die „Kinder brauchen Grenzen“ fordern:

„Was genau meinst du, wenn du von Grenzen sprichst?“

Geht es der Person vielleicht eher um Klarheit? Dann könntest du erklären, inwiefern du deinem Kind Klarheit vermittelst und wo du seine eigene Selbstbestimmung oder Meinungsfreiheit förderst. Geht es der Person um Konsequenzen für das Handeln, kannst du erklären, dass Verhalten eigentlich immer aus sich selbst heraus Konsequenzen hat und wie du deinem Kind den Umgang damit beibringst, indem du es diese Konsequenzen erfahren lässt, statt willkürlich welche zu verhängen. Oftmals sehen andere Menschen die eigentlichen Konsequenzen gar nicht, bis du sie ihnen aufzeigst. Stell dir vor, eine Bezugsperson will dein Kind schimpfen, weil es nicht aufgepasst hat und sein Glas Wasser verschüttet hat. Nun gehst du hin und sagst: *„Schau, der Kleine weint doch schon, weil nun all seine Bilder nass geworden sind. Kannst du sehen, dass das, was ihm gerade geschehen ist, schon Konsequenzen für ihn hat? Sicher wird er nächstes Mal von ganz allein besser aufpassen. Was er von uns jetzt braucht, ist Trost und Hilfe, keinen Ärger.“*

Geht es um Respekt im Miteinander, kannst du erklären, dass dein Kind, je nach Alter, noch dabei ist, zu lernen, wie man sich im sozialen Umfeld verhält und wie unterschiedliche Menschen darauf unterschiedlich reagieren. Es füllt sein Wissen darüber mit jeder Interaktion auf und es ist deine Aufgabe, ihm gesunde zwischenmenschliche Interaktion vorzuleben und ihm zu erklären, warum

Menschen reagieren, wie sie reagieren. Mit diesen Erklärungen zeigst du die Grenzen anderer Menschen auf und begleitest dein Kind im Umgang damit. Auch dafür ist es nicht notwendig, irgendwelche erdachten Grenzen zu ziehen.

„Kinder brauchen Orientierung im Umgang mit Grenzen und die biete ich meinem Kind."
„Ich erziehe mein Kind nicht grenzenlos oder laissez-faire, wenn das deine Sorge ist. Ich helfe meinem Kind dabei, Grenzen zu erfahren und zu verstehen, statt ihm willkürliche Grenzen aufzuerlegen."
„Was mein Kind gerade braucht, sind keine willkürlichen Grenzen, sondern Begleitung/Sicherheit/Ruhe."
„Ich denke, was du meinst, ist keine Grenze, sondern eine Konsequenz."
„Mein Kind lernt die vielen komplexen Grenzen anderer Menschen und der Gemeinschaft gerade erst kennen und ich begleite es dabei, sich damit zurechtzufinden."

Was das Thema „Grenzen" angeht, hast du viele Möglichkeiten, aufzuklären:

- Du kannst aufzeigen, wie viele Grenzen Kinder eigentlich schon haben und euren Umgang damit darlegen.
- Du kannst anregen, willkürliche Grenzen zu hinterfragen und den Unterschied zwischen Grenzen, Regeln und Konsequenzen darlegen.
- Und so manch einem Menschen wird auch ein Licht aufgehen, wenn er aufgefordert wird, über seine eigene Kindheit und den damaligen Umgang mit Grenzen und Regeln nachzudenken.

„Wie war das für dich als Kind, wenn du nicht nachvollziehen konntest, warum und wieso du etwas tun oder eben nicht tun solltest?"
„Wie sah denn der Umgang mit Grenzen, Regeln und Konsequenzen in deiner Kindheit aus? Kannst du dich noch erinnern, wie du dich damit gefühlt hast?"

**Sind dir beim Lesen Ideen gekommen, was du in Zukunft entgegnen möchtest, wenn du diesen Satz hörst?
Dann schreib sie auf!**

„Du hast es dir doch so ausgesucht!"

„Mich macht das echt fertig. Dauernd springe ich zwischen Arbeit und Kinderbetreuung hin und her. Und wenn dann das Telefon klingelt und der Kindergarten anruft, weil der Kleine Fieber hat, dann sind die Kollegen wieder genervt. Dabei versuche ich dann eh im Homeoffice weiterzuarbeiten, damit nicht viel liegenbleibt. Es zerreißt mich!"
„Aber du wolltest doch unbedingt Kinder. Da weiß man doch schon vorher, dass das anstrengend wird."

Wann immer ein Elternteil erschöpft seufzt oder es gar wagt, über das Elternsein zu klagen, stimmt ein Chorus ein, der uns daran erinnert: „Du hast es dir doch so ausgesucht." Wenn es dich stört, dass Kinder von der Politik vergessen und von der Gesellschaft an den Rand gedrängt werden, dann „hättest du halt keine bekommen sollen". Wenn der Weg, den ihr als Eltern von ein, zwei, drei, vier oder mehr Kindern gewählt habt, zu beschwerlich ist, dann „hättet ihr euch das besser mal vorher überlegen sollen". Kinderkriegen ist Privatsache und dank moderner Verhütungsmethoden ist die Schuldfrage schnell geklärt. Du hast dich so entschieden, du wusstest was auf dich zukommt. Punkt.

Auf die Spitze getrieben wurde diese Argumentation während der Covid-19-Pandemie, die Eltern über ihre Belastungsgrenze hinaus beanspruchte. Wer bitte schön fragt sich nicht, ob bald eine weltweite Pandemie, inklusive Lockdown und Lahmlegung der kompletten Betreuungsstruktur, ansteht, bevor er oder sie sich entscheidet, ein Kind zu bekommen? Hattet ihr das etwa nicht auf der „Sind wir bereit für ein Kind?"-Checkliste? Also ich schon. Stand gleich unter „Naturkatastrophe" und „nuklearer Winter".

Okay, also jetzt mal im Ernst. Es mag etwas verunsichern, aber es ist eine unbestreitbare Wahrheit: Es gibt weniger Dinge, die wir kontrollieren können, als uns eigentlich lieb ist. Und tatsächlich gehört sogar die Entwicklung unseres Kindes zum Großteil dazu. Solltest du zu jenen sehr gewissenhaften Menschen gehören, die sich die Entscheidung, Eltern zu werden, nicht leicht machen, dann hast du vermutlich Dinge abgewägt wie deine gesundheitliche Verfassung, eure finanzielle und partnerschaftliche Situation, eure berufliche Sicherheit und die weiteren beruflichen Aussichten, vielleicht sogar die Infrastruktur eures Wohnortes und die politische Lage.

Was man für viele werdende Eltern zusammenfassend sagen kann: Sie haben sich Gedanken gemacht. Darüber, wie es sein wird. Darüber, wie es ihnen finanziell gehen wird. Darüber, wie sie all die Anforderungen, die an Erwachsene und Eltern gestellt werden, unter einen Hut bringen werden. Ganz, ganz oft kommt es anders, als man denkt. Einer meiner Lieblingssätze in der Beratung: Wir haben und hatten alle keine Kristallkugel, die uns das Leben mit Kind gezeigt hätte. Und dadurch, dass wir nicht mehr in Großfamilienverbänden leben und Familie ja sowieso zur Privatsache geworden ist, von der man lieber unbehelligt sein möchte, haben wir auch nur wenig Gelegenheit, von anderen zu lernen, wie Familie eigentlich funktioniert.

Über die Schattenseiten von Elternschaft redet man ja sowieso nicht. Ich bin immer wieder aufs Neue überrascht, dass es immer noch Frauen gibt, die nicht darauf vorbereitet werden, dass Stillen am Anfang gar nicht so angenehm ist, sondern eigentlich erst mal schmerzhaft sein kann. Oder dass sehr viele Frauen in den ersten Tagen nach der Geburt traurig sind oder unter enormen Stimmungsschwankungen, dem Babyblues, leiden. Studien zufolge trifft das bis zu 80 % der Frauen und trotzdem reden sie nicht darüber. Weil sie sich schämen! Von wegen „Du wusstest, was auf dich zukommt". Woher denn?! Für mich einer der absurdesten Bullshit-Sätze, denn ich kann einfach nicht nachvollziehen, wie die Kritiker*innen so weltfremd sein können, dass sie all die Unwägbarkeiten, die unsere Zukunft – ob mit oder ohne Kinder – parat hält, einfach ausblenden. Natürlich weiß man, dass sich das Leben mit Kindern ändert – aber wie genau, das wissen wir eigentlich nicht. Wie denn auch, wenn wir vorher gar nicht wissen, wie unser Kind eigentlich sein wird? Welches Gemüt bringt es mit? Welche besonderen Bedürfnisse? Schläft es viel oder kaum? Und wie sind wir eigentlich als Eltern, wie ist mein Partner als Vater, meine Partnerin als Mutter? Wie sehr wird uns unsere eigene Kindheit beeinflussen, wie werden unsere Eltern als Großeltern sein?

Darüber, wie man sich das Mama- oder Papa-Sein vorstellt, kann man im Vorfeld sprechen, wirklich wissen wird es man aber erst, wenn es dann so weit ist. Und auch dann ist es nicht in Stein gemeißelt, denn wie die Autorinnen Svenja Krämer und Hanna Meyer in ihrem Buch „Muttertät – Wenn sich plötzlich alles anders anfühlt" erklärten, ist Mutterwerden ein umwälzender Veränderungsprozess, der nicht nach dem Wochenbett abgeschlossen ist. Sogar die Hirnstruktur verändert sich! (Krämer & Meyer, 2022) Unser Hirn wird UMGEBAUT, wenn wir Mütter werden. Wie genau soll man das voraussehen?

NEUROPLASTIZITÄT

Sicher hast du schon mal was von Schwangerschaft- oder Stilldemenz gehört, nicht wahr? Damit wird etwas belächelnd die Vergesslichkeit bezeichnet, die viele Schwangere und frischgebackene Mütter eint. Tatsächlich konnte Neurowissenschaftlerin und Psychotherapeutin Dr. Jodi Pawluski zeigen, dass es sich hierbei nicht einfach um Gedächtnisschwund handelt, sondern eher um eine Art Restrukturierung, bei der die Areale im Hirn optimiert werden, die für die neuen Aufgaben zentral sind (Pawluski, 2016). Für die Fürsorge sind Empathie und das Deuten nonverbaler Signale eben mitunter wichtiger als das Merken von Fakten. Dieser Reorganisationsprozess, also die Neuverkabelung der Synapsen, Nerven und Hirnareale, wird Neuroplastizität genannt. Für die „Muttertät", diesen Transformationsprozess, schätzen Expert*innen eine Dauer von circa zwei Jahren.

Ich selbst war noch schwanger davon überzeugt, dass ich nach einem Jahr wieder arbeiten gehen und die Oma oder die Kinderkrippe sich um meinen Sohn kümmern würde. Ich hatte ein genaues Bild davon, wie ich als Mama sein würde. Sechs Monate stillen, maximal ein Jahr im Familienbett, Teilzeitjob nach einem Jahr, fast Vollzeit dann nach drei Jahren. Aber es kam ganz anders! Und das nicht nur, weil sich zwischendrin noch ein ganz anderer Karrierezweig auftat, sondern besonders deswegen, weil ich mich als Mutter persönlich sehr veränderte. Ich wollte plötzlich nicht mehr diesen vorgezeichneten Weg gehen, sondern meinen eigenen finden. Das habe ich nicht kommen sehen, wie auch?

Aber das ist ja noch nicht alles. Wer hat schon vorher absehen können, wie schwierig so eine Eingewöhnung in die Kinderkrippe oder den Kindergarten sein kann? Oder wie eigentlich der Betreuungs- und Unterstützungsaufwand eines Grundschulkindes aussieht? Wie sich die wirtschaftliche Lage verändert oder die Zukunft der Firma, in der man angestellt ist? Wer von uns ist Nostradamus genug, um vorauszusehen, ob Nachbarländer Kriege beginnen, die unser Heimatland beeinträchtigen, wie sich der Klimawandel noch weiter auf unser Leben auswirken wird und ob eine weitere Krankheit die Welt bald in Atem halten wird? Niemand.

Faktencheck
Ich denke, wir sind uns einig, dass es keine Hellseher*innen gibt, für diese Superhelden-Fähigkeit spare ich mir also den Faktencheck. Was ich mir aber gerne mit dir genauer anschauen würde, ist, worauf sich Eltern denn wirklich gedanklich vorbereiten und worauf sie sich vorbereiten können. Was also den Umstand „Du hast doch gewusst, was auf dich zukommt" wirklich erfüllen könnte. Wir beginnen in der eigenen Kindheit, der ersten Gelegenheit zu erfahren, wie Familienalltag abläuft und was es bedeutet, Kinder zu haben. Das geht eigentlich nur dann wirklich gut, wenn man kleinere Geschwister in einem großen Altersabstand hat, sodass man womöglich bereits als Jugendliche in die Pflege und Fürsorge für die kleineren Geschwister einbezogen wird. Statistisch gesehen ist das aber eher die Ausnahme. Auf das erste Kind folgt in der Regel nach drei Jahren das zweite, gibt es ein drittes Kind, so ist der Abstand zum zweiten meist vier oder fünf Jahre. Das können wir also als Vorbereitung auf die Elternschaft eher ausklammern. Bessere Einblicke bekommt man da schon, wenn man neben Schule, Ausbildung oder Studium als Babysitter*in jobbt, wobei das auch eher ein Blick durchs Schlüsselloch ist. Vom Mental Load, den frau für die Fürsorgearbeit und die Familienorganisation trägt, bekommt man da auch nicht wirklich etwas mit.

Fragt man Eltern danach, welche Veränderungen sie voraussehen, und genau das hat die Professorin Annabelle Bartelsen getan, dann nennen sie drei große Bereiche: die Freizeit, das Berufsleben und die Partnerschaft (Bartelsen, 2017). Sie sehen also sehr wohl voraus, dass sie weniger Zeit für sich selbst und ihre Hobbys haben werden, dass sie beruflich zurückstecken müssen und sich ihre Karrierechancen verändern und dass die Partnerschaft vor allem zu Beginn etwas in den Hintergrund treten kann und wird. Auch, dass es Konflikte hinsichtlich der Verteilung der Aufgaben und der Erziehung geben könnte, sahen die Paare voraus. Was sie nicht voraussahen, waren persönliche Veränderungen, das Ausmaß der Care-Arbeit, die Anforderungen, die das Kind und seine Erziehung an sie stellen würden, und soziale Herausforderungen. Hätten sie sich darauf vorbereiten können?

Schaust du dich in den Angeboten der Erwachsenenbildung um, findest du tatsächlich Kurse, die das Wort „Vorbereitung" im Titel tragen, nämlich Geburtsvorbereitungskurse. Das Gesundheitsportal Österreich beschreibt die Elemente des Geburtsvorbereitungskurses auf seiner Website www.gesundheit.gv.at so: „Einerseits werden grundlegende Informationen über den Ablauf und die Phasen der Geburt vermittelt. Andererseits gibt es auch die Möglichkeit, Techniken zu erlernen und zu üben, um die Geburt des Kindes leichter zu bewältigen. Dazu zählen beispielweise gezielte Entspannungsübungen und richtige Atemtechniken. [...] Nicht zuletzt erhalten werdende Eltern in Geburtsvorbereitungskursen zahlreiche Informationen über das Wochenbett und die erste Zeit mit Baby, wie zum Beispiel die richtige Pflege des Neugeborenen oder Tipps zum Thema Stillen." (gesundheit.gv.at, 19.12.2019) Auch Methoden der Schmerzlinderung, Gebärpositionen und Geburtsorte sowie mögliche Interventionen unter der Geburt sind teilweise Thema des Geburtsvorbereitungskurses.

Leider musste ich im Zuge meiner Arbeit als Familienbegleiterin feststellen, dass gerade die Interventionen häufig nicht oder nur unzureichend thematisiert werden und die Frauen dann zum Beispiel nicht ausreichend auf die Möglichkeit eines Kaiserschnitts vorbereitet sind. Und so ein Notkaiserschnitt kann ganz schön belastend oder gar traumatisierend sein. Das heißt, sogar bei der einzigen Sache, auf die wir uns wirklich vorbereiten könnten – weil es explizite Vorbereitungskurse dafür gibt – stimmt das nicht!

Darauf, wie es dann zu Hause weitergeht, bereiten einen auch die Angebote der Elternbildung nicht vor. Vereinzelt gibt es Wochenbettvorbereitungskurse für die erste Zeit mit Baby. Sucht man „Elternvorbereitungskurs", findet man wieder sehr viele Geburtsvorbereitungskurse, die übrigens flächendeckend und recht kostengünstig deutschland- und österreichweit auch von öffentlicher Hand angeboten werden, und noch ein paar ziemlich teure Elterncoachings und Elternausbildungen. Natürlich will ich nicht unterschlagen, dass es in beiden Ländern Beratungsstellen gibt, die kostenlose Erziehungsberatung anbieten. Vorbereitend werden die aber nicht aufgesucht, eher wenn der Hut brennt. Seit Ende 2023 ist eine fünfzigminütige kostenlose Elternberatung im Rahmen des Eltern-Kind-Passes in Österreich möglich, aber nicht verpflichtend. Ein verpflichtendes Elternberatungsgespräch ist jedoch für die Zukunft geplant. In Deutschland können sich seit Beginn 2023 Schwangere und werdende Eltern ab der 28. Schwangerschaftswoche bei der U0-Vorsorge zu wichtigen Themen der Babygesundheit beraten lassen. Damit sind werdende Eltern auf jeden Fall für die Themen Stillen, Impfen, sicherer Babyschlaf und Schwierigkeiten in den ersten Lebensmonaten besser gerüstet.

Es gibt also durchaus Bestrebungen, Eltern gut auf ihre Aufgabe vorzubereiten und viele Angebote, die ihnen helfen, wenn es Probleme gibt. Wissen, was auf einen zukommt, kann man deswegen noch lange nicht. Elternwerden ist ein großes Abenteuer, wie das Leben selbst. Weder als Single noch als kinderloses Paar, weder als Kleinfamilie noch als Großfamilie, ist der Lauf der Dinge vorhersehbar. Es gibt Dinge, die außerhalb unseres Einflussbereichs liegen und uns somit unvorbereitet treffen können. Die Aussage „Selbst schuld, du wusstest, was auf dich zukommt" ist daher nur eines: unfair.

Kommunikation

Diese Aussage ist ein hanebüchener Versuch, jemandem die Schuld für etwas zu geben, was derjenige niemals in seiner vollen Tragweite absehen konnte. Sie ist genauso unfair, wie das gern salopp dahin Gesagte „Augen auf bei der Berufswahl". Selbst nach einem Praktikum (das wir in der Elternschaft übrigens auch nicht machen können, oder hast du schon mal von einem Eltern-Praktikum gehört?) durchblickt man nicht in vollem Umfang, wie sich dieser Beruf gestaltet. Und erst recht kann man dann immer noch nicht voraussehen, wie sich dieser Berufstand oder diese Branche entwickelt. Da geht man in den wirtschaftlich stabilen Zweig der Gastronomie und plötzlich legt eine weltweite Pandemie alle Bars, Lokale, Restaurants und Veranstaltungen lahm. Tja, Augen auf bei der Berufswahl. Überstunden wegen Fachkräftemangel? Tja, Augen auf bei der Berufswahl. Burnout wegen Homeoffice und Homeschooling ohne Unterstützung der erweiterten Familie wegen Kontaktverbot? Tja, das hättest du doch vorher wissen müssen. Du wolltest doch Kinder. Du wirst nicht mehr befördert und bekommst keine coolen Projekte mehr, seit du Mama bist? Tja, das hast du dir doch so ausgesucht. Sorry, not sorry, aber hier habe ich keine wirklich empathische Antwort auf Lager. Das Freundlichste, was mir dazu einfällt ist:

„Ups, da muss ich doch glatt meine Kristallkugel verloren haben."
„Dumm gelaufen, an dem Tag war meine Hellseherin krank."

Natürlich kannst du auch versuchen, ernsthaft zu hinterfragen, wie die Person darauf kommt, dass man all die Veränderungen vorhersehen könne, die Elternschaft so mit sich bringt. Es ist ziemlich wahrscheinlich, dass jemand, der das sagt, nicht all die kleinen und großen Veränderungen auf dem Schirm hat. Zweifelsohne dürfte ziemlich viel Unwissenheit im Spiel sein. Wenn du also die Muße hast, kann Aufklärung nicht schaden:

„Wenn es dich ernsthaft interessiert, erzähle ich dir, was sich alles geändert hat, seit ich Mama/Papa bin. Einiges davon habe ich kommen sehen, anderes nicht."

Hat dich das Gelesene inspiriert, wie du künftig mit solchen Äußerungen umgehen oder was du entgegnen möchtest? Dann ist hier Platz für deine Gedanken!

....

....

....

....

....

....

„Uns hat das doch auch nicht geschadet."

Juliane geht vor ihrer vierjährigen Tochter in die Hocke und versucht, sie zu beruhigen. Sie ärgert sich über sich selbst, denn es war keine gute Idee, nach dem langen Arbeits- und Kindergartentag noch in die Drogerie zu springen. Aber sie wollte sich selbst so gern noch etwas Gutes tun. Für ihre Tochter war das wohl zu viel und nun tobt sie ganz fürchterlich. Weswegen genau, das versteht Juliane selbst nicht. Eine Frau mittleren Alters spricht ihre Tochter an: „Wenn du dich nicht bald beruhigst, lässt deine Mama dich am Ende noch hier, und das willst du doch nicht, oder?" Entsetzt schaut Juliane auf und entgegnet: „Das tue ich ganz sicher nicht." Ihrer Tochter versichert sie, dass sie sie nie allein im Laden zurücklassen würde. Die Frau wendet sich ab und schimpft irgendwas über verweichlichte Eltern und dass es das bei ihren Kindern nicht gegeben hätte. „Und das hat schließlich auch nicht geschadet."

Gerne blasen die Menschen, die sagen „Uns hat das auch nicht geschadet“ auch in das Horn „Bei uns hätte es das nicht gegeben“. Bei ihnen hätte Zucht und Ordnung geherrscht und das hat sich bei ihnen, wie wir so oft hören, auch nicht negativ ausgewirkt. Eine Verteidigung wie aus dem Lehrbuch, nicht? Vertreter*innen aus dem Hause „Das haben wir schon immer so gemacht“ begründen ihren Widerstand gegen dieses „neuartige Tohuwabohu“, das um Kinder gemacht wird, damit, dass sie doch auch ganz gut geraten sind. „Aus mir ist doch auch was geworden“, sagt der unter Burnout leidende Mann, der wegen seiner 60-Stunden-Woche die Kindheit seiner eigenen Kinder verpasst hat und sie nun, da er Großvater ist, nur noch an den Feiertagen sieht. Aber aus ihm ist was geworden, denn in seiner Firma ist er sehr angesehen, er hat sehr gut verdient und das Haus ist schon lange abbezahlt.

Die Werte, die ihm seine Eltern und Großeltern vermittelt haben, hat er gewissenhaft erfüllt, auch wenn er dafür nie zu hören bekommen hat, dass sie stolz auf ihn sind. Daher arbeitet er auch immer noch weiter und bekommt nie genug. In der Generation „beziehungsunfähig, hohe Scheidungsrate, Depression als Volkskrankheit Nr. 2 und Burnout auf der Überholspur“ ist dieser Satz wohl eher ein Witz. Und er ist schon ohne all diese Symptome ein Widerspruch in sich, offenbart er doch das fehlende Mitgefühl derjenigen Person, die ihn ausspricht.

Fordert jemand Härte, Strenge, Strafen oder Vernachlässigung (wie es beispielweise beim Schreien-Lassen der Fall wäre) mit der Begründung, dass er oder sie das auch erlebt hat und es ihm oder ihr nicht geschadet hat, dann können wir wohl annehmen, dass diese Person den damals empfundenen Schmerz über das Erlebte vergessen, verdrängt oder abgespalten hat und daher keine Empathie für jemanden empfinden kann, der etwas Ähnliches erlebt (hat). Womit wir eigentlich schon davon ausgehen können, dass es doch geschadet hat. Zumindest hat die Fähigkeit, sich in einen anderen Menschen hineinzuversetzen (oder ein Kind als gleichwertigen Menschen anzusehen), darunter gelitten.

Und noch etwas macht diesen Satz so absurd: Er leugnet den Fortschritt, neue Erkenntnisse. Immer wieder verändern wir Menschen unser Verhalten, unsere Ernährungsweisen, die Sicherheitsbestimmungen und vieles mehr, weil es neue Erkenntnisse gibt, die uns das ratsam erscheinen lassen. Aufgrund der Forschung verzichten wir auf bestimmte Zusätze in Lebensmitteln, wir schnallen uns an, wir rauchen immer weniger, fahren langsamer oder mit den öffentlichen Verkehrsmitteln, wir versuchen, regionaler einzukaufen und Plastik einzusparen. Weil sich eben manchmal erst später zeigt, dass ein bestimmtes Verhalten oder eine Art und Weise zu leben schädlich war. Und dann versuchen wir, daraus zu lernen, es anders zu machen.

Faktencheck

Viele Sorgen und Probleme, die wir Erwachsenen heute haben, zeigen, dass „früher nicht alles besser" war. Viele von uns haben Schwierigkeiten, mit ihren Gefühlen umzugehen, um Hilfe zu bitten, stabile Beziehungen zu führen, gesunde Konflikte auszutragen, eine ausgewogene Balance zwischen Arbeit und Privatleben zu finden und auf ihren Körper zu hören.

Studien belegen, dass zum Beispiel der Bindungsstil einen großen Einfluss auf die psychische Entwicklung und die Entstehung von psychischen Erkrankungen hat. Das langfristig für die weitere Entwicklung günstigste Bindungsmuster ist die sichere Bindung (Ahnert & Spangler, 2014). Diese Sicherheit ermöglicht die Bewältigung anstehender Entwicklungsaufgaben, was bei unsicheren, vermeidenden oder ambivalenten Bindungen nicht der Fall ist.

Unsichere Bindungserfahrungen können zentrale psychologische Risikofaktoren, wie niedrigen Selbstwert, geringe Selbstwirksamkeit, ungünstige Emotions- und Stressregulationsstrategien oder geringe Sozialkompetenzen erhöhen (Bodenmann, 2016). Im Falle von desorganisierter Bindung und Bindungsstörungen steigt das Risiko, im Erwachsenenalter seelisch zu erkranken, noch mehr. Damit sinkt gleichzeitig die Wahrscheinlichkeit, dass die Aussage „Uns hat's nicht geschadet“ wirklich zutrifft. Die desorganisierte Bindung wird von Psychotherapeut Bert Powell und seinen Kollegen im Buch „Der Kreis der Sicherheit“ so beschrieben: „Eine desorganisierte Bindung ist das unauflösbare Paradox, das entsteht, wenn die Bezugsperson sowohl die Ursache der Furcht des Kindes als auch sein sicherer Hafen ist.“ (Powell et al., 2015, S. 112) Diese Form der Bindung entsteht u. a. durch Erziehung mittels Angst und Macht, Gewaltanwendung und einer allgemeinen schlechten Behandlung des Kindes. Das wirkt sich wie folgt aus (van Ijzendoorn et al., 1999):

- Verstärkte Aggressionsprobleme bei Kindern im Schulalter
- Schwierige Beruhigung nach belastenden Ereignissen
- Probleme mit der Emotionsregulation
- Schulische Probleme
- Schwaches Selbstwertgefühl

Aber auch in kleinen Szenen im Alltag spüren Erwachsene die Spuren der Vergangenheit. So klagen zum Beispiel heute Erwachsene darüber, dass sie einen inneren Drang empfinden, ihren Teller leer zu essen, obwohl sie eigentlich bereits satt sind. Kommt dir das bekannt vor? Dieser Zwang, sitzenzubleiben und aufzuessen? Das war recht üblich, als unsere Eltern Kinder waren, und auch in unserer Kindheit noch weit verbreitet. Heute wissen wir, dass man dadurch verlernt, auf sein eigenes Sättigungsgefühl zu hören.

Was wir heute auch wissen: Babys, die man schreien ließ, bis sie einschlafen, haben nicht, wie lange angenommen, gelernt, sich selbst zu beruhigen und einzuschlafen. Sie haben aufgegeben. Neuen Untersuchungsmethoden verdanken wir die Erkenntnis, dass sich diese Kinder im Alarmzustand befinden. Sie weisen einen erhöhten Stresshormonspiegel auf. Dauert dieser Zustand an, steigt die Wahrscheinlichkeit, langfristig unter Schlafstörungen zu leiden. Schreien lassen schadet.

Wir haben es eingangs im Kapitel → „Die Aufarbeitung“ schon gesehen: Erziehung prägt. Ganz besonders, wenn sie sehr streng und wenig liebevoll ist. Wissenschaftliche Untersuchungen konnten zeigen, dass autoritär erzogene Menschen später aggressiver und sozial inkompetenter sind. Forschungen, die sich mit der Hirnentwicklung von Kindern befassten, konnten zeigen, dass frühe Gewalterfahrungen auf die Hirnentwicklung einwirkten und so später gewalttätiges Verhalten wahrscheinlicher machten. Wie wir also heute wissen: Es schadet doch. Und es geht noch weiter.

Überwiegend Frauen leiden aufgrund einer strengen Erziehung unter einem geringen Selbstwert, der dann zu einem Risikofaktor für psychische Erkrankungen wie Depressionen oder Angststörungen wird. Männer hingegen, die streng erzogen und gleichzeitig „männlich“ sozialisiert werden, neigen dann zu einem ungesunden Umgang mit Gefühlen, der das Risiko von körperlichen Erkrankungen, Gewaltausbrüchen und Suchtverhalten erhöht. Außerdem haben sie Schwierigkeiten, Hilfe anzunehmen, wodurch sie auch seltener und später zum Arzt gehen. Die unterschiedlichen Auswirkungen entstehen meist aus den unterschiedlichen, geschlechtsspezifischen Sozialisierungen, die in früheren Generationen noch sehr viel stärker vertreten waren, als es heutzutage der Fall ist (vgl. u. a. Riecher-Rössler, 2008).

Dass wir heute in Sachen männlicher Sozialisation auch noch viel zu tun haben, beschreibt der Journalist und Pinkstinks-Aktivist Nils Pickert in seinem Buch „Prinzessinnenjungs“: „Bis zu einem gewissen Alter dürfen sie ein kleiner Bub sein. Je nach Einstellung der Familie dürfen sie mit Puppen spielen, werden ihre Wunden bepustet und bekommen sie einen Gutenachtkuss, der sie sicher durch ihre Träume trägt. Aber irgendwann ist endgültig Schluss damit. Auch wenn sich dieses ‚Irgendwann‘ schon ein ganzes Stückchen nach hinten verschoben hat und Männer heute mit dreimal so hoher Wahrscheinlichkeit Tränen vergießen können wie noch in der Generation ihrer Väter, ist es längst noch nicht so, wie es sein sollte.“ (Pickert, 2020, S. 60f)

Eine Erziehung, die Kinder nicht sie selbst sein lässt und sie in Formen und Vorstellungen zwängt, soll nicht geschadet haben? Unter diesen starren Bedingungen soll man sich frei und ohne Druck entwickelt haben? So wie eine Pflanze ein Wildwuchs wird, wenn man sie einzäunt? Wohl eher nicht.

Und selbst wenn! Wir wissen heute, dass wir die Wahrscheinlichkeit für ein gesundes Aufwachsen erhöhen, wenn wir unsere Kinder zugewandt und einfühlsam begleiten. Wir wissen, dass Härte, Kälte und übermäßiger Druck hingegen das Risiko für psychische und soziale Probleme erhöhen. Wir wissen heute mehr darüber, wie Kinder sich emotional und geistig entwickeln. Es wäre fahrlässig, diesem Wissen entgegenzuhandeln. Es wäre fahrlässig, vor diesen Erkenntnissen die Augen zu verschließen. So wie es fahrlässig wäre, sich nicht anzuschnallen, nachdem die Forschung ganz klar gezeigt wird, dass damit das Risiko für schwere Verletzungen minimiert ist. Es ist keine Garantie, aber es verringert das Risiko. Auch unsere Kinder haben es verdient, die bestmöglichen Startbedingungen für eine gesunde Entwicklung zu erhalten.

Kommunikation
Genau genommen brauchst du für diesen „Vorwurf" keine selbstbewusste und schlagfertige Antwort, denn mit großer Wahrscheinlichkeit steht jemand vor dir, der eigentlich dein Mitgefühl verdient hat. Eine Person, die vermutlich genau das erlebt hat, wovon sie gerade behauptet, es hätte ihr auch nicht geschadet. Die nicht genauer hinschauen möchte, ob es vielleicht doch geschadet hat. Oder eine Person, die in ihrer Vergangenheit genauso erzogen hat und lieber nicht genauer hinschauen möchte, ob das vielleicht schädlich für die eigenen Kinder war. Das ist eine Art Selbstschutz gepaart mit einer uns allen innenwohnenden Glorifizierung der Vergangenheit.

Es ist aber natürlich nicht deine Aufgabe, jemanden mit der Nase darauf zu stoßen, dass hier Selbstschutz oder Selbstverleugnung am Werk sind.

Sofern du nicht die Therapeutin oder der Therapeut dieser Person bist, ist es nicht deine Aufgabe, dieses Pflaster abzureißen. Du bist verantwortlich für dich und dein Kind. Aber natürlich kannst du, wenn es eine dir nahestehende Person ist, dein Mitgefühl ausdrücken:

„Es tut mir leid, dass du das in deiner Kindheit erlebt hast. Das hast du nicht verdient. Kein Kind hat das.“

Wer sich lieber nicht mit der Vergangenheit des Gegenübers verzetteln will, könnte folgende Entgegnung benutzen:

„Heute wird ein anderer Umgang mit der Situation/mit Kindern empfohlen. Wir fühlen uns wohl damit.“
„Es gibt inzwischen sehr viele Studien, die belegen, dass sich übermäßige Strenge/Härte/erzieherische Gewalt negativ auf die kindliche Entwicklung auswirken. Daher verzichten wir nach Möglichkeit darauf.“
„Ich bin froh, dass es dir nicht geschadet hat, es ist jedoch gut belegt, dass das nicht für alle gilt. Und ich persönlich möchte meinem Kind die bestmöglichen Startbedingungen mitgeben.“

Wenn es um gewaltvolles Handeln gegenüber Kindern geht, kannst du aber auch klare Kante zeigen:

„Kinder haben ein Recht auf gewaltfreie Erziehung. Das ist gesetzlich verankert und keine Frage der Einstellung.“

Du kannst dich auch selbst zeigen, so du dich damit wohlfühlst. Damit lässt du die Erfahrungen deines Gegenübers außen vor und beziehst deinen heutigen Umgang auf deine eigene Geschichte. Außerdem kann deine Offenheit auch ein Anstoß sein, dass die andere Person ihre Vergangenheit noch mal reflektiert: *„Mir hat es schon geschadet, das spüre ich deutlich. Daher ist es mir sehr wichtig, es bei meinem Kind anders zu machen.“*

Welche Sätze sind dir als mögliche Antwort auf diesen Bullshit-Satz eingefallen? Wie willst du künftig damit umgehen? Schreib es auf!

„Das müssen sie lernen!"

„Du sag mal, schläft der Timo eigentlich immer noch bei euch im Bett? Wie alt ist er denn jetzt?"
„Er wird demnächst zwei, wieso?"
„Denkst du nicht, dass es da langsam an der Zeit wird, dass er lernt, allein zu schlafen? Sonst lernt er das ja nie."

Annahmen darüber, was Kinder alles lernen müssen, gibt es viele. Es ist ähnlich wie beim Bullshit-Satz „Kinder brauchen Grenzen", denn dahinter verbirgt sich die gleiche Haltung: Kinder sind unvollständig und müssen geformt werden. Das geht so weit, dass lange Zeit angenommen wurde, man müsse Kindern grundlegende Dinge wie Essen und Schlafen beibringen. Dazu habe ich Historikerin Karin Bergstermann, Referentin für Generationenkonflikt und die Geschichte der Säuglingspflege, befragt. Sie schrieb mir zum Irrglauben, man müsse seinem Kind Essen und Schlafen beibringen Folgendes:

„In früheren Zeiten wurde enorm viel Wert auf ein geregeltes Leben gelegt. Das bedeutet, dass ein Leben nach der Uhr und mit vorgeschriebener Nahrungsmenge als Ideal galt. Ärzte dachten, das wäre für den Erhalt der Gesundheit essenziell wichtig. Auswüchse davon sehen wir bis heute, wenn darauf gepocht wird, dass das Kind zu bestimmten Zeiten essen oder schlafen müsse. Hier spielt auch die Angst vor dem Verwöhnen mit rein. Wir haben Angst, das Kind würde sich an das Einschlafstillen oder das Co-Sleeping so gewöhnen, dass es nie von allein ein- und durchschliefe. Dabei ist dies allein eine natürliche Kindesentwicklung. Bis ins 19. Jahrhundert dachten vor allem die oberen Stände, Kinder würden nicht laufen lernen wollen, wenn Eltern sie krabbeln ließen. Das ist dieselbe Logik und genauso absurd.“

Immer wieder greifen wir in ihren Entwicklungsprozess ein, weil es unser Bild von Erziehung ist, dass wir ihr Verhalten korrigieren müssen, damit sie etwas lernen. Dabei lassen wir völlig außer Acht, wie Kinder sich entwickeln, dass Kinder lernen wollen und wie sie lernen.

Dieses Bild von Erziehung spukt noch durch viele Köpfe, auch unsere eigenen. An manchen Tagen mehr, wie zum Beispiel, wenn an Weihnachten die ganze Familie zusammenkommt. Dann wird die Welt für unser Kind plötzlich zur Nein-Umgebung: Tu das nicht, sei leise, warte noch, nicht jetzt, zieh das an, nicht das. Verpufft dann die Kooperationsbereitschaft unseres Kindes, drängen sich plötzlich diese Gedanken auf: „Das muss es doch jetzt mal lernen.“ – „Es kann ja nicht immer nach seiner Pfeife gehen.“ Gepaart mit dem Beigeschmack von „Wie sieht denn das aus? Ganz so, als hätte ich mein Kind nicht im Griff ...“ ist das ein absoluter Beziehungskiller für Eltern und Kinder.

Es ist richtig schwer, sich gegen diese Gedanken zu wehren. Noch mehr, wenn man anderen diese Gedanken am vorwurfsvollen Gesicht ablesen kann oder sie diese sogar aussprechen. „Du hast dein Kind überhaupt nicht im Griff“ fühlt sich an wie ein Schlag in die Magengrube, obwohl wir unter anderen Umständen sogar sagen würden:

„Ein Glück, denn das will ich auch gar nicht." Denn an anderen Tagen, an denen kein Feiertagstrubel herrscht und wir unseren normalen Familienalltag in gewohnter (Ja-)Umgebung leben, ist dieses Bild von Erziehung als Verhaltenskorrektur viel schwächer in unserem Kopf vertreten. Wir spüren unser kompetentes Kind, seine Bereitschaft, sich zu entwickeln, zu lernen und zu kooperieren. Wir spüren, dass ein Miteinander deutlich besser gelingt, wenn wir uns auf unsere Eltern-Kind-Beziehung konzentrieren und uns weniger auf den Gebrauch von Macht stützen. Wir können „auffälliges Verhalten" als das sehen, was es ist: Ein Zeichen von unerfüllten Bedürfnissen, einer emotionalen Not, einer Stresssituation. Und nicht als etwas, was wir am Kind reparieren müssen. Das gelingt uns in unserer eigenen kleinen Blase besser als unter Druck in einer familiären oder sozialen Situation.

Ich wurde mal gefragt, wann mein Sohn lernen würde, am Tisch sitzen zu bleiben, bis alle fertig sind. Das müsse er schließlich irgendwann lernen. Von den anwesenden Erwachsenen hatte sich niemand mit ihm unterhalten, sein Teller war leer. Welchen Grund hätte er gehabt, sitzen zu bleiben? Wäre er nicht vielleicht sogar sitzen geblieben, wenn es dafür einen Grund gegeben hätte? Wenn er hätte mitreden können oder etwas hätte erzählen dürfen? Muss man wirklich lernen, an einem Tisch sitzen zu bleiben, bis alle fertig gegessen haben, wenn man nur still dasitzen kann? Würde man es nicht von ganz allein lernen, wenn es dafür eine Anregung gäbe?

Ich dachte weiter darüber nach und mir fiel auf, dass wir zu Hause ganz oft bis zum Schluss gemeinsam am Tisch sitzen, weil wir uns unterhalten. Keiner springt direkt nach dem letzten Bissen einfach davon. Dabei ist das bei uns keine Regel, denn schon allein, weil ich weiß, dass meinem Sohn dafür manchmal einfach das Sitzfleisch fehlt und ich mich dann lieber noch in Ruhe mit meinem Mann unterhalte, haben wir das nie verlangt.

Faktencheck

Prinzipiell können wir viele Mythen aus der Ecke „Das müssen sie doch lernen!“ mit der Frage kontern, ob sie es nicht so oder so lernen würden, wenn wir ihnen die Gelegenheit dazu bieten und ihnen gute Vorbilder sind. Der Blick auf die kindliche Entwicklung ist hier wieder sehr hilfreich, denn dann wissen wir, was unser Kind wann lernt und wann es bestimmte Fähigkeiten erlernt, die es dann wiederum für etwas anderes braucht.

Nehmen wir das Beispiel **„Teilen lernen“**. Was braucht ein Kind, um teilen zu können? Nun, es braucht ein Verständnis von Besitz, meins und deins. Eine mehr oder weniger ausgeprägte Impulskontrolle und die Fähigkeit zur Perspektivenübernahme. Das sind Kompetenzen, die ein Kind aber erst im Kindergarten- und Vorschulalter ausbildet. Trotzdem verlangen wir schon viel früher, dass sie ihre Spielsachen teilen, wenn zum Beispiel jemand mit Kind zu Besuch ist oder das Kind eigenes Spielzeug mit auf den Spielplatz genommen hat.

Fordern wir das Kind auf zu teilen, bevor es selbst die nötige Motivation dazu entwickelt hat, ist es eigentlich nichts anderes als Wegnehmen, denn das Kind versteht noch nicht, wozu Teilen eigentlich gut sein soll. Um zu verstehen, dass das andere Kind vom Teilen profitiert oder man selbst etwas davon hat, dass man sein Spielzeug teilt, weil man dann zusammen spielen kann, braucht es erst die emotionale Kompetenz, diese Schlüsse zu ziehen. Kenntnisse um die kindliche Entwicklung sind ein wichtiger Schild gegen die auf uns Eltern einprasselnden Missverständnisse, Mythen und Vorwürfe. Das zeigt sich auch am Beispiel **„Schlafen lernen“**.

Viele Fähigkeiten, die wir Menschen zum Überleben benötigen, sind bereits in uns angelegt, entweder wir können sie von Geburt an (wie Saugen und Schlafen) oder unser Entwicklungsmotor treibt uns an, sie zu erlernen (wie Sauberwerden und Gehenlernen). Dabei folgt unsere Entwicklung einem evolutionären Programm, wir können und lernen die Dinge, die unser Überleben die letzten Jahrtausende gesichert haben. Schlafen selbst ist eine wichtige Fähigkeit, um sich zu erholen und Gelerntes zu festigen. Für die Geschwindigkeit, mit der sich Babys Hirn entwickelt, ist Schlaf von ungeheurer Bedeutung. Schlafen ist daher als Kernkompetenz bereits vorhanden. Sind die kindlichen Bedürfnisse nach Nahrung, Wärme und Nähe gestillt, stellt sich der Schlaf (in der Regel) von ganz allein ein. Ist das nicht der Fall, ist das häufigste Problem: Das Kind ist nicht müde, wenn es abgelegt wird.

Was Babys aber nicht können, weil es evolutionär gesehen total unsinnig gewesen wäre, ist allein und selbstständig einzuschlafen. Moderne Errungenschaften wie dicke Wände, verschlossene Türen, Alarmanlagen, Polizeistreifen und was nicht sonst noch alles für unsere Sicherheit sorgt, haben es noch nicht geschafft, unser evolutionäres Programm zu überschreiben und unnötig zu machen. Daher brauchen Babys die Sicherheit ihrer Bezugsperson, um schlafen zu können. Und zwar so zu schlafen, dass Erholung und die Verarbeitung neuer Reize möglich sind. Geht es um das „alleine einschlafen“, so muss man es Kindern tatsächlich „beibringen“, denn besonders für die ganz Kleinen ist es so gesehen unnatürlich. Nur hat sich gezeigt, dass dieses „Beibringen“ mit Schlaftrainings zwar den gewünschten Effekt für die Eltern hat, für Babys hingegen aber eher eine große Not darstellt. Diese Trainings nutzen gezieltes Schreien-Lassen, um das Baby daran zu „gewöhnen“, dass es sich selbst beruhigen und zum Einschlafen bringen soll. Ein Gewöhnungseffekt ist jedoch eher unwahrscheinlich. Dass selbst die Babys und Kleinkinder, die nach Anwendung dieser Methode nicht mehr schreien und selbst in den Schlaf finden, immer noch erhöhte Stresshormonwerte vorweisen, ließ Forscher*innen (Gunnar & Donzella, 2002; Middlemiss et al., 2012) eher vermuten, dass sie irgendwann die Bemühungen, ihre Bindungsperson zu aktivieren, einstellen und sich mit ihrer Stille selbst schützen. Keine sehr schöne Vorstellung.

Kleiner Fakt am Rande: In den USA ist die Ferber-Methode, wie dieses systematische Schreien-Lassen nach Plan aufgrund seines Erfinders, des Neurologen und Kinderarztes Richard Ferber, genannt wird, weitestgehend ein normaler Teil der Kindererziehung. Dort leiden laut der American Academy of Sleep Medicine mindestens 30 % der Erwachsenen an Einschlafstörungen (Sleep Statistics, Marshall, 2024). Auch wenn wir hier keine direkte Kausalität annehmen dürfen, scheint doch der „Lerneffekt" dieser Methoden eher wenig nachhaltig zu sein.

ACHTUNG: SCHREIEN LASSEN IST NICHT GLEICH SCHREIEN LASSEN

Es ist wichtig zu verstehen, dass es einen großen Unterschied macht, ob Eltern systematisch schreien lassen und ihren Trost aktiv über längere Zeit immer wieder entziehen/verweigern, oder ob ich als Mutter oder Vater in einem Moment der Überforderung das Kind ablege und für einen Moment den Raum verlasse, um mich selbst zu beruhigen.

Wir Eltern dürfen uns um uns selbst kümmern, es ist nicht Sinn und Zweck der Sache, dass wir an unserer Fürsorgearbeit zerbrechen. Auch muss die duschende Mutter nicht sofort aus der Dusche stürzen, weil das Kind auf Papas Arm zu weinen oder schreien beginnt. Es ist nicht allein, wird umsorgt und getrostet. Das Ist kein Schreienlassen. Was Eltern vermeiden sollten, sind nicht Tränen, sondern Verzweiflung und Hilflosigkeit. Tränen sind zumutbar, ja sogar wichtig. Verzweiflung und Hilflosigkeit sind Gefühle, die ohne positive Bewältigung schädlich sind.

Heißt das aber, Kinder lernen NIE alleine einzuschlafen? Nein. Doch sie brauchen dafür unsere Unterstützung und Begleitung. Einschlafen, Durchschlafen und Aufwachen müssen sichere Erfahrungen werden. Die von der westlichen Welt so forcierte und gelobte Selbstständigkeitserziehung hat im Babybettchen nichts verloren. Selbstständig zu werden ist eine innere Motivation, Autonomie ein Bedürfnis. Wir dürfen also darauf vertrauen, dass unser Kind unter entwicklungsfördernden Umständen auch selbstständig werden will. Das bestätigt auch die Forschung. Zum einen zeigte eine Studie aus dem Jahr 2005 (Jenni et al., 2005), dass der kindliche Wunsch, mit den Eltern das Bett zu teilen, normal ist. Sie erklären das nächtliche Aufwachen und die Suche nach den Eltern mit den entwicklungsbedingten Veränderungen mit dem Umgang von Trennung sowie den kognitiven Fähigkeiten der Selbstberuhigung. Der Forscher James McKenna und sein Kollege Thomas McDade fanden keine Hinweise dafür, dass frühes selbstständiges Schlafen zu mehr sozialer Kompetenz oder Unabhängigkeit führen würde (McKenna & McDade, 2005). Und Studien der *University of California* (Goldberg & Keller, 2004, 2007) zeigten, dass sich das nächtliche Schlafen bei der Mutter weder auf die Fähigkeit, untertags allein zu sein, noch auf die Offenheit für neue Situationen auswirkte. Die bei der Mutter schlafenden Kinder schnitten in diesen beiden Bereichen sogar besser ab als die getrennt schlafenden Kinder. Außerdem waren die Kinder, die gemeinsam mit ihren Eltern im Bett schliefen, später die selbstbewussteren Schulkinder.

Hinter vielen dieser „Das müssen Kinder doch lernen"-Vorstellungen steht der Wunsch, unser Kind für die Anforderungen der Gesellschaft und der Zukunft zu stählen. Dafür sind Selbstbewusstsein, Unabhängigkeit und Durchsetzungsvermögen zentrale Eigenschaften. Und viele Kritikpunkte, die der bedürfnisorientierten Erziehung entgegengeschleudert werden, haben genau diese Eigenschaften im Visier: Verwöhnte Kinder werden nicht selbstbewusst, sondern egozentrisch, sie werden nicht selbstständig und sie können sich nicht konstruktiv durchsetzen, weil sie ja eh immer alles bekommen. Diese Befürchtungen bringen uns Eltern in ein Dilemma zwischen dem Wunsch nach einer engen Eltern-Kind-Beziehung, einer sicheren Bindung und dem Wunsch, einen selbstständigen Menschen großzuziehen. Aus Sicht unserer Kritiker*innen lässt sich der eine Wunsch nicht mit dem anderen vereinen. Und daher startet die Selbstständigkeitserziehung bereits beim Schlafen, je früher, desto besser. Aber haben sie recht?

Laut dem Wissenschaftler und Kinderarzt Herbert Renz-Polster und seinem Buch „Kinder verstehen“ ist das nicht das Fall. Auf die Frage, ob Kinder selbstständig werden können, wenn wir ihnen alle Wünsche erfüllen, schreibt, er, lautet die evolutionsbiologische Antwort eindeutig: Ja! „Wer also meint, Babys müssten von Nähe-Erfahrungen abgeschottet oder gar von elterlicher Zuwendung ‚entwöhnt‘ werden, um selbstständig zu werden, liegt, nach Sicht der Evolutionswissenschaft, komplett daneben. Heißt das, dass kleine Kinder ‚nur Nähe‘ brauchen? Keinesfalls, und auch dies lässt sich evolutionsbiologisch begründen. Um selbstständig zu werden, brauchen Babys auch den Raum für die Erprobung eigener Kräfte.“ (Renz-Polster, 2022, S. 142)

Diesen Mittelweg aus Vertrauen, durch die sichere Beziehung, und dem Zutrauen, dass das Kind die eigenen Entwicklungsaufgaben mit dem richtigen Maß an Unterstützung bewältigt, nennt die Pädagogin und Autorin Inke Hummel in ihrem Buch „Nicht zu streng, nicht zu eng“ **zugewandtes Zumuten** (Hummel, 2022, S. 35). Auf diese Weise lassen sich die widersprüchlich anmutenden Bedürfnisse, Bindung und Autonomie, vereinen.

> **Ich spende dir Sicherheit, damit du zumutbare Herausforderungen bewältigen kannst.**

Die Bewältigung der Entwicklungsaufgaben können und müssen wir unterstützen, indem wir ihnen den Raum geben, den sie benötigen. Wir müssen diese Entwicklungsaufgaben, wie wir beim Beispiel „selbstständig schlafen lernen“ gesehen haben, nicht selbst inszenieren. Es ist in unseren Kindern angelegt, sich weiterzuentwickeln und selbstwirksam zu werden.

Ein sehr eindrücklicher Beweis dafür ist, wie vehement sie in der Autonomiephase und auch später um ihre Entwicklungschancen kämpfen. Klingt jetzt erst mal nicht sehr erfreulich, aber betrachte es mal so: Mit jedem „Nein!“ und jedem „Selber!!“ steht das Kind für sich ein. Es fordert dich auf, ihm seinen Entwicklungsraum zu geben. Viele der gefürchteten Zornanfälle kleiner Kinder entstehen aus dem Gefühl der Macht- und Wirkungslosigkeit. Und wir Erwachsenen stehen verdattert daneben und versuchen das Kind mit „Ich wollte dir doch nur helfen" zu beschwichtigen. Gewünscht war aber gar keine Hilfe, sondern die Möglichkeit, es selbst zu schaffen. Gewünscht war: Raum für Entwicklung.

Du bietest deinem Kind diesen Raum, indem du ...
- ihm Sicherheit spendest.
- es die Welt erkunden lässt.
- es vor ernsthaften Gefahren schützt.
- geduldig bist.
- es auch mal scheitern lässt.
- es so annimmst, wie es ist, mit seinen Stärken und Schwächen.
- seine Gefühle, Ängste und Sorgen ernst nimmst.

Die Art und Weise, wie du deinem Kind Sicherheit vermittelst, verändert sich über die Jahre hinweg. Von der unmittelbar spürbaren Sicherheit durch körperliche Nähe und dem prompten Erfüllen der Bedürfnisse geht es über in ein emotionales Band, das durch elterliche Zuverlässigkeit, Zugewandtheit und Vorhersehbarkeit gestärkt wird. Durch das Gefühl der Sicherheit wird dieses Band nicht etwa starrer, im Gegenteil, es wird dehnbarer. So kann dein Kind eines Tages hinaus in die Welt ziehen und weiß, dass es immer einen Weg zurück gibt.

Es gibt noch viele weitere dieser „Das müssen sie doch lernen"-Irrtümer und sie alle sollten wir hinterfragen. Kinder müssen lernen, dass Handeln Konsequenzen hat, wäre da ein Beispiel. Wir haben uns das auch schon beim Bullshit-Satz „Kinder brauchen Grenzen" angesehen. Und es stimmt in gewisser Weise auch: Handlungen haben Konsequenzen. Das kann man einfach nicht leugnen. Wirft mein Kind voller Wut sein Walkie-Talkie auf den Boden und es geht kaputt, ist die Konsequenz: ein kaputtes Walkie-Talkie. Haut es beim Spielen ein anderes Kind, ist die unmittelbare Konsequenz erst mal die, dass das andere Kind weint und danach nicht mehr mitspielen mag. Die Konsequenzen, also auch die Lernmöglichkeit, dass Handlungen Konsequenzen haben, sind da, auch diese brauchen wir in der Regel nicht zu inszenieren, sie ergeben sich von allein. Was unsere Kinder mit unserer Unterstützung jedoch wirklich lernen müssen, ist Impulskontrolle (Die hat aber auch etwas mit der Hirnreife zu tun.), um Handlungen mit negativen Konsequenzen zu vermeiden, und den Umgang mit negativen Konsequenzen.

Was haben wir da noch? Ach ja, Kinder müssen lernen, dass man Respekt vor dem Alter hat. Dazu gibt es, denke ich, nicht wirklich viel zu sagen. Wir wissen inzwischen alle, dass in unseren Vorgängergenerationen Angst und Respekt nur zu gern verwechselt wurden. Was wir außerdem inzwischen alle verstanden haben, ist Folgendes: Respekt ist keine Frage des Alters. Respekt ist eine Frage des Umgangs. Ich muss meinem Kind nicht beibringen, dass es ältere Menschen unbedingt zuerst grüßen muss, nur weil sie älter sind. Es begegnen sich zwei Menschen und die grüßen sich. Mal grüßt das Kind zuerst und mal der ältere Mensch. Wenn ich meinem Kind gute Umgangsformen vorlebe, da sie wichtig für ein gutes soziales Miteinander sind, dann gilt das für alle Menschen, nicht für die einen weniger, aus welchen Gründen auch immer, und für andere mehr. Zumindest versuche ich das – denn vor unterbewussten Vorurteilen ist niemand wirklich gefeit.

Abschließend möchte ich noch mal kurz daran erinnern, dass unsere Kinder keine Lehmklumpen oder unbeschriebenen Blätter sind. Bei all diesen „Das muss es doch lernen"-Annahmen wird nämlich der Einfluss der Erziehung maßlos überschätzt. Bei den Entwicklungsräumen, die wir für unsere Kinder auftun, spielt auch immer ihr eigenes Wesen eine Rolle. Ihre Persönlichkeit und das Temperament, das sie mitbringen. Wir müssten sie schon verbiegen, um (grob vereinfacht) aus dem schüchternen Kind einen großen Redner zu machen, oder aus dem wilden Kind ein stilles und sehr angepasstes. Und ich denke, wir sind uns einig, dass das nicht das Ziel sein kann.

Kommunikation
Betrachten wir das Vorangegangene, so kann es auf die Aussage „Das muss es doch lernen“ eigentlich nur eine Antwort geben: *„Wird es.“*

Das nimmt doch schon ganz schön den Wind aus den Segeln. Und kommt dann noch die Nachfrage: „Aber wie denn?“, dann hast du oben einige Antworten gefunden. Oder du sagst:

„Auf seine Weise.“
„Mit meiner Hilfe.“
„Durch unser Vorbild.“
„Ich vertraue darauf, dass mein Kind das/es lernen wird, wenn es so weit ist.“

Das können Antworten sein, wenn du gerade nicht in Erklär- oder Diskussionslaune bist. Für die diskussionsfreudigeren Momente lohnt vielleicht das Nachhaken:

„Was genau muss es lernen?“
„Was denkst du, was es SO (nicht) lernt?“
„Studien zeigen, dass bedürfnisorientiert begleitete Kinder ein höheres Maß an Selbstregulation erwerben. Wusstest du das?“

Damit lassen sich die Vorstellungen des anderen Menschen darüber, was Kinder lernen und wie Kinder sein müssen, erfragen und du kannst diesen dann mit einer Ich- oder Wir-Botschaft deine Vorstellungen entgegenstellen.

Ist die kritisierende Person jemand, der dir nahesteht und dessen Meinung dir wichtig ist, dann ist auch ein empathischer Zugang denkbar:

„Du machst dir Sorgen, dass mein Kind nicht gut vorbereitet wird, nicht?“
„Du sorgst dich, dass er/sie nicht selbstständig genug wird, oder?“

Vielleicht macht sich diese Person aber sogar Sorgen um dich, auch das könntest du mit einer Nachfrage in Erfahrung bringen:

„Sorgst du dich, dass es mir zu viel werden könnte, wenn mein Kind das nicht lernt?“

Besonders beim Schlafen sorgen sich Großeltern manchmal darum, dass es ihren Töchtern zu viel wird und sie zu wenig Schlaf bekommen. Oder sie fürchten um das Enkelchen, weil sie noch die Warnungen bezüglich der Gefahren des Plötzlichen Kindstods im Kopf haben. Diese verändern sich jedoch stetig mithilfe der wissenschaftlichen Forschung und weiterem Erkenntnisgewinn zum Thema „sicherer Schlaf“. Oder die Großeltern sorgen sich gar um die Paarbeziehung der Eltern, da es ihnen an Vorstellungskraft mangelt, dass die Beziehungsqualität nicht davon abhängen muss, dass das Ehebett auch Ehebett bleibt. Egal, was es ist, es ist möglich, dass hinter der vermeintlichen Kritik eine Sorge laucrt, und die gilt es zu entdecken und zu entkräften.

Hast du noch weitere Ideen im Kopf, was man darauf erwidern könnte? Hier ist Platz dafür!

....

....

....

....

....

....

„Kaum bist du da, gibt's Theater!"

Nach zwei Tagen Fortbildung kommt Leonie ziemlich fertig am Freitagnachmittag nach Hause. Die letzten beiden Tage waren ihr Mann und ihr vierjähriger Sohn allein daheim. Ihr Mann bereitet in der Küche gerade das Abendessen vor, Theo spielt auf dem Küchenboden. Die Freude ist groß, dass Leonie wieder daheim ist.
Aber als Theo dann von seinem Vater gebeten wird, den Tisch zu decken, bricht er plötzlich in Tränen aus. Theo wirft das Spielzeug und tobt, dass er jetzt nicht helfen will. Komplett verwirrt steht Theos Papa daneben und sagt zu Leonie: „Jetzt hat das zwei Tage so gut geklappt. Kaum bist du wieder da, schon gibt's wieder Theater."

Ein weit verbreiteter Irrtum ist jener, dass die beziehungs- und bedürfnisorientierte Erziehung konfliktarm sei. Tatsächlich könnte man sagen, das Gegenteil ist der Fall. Der Umstand, dass die Eltern-Kind-Beziehung sich sicher anfühlt und wir der Persönlichkeitsentwicklung unseres Kindes Freiraum geben, erhöht eigentlich sogar die Reibungspunkte. Denn Kinder, die so aufwachsen, sind nicht brav, gefügig oder angepasst, nein, sie stehen für sich selbst ein und haben keine Angst, ihre Gefühle auszudrücken oder ihre Meinung zu sagen. Das macht die bedürfnisorientierte Begleitung zuweilen sehr anstrengend.

Etwas, was aus diesem Gefühl der Sicherheit in Anwesenheit der Bezugsperson resultiert, ist Vertrauen. Durch Feinfühligkeit, eine an die Fähigkeiten des Kindes angepasste Unterstützung und die Gewohnheit der Eltern, Gefühle zu benennen und zu beschreiben, werden Kinder dabei unterstützt, die eigenen und auch fremde Gefühle zu verstehen und auszudrücken (Carlson, 2003). Auch angestaute Gefühle können rausgelassen werden. Das führt zu dem Phänomen, das andere vorwurfsvoll gegen uns richten und das uns selbst zeitweise verunsichert: Im Kindergarten, bei Oma und Opa oder sogar teilweise bei der zweiten Bezugsperson läuft alles glatt, das Kind kooperiert und alle haben eine feine Zeit. Und dann kommst du. Plötzlich wird dein Kind von seinen großen Gefühlen überschwemmt und das Anziehen in der Garderobe wird zur Katastrophe. Die anderen schauen dich verständnislos an und sagen: „Das verstehe ich nicht, bis jetzt war alles okay!“ Weil das wie ein Widerspruch wirkt, machst du dir dann vielleicht sogar Sorgen. Für nahestehende Personen ist es auch ziemlich irritierend. Du kommst nach Hause, bis eben war alles in Ordnung, und jetzt herrscht auf einmal Chaos. Das Kind wütet, tobt, kooperiert nicht mehr und wirkt wie verwandelt. Frustriert rauft sich deine Partnerperson die Haare und schimpft: „Kaum bist du da, gibt’s Theater!“

Aufgrund unserer verinnerlichten Haltung über Erziehung ist der naheliegende Schluss für dieses widersprüchliche Verhalten, dass wir unsere Kinder nicht im Griff haben. Die Personen, die diesen Stimmungsumschwung bemerken, bekommen eigentlich den Eindruck, unser Kind würde uns auf der Nase herumtanzen oder mit unserer Beziehung stimme etwas ganz und gar nicht. Dabei ist mit großer Wahrscheinlichkeit das Gegenteil der Fall. Wenn man mal genauer darüber nachdenkt, ergibt das auch wirklich Sinn.

Kinder erleben ihre Gefühle noch um einiges intensiver als wir, bringen sie stärker zum Ausdruck und sind in ihren Regulationsfähigkeiten eingeschränkt. „Das Repertoire an Selbstregulationsstrategien weitet sich im Laufe der Entwicklung zunehmend aus, sodass eine zunehmend eigenständige Verhaltens- und Emotionsregulation gelingt. Die Entwicklung startet also mit einem Überwiegen der Fremdregulation und geht zunehmend in die Selbstregulation über.“ (Kracke & Noack, 2019). Trotzdem haben Kinder ein feines Gespür dafür, bei wem ihre Gefühle sicher sind und ihnen nicht etwas abgesprochen oder verboten wird. Wir Erwachsenen sind meist schon um einiges besser, was die Emotionsregulation angeht, und doch wählen wir in der Regel, genau wie unsere Kinder, auch nur vertraute Personen aus, denen wir unsere Gefühle auch wirklich zeigen. Vor allem die Gefühle, die gesellschaftlich als negativ bewertet werden, also Wut, Trauer und Neid. Denk einmal darüber nach: Vor welchen Personen weinst du? Oder mit wem kannst du so richtig wütend werden und das dann auch zeigen? Mit wem fühlst du dich sicher genug, um deinen Gefühlen auch mal freien Lauf zu lassen, ohne Angst vor negativen Konsequenzen? Ich bin mir ziemlich sicher, dass du ebenso selektierst wie dein Kind. Und das ergibt absolut Sinn.

Faktencheck
Es besteht ein gut belegter Zusammenhang zwischen einer guten und sicheren Bindung und der Fähigkeit, seine Gefühle auszudrücken und zu regulieren (vgl. u.a. Patterson et al., 2000; Charlotte et al., 2012). Die frühkindlichen Bindungserfahrungen dienen als wichtige Grundlage für die Entwicklung jener Fähigkeiten, die es für eine selbstständige Emotionsregulation braucht. Um negative Gefühle zuzulassen und sie zu bearbeiten, ist das Gefühl von Sicherheit zentral, weswegen schon Kleinkinder damit beginnen, sich anzupassen und mit ihrem Gefühlsausdruck zu warten, bis sie bei ihrer primären (oder sekundären) Bezugsperson sind. Dann kann es allerdings passieren, dass der Gefühlskessel schon so unter Druck steht, dass er dann, wenn Mama oder Papa endlich da sind, explodiert und das Kind von seinen Gefühlen mitgerissen wird. Es erlebt einen Gefühlssturm, der sich gewaschen hat und uns eiskalt erwischt. Die folgende Visualisierung kann für dein Kind, dich selbst oder andere sehr hilfreich sein, das zu verstehen:

Stell dir vor, dein Kind hat in sich ein kleines Fass (das, das sprichwörtlich gerne überläuft). In diesem Fass sammeln sich die frustrierenden Momente des Tages. Nach einer erholsamen Nacht wird es von dir mit einem leeren Fass geweckt. Weil es aber nicht aus dem warmen, kuscheligen Bett aufstehen mag, füllt sich das Fass schon ein wenig. Aber ihr seid gut in Beziehung und es macht mit.

Es folgen unweigerlich weitere kleine Frustrationen – das ist ganz normal. Das Anziehen, das Zähneputzen, nicht noch spielen dürfen, in den Kindergarten oder die Schule müssen, die Bezugsperson verlassen und so weiter. Vom Aufstehen bis zum Verabschieden gibt es viele kleine Tropfen, die das Fass weiter anfüllen. Aber der Pegel ist wahrscheinlich noch erträglich und das lange Kuscheln beim Abschied hat ihn sogar ein wenig gesenkt.

Doch im Kindergarten oder in der Schule warten weitere Anforderungen: stillsitzen, mitmachen, teilen, leise sein, lernen, abgefragt werden, streiten, mithelfen – anpassen und kooperieren eben. Es bleibt wenig Raum für Selbstbestimmung, Entfaltung und Emotionsabfuhr, also füllt sich das Fass weiter. Bis Mittag ist es schon ordentlich gefüllt, vielleicht sogar schon mal übergeschwappt, aber schnell kam ein Deckel drauf, weil im institutionellen Rahmen nur wenig Raum für emotionale Begleitung ist.

Auf den Vormittag folgt vielleicht die Nachmittagsbetreuung, während der beste Freund schon abgeholt wurde. Oder statt Mama oder Papa holt heute der Opa das Kind ab, weil beide länger arbeiten müssen. Oder du selbst holst dein Kind ab, aber mit der Nachricht, dass das Volleyball-Training heute wegen eines Arzttermins ausfallen muss. Es gibt so viele frustrierende Dinge im Leben eines Kindes! Und in der Regel bist du die Person, die ihm am besten dabei helfen kann, den Pegel im Fass zu senken. Geschieht das über längere Zeit nicht, kann es in deiner Anwesenheit dazu kommen, dass das Fass endlich überlaufen kann. Mit der Zeit lernt dein Kind, mit deiner Hilfe und durch dein Vorbild, selbst immer wieder den Pegel zu senken, oder zu kommunizieren, dass das Fass sich füllt. Dann wird es auch für andere Bezugspersonen leichter, das zu erkennen und dabei zu helfen. Außerdem wird das Fass mit den Jahren größer und die Dinge, die es füllen, ändern sich. Aber das ist ein weiter Weg.

Kommunikation

Zugegeben, das ist eine harte Nuss. Denn während es uns selbst eigentlich ehrt, dass sich unser Kind bei uns so sicher und wohl fühlt, dass es seine Gefühle auslebt, so wollen wir doch der anderen Person nicht unbedingt auf die Nase binden, dass das bei ihm oder ihr wohl nicht der Fall zu sein scheint. Oder eben etwas weniger ausgeprägt der Fall ist. Das könnte wiederum vom Gegenüber als Vorwurf und Verletzung aufgefasst werden und dann fühlt es sich an, als würde man Feuer mit Feuer bekämpfen.

Hilfreicher wäre es, wenn Eltern sich bereits darüber ausgetauscht hätten, dass sie in Sachen Begleitung ihrer Kinder unterschiedliche Stärken haben und daher auch für verschiedene Dinge als Anlaufstelle für ihre Kinder fungieren. Das würde den Vorwurf „Kaum bist du da, gibt's Theater" schon im Keim ersticken. Denn dann ist es für beide Elternteile ein offenes Geheimnis, dass eine Person sicherer bei der Begleitung großer Gefühle ist, während die andere vielleicht kreativer im Problemlösen ist. Ist das bei euch noch nicht der Fall, ist jetzt eine gute Gelegenheit, das nachzuholen.

Außerdem kann es helfen, zumindest anzuerkennen, dass sich für das Kind gerade die Situation verändert hat. Solche Momente sind oft Übergänge, und die sind für Kinder, besonders Kleinkinder, eben sehr herausfordernd. Kommt also eine Person dazu, ändern sich die Situation und die Dynamik. Mögliche Entgegnungen könnten sein:

„Es scheint sich ein bisschen was angestaut zu haben, was jetzt raus muss. Bestimmt hat unser Kind die Zeit mit dir sehr genossen und war deshalb sehr kooperativ. Jetzt ist die Kooperation vielleicht für den Moment erschöpft und die Gefühle überschwemmen es."

„Wenn sich eine Situation ändert, kann das schon mal zu großen Gefühlen führen."

„Bestimmt habe ich gerade einen tollen Moment zwischen euch unterbrochen und die Traurigkeit darüber muss jetzt raus."

Und im außerfamiliären Kontext kannst du der Verwirrung, die zur Aussage führt „Ich versteh gar nicht, was grad los ist, den ganzen Vormittag wirkte er/sie so ausgelassen und fröhlich...", vielleicht so begegnen:

„Ich bin sicher, er/sie hat die Zeit sehr genossen und daher viel kooperiert. Ich kenne das schon, dass es dann irgendwann zu viel ist und er/sie dann Schwierigkeiten hat, die großen Gefühle zu regulieren. Jetzt bin ich da und kann dabei helfen."

„Was wir gerade sehen, ist ja nur eine Momentaufnahme. Manchmal ist es gar nicht so leicht zu erkennen, was noch alles reinspielt. Auch für mich nicht.“

Hier ist Platz für deinen eigenen Umgang mit der vorher beschriebenen Situation. Was kannst du tun oder sagen?

„Das sind doch nur Kinder, die verstehen das noch nicht.“

Tanja sitzt mit ihrer Freundin am Rand des Sandkastens, während ihre dreijährige Tochter darin Sand durch ein Sieb rüttelt. Sie regt sich gerade furchtbar über ihren Ex-Partner, den Vater ihrer Tochter, auf, der schon wieder irgendwelche Ausflüchte dafür gefunden hat, dass er seine Tochter dieses Wochenende nicht zu sich nehmen kann. „Sie ist ihm einfach egal! Besonders seit er diese Neue hat.“ Dabei betont sie das Wort „Neue“ besonders abfällig. Ihre Freundin sieht besorgt zwischen dem kleinen Mädchen und seiner Mutter hin und her und meint dann: „Ich glaube, es ist nicht so gut, wenn du vor ihr so über ihn redest.“ Tanja zuckt die Schultern und antwortet: „Ach, das versteht sie doch eh noch nicht.“

Zugegeben, es ist gar nicht so einfach, herauszufinden und zu wissen, was Kinder schon verstehen und was nicht. Ganz häufig geht die Erziehungsberatung nämlich genau in die andere Richtung: „Erwarten Sie noch nicht so viel von Ihrem Kind, dies und jenes kann es noch nicht, es entwickelt sich noch." Das ist zum Beispiel der Fall, wenn wir von einem Zweijährigen verlangen, sich bei einem Wutausbruch zu beruhigen oder seinen Impuls zu schlagen zu unterdrücken. Hier sagen wir: „Oh hey, das kannst du noch nicht erwarten, seine Impulskontrolle ist noch nicht entwickelt genug, um das zu leisten!"

Es ist wichtig, das zu wissen, denn falsche Erwartungen frustrieren, sie sind zum Scheitern verurteilt. Und dieser Frust wirkt sich negativ auf eure Beziehung aus. Er ist ein Störfaktor im zugewandten Miteinander. Altersentsprechende Erwartungen an das Kind wirken sich positiv auf eure Beziehung und die Entwicklung deines Kindes aus.

Andererseits unterschätzen wir Kinder auch allzu oft und allzu gern. Wir nehmen unserem Kind eine Entscheidung ab oder enthalten ihm Informationen vor, für die wir es noch zu jung, zu unerfahren, zu unausgereift halten. Wir unterschätzen, was es schon alles mitbekommt und versteht. Das tun wir, das tun die Institutionen, in denen unsere Kinder betreut und (aus)gebildet werden, das tut die Gesellschaft. Manchmal, weil wirklich die Haltung „Ach, das sind nur Kinder" dahintersteckt, manchmal, weil es leichter ist, einfach das Ruder zu übernehmen. Und manchmal auch aus Angst, Überforderung, Unwissenheit oder dem Wunsch, das Kind zu schützen.

Faktencheck

Erinnerst du dich noch an mein Beispiel mit der Gemeindewahl, im Kapitel über Adultismus? Natürlich ist das politische Geschehen in seiner Gesamtheit viel zu komplex für einen Fünfjährigen. Das ist es teilweise sogar für Erwachsene! Aber was Kinder schon in diesem Alter verstehen können: In der Gemeinschaft, in der wir leben, gibt es Menschen, die sich um das große Ganze kümmern. Die Aufgaben, die diese Menschen erfüllen, lassen sich auch gut kindgerecht erklären. Erst letztes Jahr hatte ich ein Pappbilderbuch in der Hand, in der Quantenphysik für Babys erklärt war: „Baby-Universität. Quantenphysik für Babys“ (Ferrie, 2013) – sogar Quantenphysik lässt sich kindgerecht erklären!

Es gibt da draußen jede Menge findige Menschen, die sich darauf verstehen, die kindliche Perspektive einzunehmen und die richtigen Worte und Veranschaulichungen zu finden, um auch komplizierte Sachverhalte für Kinder verständlich aufzubereiten. Deren fantastischer Vorarbeit dürfen wir uns gern bedienen.

Gründe dafür, dass wir Kinder nicht immer ernst nehmen und unterschätzen, finden sich nicht nur in unserer eigenen Vergangenheit, in der wir auch nicht gehört und ernst genommen wurden, und in der gesamtgesellschaftlichen Haltung, Kinder seien für vieles zu klein und zu unreif, sondern auch in einer Entwicklungsschere zwischen verstehen und artikulieren können.

In der Sprachentwicklung zeigt sich über einen langen Zeitraum hinweg eine große Spanne zwischen dem, was Kinder schon verstehen können und was sie auszudrücken vermögen. Im Kleinkindalter verstehen sie beispielweise viel mehr Wörter, als sie selbst schon aussprechen und verwenden können. Kann ein Kind etwas Bestimmtes noch nicht verbalisieren, ist es ein Leichtes anzunehmen, es würde es auch noch nicht verstehen. Aber nur, weil die Worte dafür vielleicht noch fehlen, muss das nicht zwangsläufig heißen, dass das Kind nicht mitbekommt, was um es herum geschieht.

Nehmen wir das Beispiel ganz am Anfang dieses Kapitels. Wir dürfen davon ausgehen, dass eine komplexe Situation wie Trennung, neue Partnerschaft, geteiltes Sorgerecht und was sonst noch alles dranhängt, von dem dreijährigen Mädchen noch nicht erfasst werden kann. Was das Mädchen aber mit Sicherheit erfasst, ist das Verhalten der Mutter und ihre starken Gefühle. Sie ist ihre primäre Bezugsperson, es ist daher wichtig für das Mädchen, Stimmung und Gefühle ihrer Mutter zu lesen. Die Wut, die ihre Mutter immer öfter ausstrahlt oder sogar stimmlich zum Ausdruck bringt, ganz gleich, ob einzelne Wörter schon verstanden werden, spürt das Mädchen und kann sie nicht einordnen. Sind sie gegen sie gerichtet? Hat sie sie ausgelöst?

IM UNKLAREN

Kinder verstehen weit mehr, als uns bewusst ist. Sie kommen auf diese Welt und beginnen beinahe umgehend damit, ihre wichtigsten Bezugspersonen zu beobachten. Innerhalb kürzester Zeit sind sie Meister im Lesen der elterlichen Körpersprache, Mimik und Stimmfarbe. Daher sind sie sehr feinfühlig für Veränderungen im Verhalten ihrer Eltern oder im System. Sind die kognitiven Fähigkeiten noch nicht ausgebildet genug, um alle Faktoren für eine Veränderung zu erkennen, ziehen sie den einzigen Faktor als Erklärung heran, den sie kennen: sie selbst.

Es kann das Gefühl entstehen, schuld an der Trennung zu sein, also dafür, dass Papa jetzt nicht mehr hier wohnt und nur selten kommt. Schuld daran zu sein, dass das neue Geschwisterchen mehr Aufmerksamkeit bekommt oder daran, dass Mama in letzter Zeit oft weint. Davon, warum Paare sich trennen, wie viel Fürsorge ein Neugeborenes braucht oder von psychischen Erkrankungen wie Depressionen weiß das Kind noch nichts. Darüber bleibt das Kind, so wir diese Themen mit dem Satz „Ach, davon versteht es noch nichts" abtun, im Unklaren. Das verunsichert, macht vielleicht sogar Angst. Es liegt in unserer Natur, nach Sicherheit zu streben und handlungsfähig bleiben zu wollen. Wir wollen Situationen verstehen und beeinflussen. Das gilt auch für Kinder. Und so erklärt sich das Kind die traurige Stimmung der Mutter vielleicht mit seinem eigenen „wilden und lauten" Verhalten, das Mama schon ein paar Mal gestört hat und beginnt, sich zurückzuziehen. Es beginnt, sich anzupassen, in der Hoffnung, dass es Mama dadurch besser geht.

Dieses Beispiel soll verdeutlichen, was dabei rauskommen kann, wenn wir Kinder im Unklaren lassen. Wir berauben sie nicht nur der Möglichkeit, etwas zu lernen, wofür es kindgerechte Erklärungen gäbe, und nehmen ihnen die Chance, mitzubestimmen, wir geben ihnen auch das Gefühl, einer Situation ausgeliefert zu sein. Daher ist es wichtig, Kinder altersentsprechend aufzuklären, sie einzubeziehen und mitbestimmen zu lassen.

Ich könnte jetzt in diesem Faktencheck Altersangaben nennen, wann ein Kind was versteht. Dabei handelt es sich immer um Mittelwerte, die die Forschung ermittelt hat. Ein Beispiel dafür wäre der Zeitpunkt, ab wann Kinder beginnen zu verstehen, dass andere Menschen anders fühlen, denken und handeln. Also der Zeitpunkt, an dem Perspektivenübernahme und Empathie entstehen, was im Schnitt so um das vierte, fünfte Lebensjahr herum der Fall ist. Während ich Entwicklungswissen für sehr wertvoll und hilfreich erachte (meine Literaturempfehlung: „Babyjahre“ und „Kinderjahre“ von Remo H. Largo, 2019 & 2021), ist es mir auch wichtig, dich darin zu bestärken, mit Blick auf dich und dein Kind herauszufinden, wie viel dein Kind wovon bereits versteht und welche Art von Informationen es benötigt, um sich in unsicheren Zeiten sicher zu fühlen. Dein Kind hat, wie jeder andere Mensch auch, das Bedürfnis nach Sicherheit. Diese Sicherheit ist lange Zeit besonders an die engen Bezugspersonen gekoppelt. Und Sicherheit ist etwas, was wir unter anderem dadurch vermitteln können, dass wir uns authentisch zeigen, unser Kind nicht im Unklaren darüber lassen, was los ist und was passiert, und dadurch, dass wir es ernst nehmen und einbeziehen. „Ach, davon versteht es noch nichts“ ist exakt das Gegenteil von Ernstnehmen.

Ich habe volles Verständnis dafür, dass es als der leichte Weg anmutet, schwierige, unangenehme Themen auszusparen, weil dein Kind sie noch nicht versteht oder du es schützen möchtest. Ganz besonders, wenn du gerade selbst emotional aufgewühlt und belastet bist. Gleichzeitig ist das nicht der leichte Weg fürs Kind.

Vor einiger Zeit hatte ich mich ein wenig übernommen, so ehrlich muss ich sein. Neuer Job, neues Buch, Selbstständigkeit als Referentin und Workshopleiterin. Mutter und Ehefrau war ich auch noch, mit all dem Mental Load, der dazugehört. Es ging mir gar nicht gut. Und mein Sohn spürte das, fragte nach. Ich wollte instinktiv sagen, dass alles okay sei, dass er sich keine Sorgen machen müsse. Aber das war ja nicht wahr. Es war nicht okay. Ich war ungeduldig und gereizt. Und ich wollte auf keinen Fall, dass er sich Sorgen macht, aber auch nicht, dass er denkt, es läge an ihm.
Also setzen wir uns hin und sprachen darüber. Wir sprachen darüber, wie er manchmal am Abend fix und fertig und total zornig ist, wenn an einem Tag viel los war: Kindergarten, danach Schwimmbad und im Anschluss noch einkaufen. Er nickte, kannte die Metapher bereits, dass sein Akku dann abends leer ist und es zu großen Gefühlsstürmen kommen kann. Und das, obwohl die einzelnen Aktivitäten ja toll waren. Ich erklärte ihm, dass es mir momentan genauso geht: Ich mache eigentlich viele tolle Sachen, aber mein Akku ist leer und ich habe Schwierigkeiten, ihn wieder richtig aufzufüllen. Und er überraschte mich mit einer, wie ich finde, besseren Idee als alle anderen, die mich vorher darauf angesprochen hatten. Er sagte: „Mama, deine Arbeit ist doch, anderen Mamas zu helfen, wenn ihnen mit ihrem Baby alles zu viel wird, oder? Kannst du nicht so jemanden wie dich um Hilfe bitten?" Alle anderen hatten, absolut verständlich, gemeint, ich müsse einfach weniger machen.
Ich war richtig stolz auf seine kompetente Reaktion und wahnsinnig erleichtert, weil ich mir sicher war, ihm nun die Last, sich darum sorgen, sich sogar kümmern zu müssen, genommen zu haben. Ich versprach ihm, dass ich mir Unterstützung durch „so jemanden wie mich" suchen werde und dankte ihm für seine tolle Idee.

Mein Rat für schwierige Themen lautet: Lass dich von deinem Kind leiten. Ab dem Vorschulalter ist es eine großartige Möglichkeit, sich bei komplexen Themen an den Fragen des Kindes zu orientieren, statt es mit ausufernden Erklärungen zu verwirren oder zu überfordern. Es wird immer genau so viel erfragen, wie es verarbeiten und verstehen kann. Das kann manchmal auch ein wenig dauern und dann kommt vielleicht erst am nächsten Tag die nächste Frage. Dann bestimmt dein Kind auch das Tempo, mit dem es sich neue Themen erschließt. Gibt es in eurer Familie herausfordernde Situationen und du bist oder ihr seid unsicher, wie ihr das mit eurem Kind besprechen könnt, nehmt gerne Hilfe in Anspruch. Sucht (Bilder-)Bücher zum Thema, fragt bei Fachpersonen nach.

Kommunikation

Nimmst du dein Kind ernst und kommunizierst auch schwierige oder herausfordernde Themen altersgerecht und auf Augenhöhe, machst du dich, wie so oft, angreifbar für die Kritik und das Unverständnis von außen. Das würde das Kind noch nicht verstehen, du würdest es überfordern, es nicht schützen und so weiter. Und auch dein Kind wird, wenn wir es mal genau betrachten, angegriffen, es wird nämlich abgewertet. Es wird, wie wir im Kapitel „Adultismus" schon besprochen haben, aufgrund seines Alters diskriminiert. Das macht dich zum Anwalt beziehungsweise zur Anwältin deines Kindes.

Außerdem wird es Menschen geben, die die Meinung von Kindern nicht einholen und sie in Entscheidungen, die sie betreffen, nicht einbeziehen. Du kennst sicher auch den Satz: „Das geht dich nichts an!" Ihre Begründung wird genau die folgende sein: Das Kind versteht noch nicht genug, kann sich noch keine Meinung bilden oder ist noch nicht reif genug. Wo du auch hinschaust, wird dir diese erwachsene „Wir wissen es besser"-Haltung begegnen. Selbstbewusste bedürfnisorientierte Erziehung steht dafür ein, dass Kinder sehr wohl in einigen Dingen, besonders jenen, die sie selbst und ihren Körper betreffen, besser wissen, was sie wollen, brauchen und fühlen. Und dafür kannst du eintreten.

„Ich bin davon überzeugt, dass mein Kind in vielen Dingen besser weiß, was es braucht oder was es gerade spürt."

„Lebenserfahrung ist nicht alles und sie gibt mir/dir nicht das Recht, meinem Kind eine eigene Meinung abzusprechen."

- *„Es versteht mehr, als dir vielleicht bewusst ist."*
- *„Ich kenne mein Kind und weiß, was ich wie mit ihm besprechen kann."*
- *„Ich bemühe mich um altersgerechte Kommunikation und nehme mein Kind ernst."*
- *„Mein Kind hat das Recht darauf, zu erfahren, was in seinem Umfeld geschieht."*
- *„Ich schütze mein Kind, indem ich ihm keine Verantwortung für Dinge übertrage, die eigentlich gar nicht sein Päckchen zu tragen sind. Daher erkläre ich die Umstände."*
- *„Ich möchte, dass Sie mein Kind ernst nehmen. Es versteht weit mehr, als Sie annehmen. Ich möchte, dass es gehört und respektiert wird."*
- *„Vielleicht geben Sie meinem Kind mal die Chance, seine Meinung zu äußern/eine Lösung vorzuschlagen. Sie wären überrascht, wie weitsichtig/kreativ mein Kind sein kann."*

Na, hast du was gelernt, was du jetzt besser verstehst? Was du zukünftig anderen mitteilen möchtest, wenn sie annehmen, dein Kind hätte noch keine Ahnung? Dann schreib es jetzt hier auf!

....

....

....

....

....

....

„Ich mach mich doch nicht zum Affen."

Mein Sohn ist recht schüchtern in neuen Situationen und muss erst mal auftauen und ankommen. Beim ersten Schnuppertraining im Ringerverein verließ er erst nach einer halben Stunde meinen Schoß, um besser zusehen zu können. Am Ende der Stunde veranstalteten die Kinder einen großen Parcours und der sah so cool aus, dass er mitmachen wollte. Aber nicht ohne mich. Da war ich nun, wissend um die Unterstützung, die mein Sohn in diesem Moment brauchte, und zwängte mich unter Bänken durch und rollte über Matten. Zugegeben, ich kam mir dabei schon ziemlich doof vor, zwischen all den Kindergartenkindern. Und das wurde auch nicht besser, als eine Mutter mir im Anschluss lachend mitteilte, dass sie das ja nicht gemacht hätte. Aber beim nächsten Termin machte mein Sohn ohne meine Unterstützung mit und inzwischen geht er allein zum Training. Und jetzt denke ich: Das war's wert.

Diese Gedanken schlummern wohl ein bisschen in jedem von uns. Es ist eine Befürchtung aus der „Was denken da wohl die anderen?"-Ecke, und vor der ist niemand gefeit. Wir sind ständig der Bewertung anderer ausgesetzt – ganz besonders, wenn wir neue Wege gehen und es anders machen als gewohnt. Und so verwundert es auch nicht, dass man diesen Satz auch häufig in der Elternberatung zu hören bekommt.

So mancher Ratschlag liegt außerhalb der eigenen Komfortzone oder steht der Haltung, die man Kindern gegenüber für angebracht hält, entgegen. Da schlägt die beratende Person vor, Kindern rechtzeitig einen Übergang anzukündigen, sich im Gefühlssturm abwartend und unterstützend danebenzusetzen oder den Arztbesuch mit einem Rollenspiel vorher zu üben, damit die Angst verschwindet. Eltern werden motiviert, ihren Kindern Mitbestimmungsmöglichkeiten einzuräumen und die kindliche Perspektive einzunehmen. Personen, die Sorge haben, wie das wirken könnte, wenn sie so etwas tun, oder auch Menschen, die sich prinzipiell einfach Gehorsam von ihrem Kind erwarten, reagieren dann mit: „Ich mach mich doch nicht zum Affen!“ Rät man einer Mutter, ihr Kind nicht in die Jacke zu zwängen, wenn es diese nicht anziehen mag, sondern die Jacke stattdessen mitzunehmen, damit das Kind sie anziehen kann, wenn es friert, reagiert diese mit „Ich bin doch nicht der Packesel meines Kindes!“ Dieser Widerwille kleidet sich in verschiedene Sätze, die alle irgendwas mit Unterordnung zu tun haben. Gehört habe ich schon „Ich bin doch nicht sein Diener!“ oder „Wir sind doch nicht seine Untertanen“ oder „Ich bin doch nicht ihr Sherpa!“

Aber das sind nicht nur innere Widerstände. Eltern, die in Sachen Begleitung ihres Kindes die extra Meile gehen, bekommen diese Sätze auch manchmal verwundert, irritiert und vorwurfsvoll zu hören: „Also ich würde mich ja nicht so zum Affen machen.“ Wieder einmal schwingt der Vorwurf des „zu viel“ mit. Wir lieben zu viel, verwöhnen zu viel, machen zu viel, geben uns zu viel Mühe, denken zu viel nach. Kurz: Wir machen uns für unsere Kinder zum Affen. Werden sogar als „ihre Untertanen“ verspottet. Egal, ob diese Stimmen in uns drin erklingen oder uns von außen erreichen, es schwingt der Unwille mit, etwas für das Kind zu tun.

Faktencheck
Dieser Unwille kann verschiedenen Gründe haben. Etwa, wie oben schon erwähnt, die Sorge, man würde sich der Lächerlichkeit preisgeben. Dieses ganze „Bullshit-Bingo“ der Erziehungssätze ist ein Beweis dafür, dass diese Sorge auch nicht unberechtigt ist.

Ja, wir ernten Unverständnis und Spott dafür, dass wir unsere Kinder anders begleiten wollen, als es noch in den Vorgängergenerationen der Fall war. Ein anderer Grund für diesen Unwillen ist, dass die Notwendigkeit dafür nicht gesehen wird. Immerhin hat man früher auch nicht so einen Affentanz veranstaltet und „aus diesen Kindern ist schließlich auch etwas geworden.“ Auch im schon öfter beschriebenen Machtgefälle zwischen Eltern und Kindern liegt ein Grund für den Unwillen, auf das Kind und seine Lebenswelt einzugehen. Dann werden Konflikte nicht durch ein Eingehen auf die kindliche Perspektive gelöst, sondern durch Autorität und teilweise auch Furcht.

Haben Eltern als Kinder erfahren, dass Eltern die Macht haben und sich nicht dazu „herablassen“, die kindlichen Wünsche und Bedürfnisse zu beachten, streben sie als Erwachsene womöglich nach derselben Machtposition. Ein unbewusstes „Jetzt bin ich an der Reihe, jetzt hab‘ ich das Kommando“ kann die Haltung und die Handlungen bestimmen. Dazu kommt, um auch etwas Nachsicht walten zu lassen, dass diese Personen auch keine Vorbilder dafür hatten, wie man auf Kinder eingeht. Tatsächlich kann es aber auch sinnvoll sein, sich diesen aufbäumenden Widerwillen genauer anzuschauen. Denn er kann auch ein Zeichen dafür sein, dass ich als Elternteil zu oft über meine persönlichen Grenzen hinweggegangen bin und meine eigenen Bedürfnisse hinten angestellt habe.

Das ist einer der Kritikpunkte an der bedürfnisorientierten Erziehung, den wir nicht einfach wegwischen dürfen, sondern den wir als konstruktive Kritik ernsthaft reflektieren müssen. Wut ist für viele von uns ein Signal, mit dem unsere Psyche versucht, sich selbst zu schützen. Nadine Köster, Psychologin und Paarberaterin (@zuckerundgold bei Instagram), beschrieb das sehr anschaulich mit diesem Bild: Jeder von uns braucht Raum für sich. Im Zusammenleben mit anderen Menschen haben wir mal etwas mehr und mal etwas weniger Raum für uns und unsere Bedürfnisse zur Verfügung. Wenn das schwankt, aber immer wieder zum Ausgleich kommt, kommen wir damit auch klar. Lassen wir andere Menschen über unsere Grenzen hinweggehen, wie auch immer das ausschauen mag, oder übergehen wir unsere Bedürfnisse, um zum Beispiel den Frieden innerhalb der Familie zu wahren, wird der Raum immer und immer kleiner. Es ist wahrlich so, als würden die Wände auf uns zu rücken. Wir bekommen ein Gefühl der Beklemmung. Und nun kann es passieren, dass unsere Wut uns förmlich hilfreich zu Seite springen will, um mit aller Kraft die Wände von uns zu stoßen. Die Wut drängt die Wände – sprich die Menschen, die unseren Raum einnehmen – zurück und brüllt „He! Das ist mein Raum! Ich bin auch noch da!“

Im Hamsterrad der Bedürfniserfüllung kann es passieren, dass die Wut versucht, dir wieder Raum zu verschaffen, indem sie einen Widerstand in dir aufbaut, dich „zum Affen zu machen“. Irgendetwas in dir sagt dir, dass es genug ist, dass du im Begriff bist, unter die Räder zu geraten. Kombiniert mit alten Mustern wird daraus dann eine Abwertung für die extra Meile der Begleitung auf Augenhöhe. Hier genau hinzuschauen ist wichtig.

Die Gefahr dieser Sätze und auch der Wut ist jene: Sind wir es, die sie fühlen, denken oder aussprechen, sind wir nicht in Beziehung mit unserem Kind. Wir sind bei uns, verweigern uns einer anderen Perspektive, einem anderen Zugang oder lassen uns von der Wut leiten. Vielleicht sind wir auch im Außen und lassen das, was andere über uns denken könnten, wichtiger sein als die Beziehung zum Kind oder seine Entwicklung.

Zwinge ich meinem Kind die Jacke auf, weil ich nicht „sein Packesel“ sein will, nehme ich ihm die Erfahrung, seinen eigenen Körper und dessen Temperaturempfinden besser kennenzulernen. Allerdings soll das nicht heißen, dass du künftig 20 Kilogramm Marschgepäck tragen sollst!

> **Als Erwachsener ist die Abwägung von Verhältnismäßigkeit und Zumutbarkeit immer noch deine elterliche Aufgabe.**

Lehnst du eine unterstützende Handlung (wie das Mitnehmen der Jacke) ab, weil es für dich gerade unzumutbar ist (weil du schon mit den Sachen des Babygeschwisterchens vollbepackt bist), macht das einen Unterschied. Das ist eine andere Situation, als wenn du die Jacke nur nicht mitnehmen willst, weil du nicht möchtest, dass jemand denkt, du würdest dein Kind bedienen oder unzureichend versorgen (weil es keine Jacke anhat). Wieder macht die Haltung den Unterschied.

Sind es andere, die uns mit Sätzen wie diesen kritisieren, ist es ähnlich wie beim Verwöhnen. Wir können die Kritik kurz in uns selbst prüfen. Tue ich wirklich zu viel? Nehme ich meinem Kind Entwicklungschancen und -aufgaben ab? Überlaste ich mich selbst? Möchte die Person, die mich derart beurteilt, mich vielleicht vor Überforderung und Überlastung schützen? Oder schützt sie nur sich selbst? Ich will dir erklären, wie ich das meine.

Andere zu kritisieren und abzuwerten ist nicht selten ein (unreifer und unbewusster) Abwehrmechanismus, der die Person vor eigener Unzulänglichkeit schützt. Das lässt sich am Beispiel dieses Bullshit-Satzes sehr gut zeigen. Besonders Mütter stehen untereinander meist im Wettbewerb darum, wer von ihnen eine gute oder die bessere Mutter ist. Diesen Wettstreit verdanken wir einer Gesellschaft, in der es für Care-Arbeit keine Anerkennung gibt und in der wir eigentlich immer alles falsch machen. In diesem Wettstreit ist das Mittel der Abwertung ein üblicher Weg, sich selbst zu schützen. Sehe ich also eine andere Mutter, die auf ihrem Weg, ihre Kinder zu begleiten, die extra Meile geht, indem sie beispielweise unfassbar aufwendige Brotdosen für Kindergarten und Schule vorbereitet, kann ich das als „Affentanz“ oder Zeitverschwendung oder „Verwöhnen“ abwerten, um mein eigenes Gefühl der Unzulänglichkeit zu besänftigen, das mich überkommt, weil ich solche Brotdosen für meine Kinder nicht mache. Wenn es ja sowieso „blöd“ ist, was die andere Mutter da tut, dann ist es ja gut, dass ich das nicht mache. So der unbewusste Mechanismus.

Kommunikation

Für die inneren Widerstände brauchst du keine Kommunikationstipps, eher eine Einladung zur Reflexion. Legst du den Fokus auf das, was dein Kind braucht und was ihm hilft, wendet sich dein Blick etwas von der Außenwahrnehmung ab. Deine Gedanken kreisen dann mehr um euch als darum, wie andere euer Handeln bewerten. Eigentlich lässt sich das sogar umdrehen. Du kannst mit Stolz sagen, dass du dich „zum Affen machst“.

- *„Ich bin mir nicht zu fein, mein Kind auf die Weise zu unterstützen, die es braucht.“*
- *„Wenn es meinem Kind hilft, mache ich gerne einen Affentanz.“*
- *„Sich zum Affen machen? Klingt nach Spaß!“*
- *„Hmm Ein kleiner Affentanz oder ein widerwilliges Kind beim Zahnarzt? Da fällt mir die Entscheidung ziemlich leicht.“*
- *„Ich unterstütze mein Kind in seiner Autonomieentwicklung und bleibe gleichzeitig fürsorglich und vorausschauend. Das ist kein Affentanz, das nennt sich Elternschaft.“*
- *„Danke, ja, stimmt, ich gebe mir Mühe, mein Kind in seiner Entwicklung zu unterstützen. Dafür gehe ich auch manchmal aus meiner Komfortzone, aber es lohnt sich.“*
- *„Mein Job als Mama/Papa ist es, Lernerfahrungen zu ermöglichen. Die Jacke mitzunehmen/mich beim Arzt ebenfalls untersuchen zu lassen/beim Schnuppertraining ebenfalls mitzumachen bietet eine solche Gelegenheit.“*

Fallen dir noch mehr Entgegnungen ein oder hast du jetzt so oft das Wort „Affentanz“ gelesen, dass du einen tanzenden Affen malen möchtest, bevor du weiterliest?
Wenn ja, bitte hier hin und Foto an mich. ☺

„Hier und da ein Klaps ..."

Im Rahmen einer Elternberatung sprach ich mit Vater und Mutter von Lukas über erzieherische Gewalt, als Lukas Papa, Matteo, erwähnte, dass er als Kind so manche Ohrfeige erhalten habe und das bei ihm auch nicht zu bleibenden Schäden geführt habe. Seiner Meinung nach läge das daran, dass er die Ohrfeigen allesamt verdient hatte.
Ich fragte, wie er sie sich „verdient" habe und er erklärte, dass es in diesen Fällen darum ging, dass er seine Mutter beleidigt oder respektlos behandelt habe und sein Vater ihn dann entsprechend gemaßregelt habe. In der Wahrnehmung, die man ihm vermittelt hatte, rechtfertigte eine Beleidigung die Gewalt, die er erfahren hatte.

Dieses Beispiel zeigt direkt eine der vielen fürchterlichen Schattenseiten erzieherischer Gewalt auf: In den allermeisten Fällen lieben Kinder ihre Eltern nicht weniger, weil sie ihnen gegenüber in irgendeiner Weise gewalttätig sind. Sie suchen die Schuld dafür bei sich, halten sich selbst für weniger liebenswert, wachsen in dem Glauben auf, dass sie diese Art der Behandlung verdienen würden und dass Liebe und Schmerz auf verdrehte Art verbunden sind.

Unter Erwachsenen und in der Rechtsprechung ist klar, dass eine Beleidigung keine Gewalt rechtfertigt. Kein Richter würde sagen: „Oh, ach so, Sie wurden beleidigt! Dann geht der Schlag ins Gesicht schon in Ordnung!" Kindern gegenüber war der Maßstab aber lange Zeit verschoben und ist es leider immer noch. Auch wenn bei uns erzieherische Gewalt verboten ist, so ist doch die Akzeptanz in Teilen der Bevölkerung immer noch gegeben. In verschiedensten Umfragen konnte gezeigt werden, dass immer noch viele Personen züchtigende Maßnahmen für notwendig erachten. Die Ablehnung einer „Tracht Prügel" lag bei einer Umfrage von Unicef und Kinderschutzbund (2020) bei 84 %, 8,8 % waren „etwas dagegen", der Rest stimmte der Angebrachtheit etwas bis voll zu. Eine Ohrfeige bekam 60,6 % Ablehnung, 16,3 % waren „etwas dagegen", die verbliebenen 23,1 % stimmten zu, dass eine Ohrfeige angebracht sei. Für den Klaps auf den Po zeichnet sich ein noch deutlicheres Bild: Nur 33,1 % lehnten auch diese Körperstrafe stark ab. 14,5 % waren „etwas dagegen", über die Hälfte, 52,4 %, hielten sie für angebracht. Zusammenfassend schrieben die Autoren dieser Befragung, dass sich keine signifikanten Veränderungen hinsichtlich der Zustimmung zu den verschiedenen Körperstrafen in der Erziehung zwischen dem Jahr 2016 und dem Jahr 2020 zeigten (Clemens et al., 2020). Das österreichische Bundeskanzleramt gab für das Jahr 2021 den Bericht einer Elternbefragung zum Thema „Recht auf gewaltfreie Erziehung" heraus. Darin stimmten 36 % teils oder vollkommen zu, dass man manchmal mit einem Klaps nachhelfen müsse und 34 % waren teilweise oder gänzlich davon überzeugt, dass ein kleiner Klaps ab und zu nicht schadet. Vergleichbar mit den Ergebnissen der deutschen Untersuchung im Jahr davor, stimmten in dieser Elternbefragung 11 % zu, dass es auch heute noch richtig sei, einem Kind, das etwas angestellt hat, eine ordentliche Tracht Prügel zu verabreichen. Die Elternbefragung des österreichischen Bundeskanzleramtes ging mit ihrem Fragen jedoch über die körperlichen Erziehungsmaßnahmen hinaus und erhob auch andere Erziehungsnormen, wie Verbote verhängen, Vergnügungsentzug oder Strafarbeiten, Ignorieren im Konflikt, Beleidigungen des Kindes und die berühmte „Auszeit". Ein Kind „blöd" oder Ähnliches zu nennen, geht für 8 von 10 Befragten nicht. Aus dem Konflikt gehen und diesen zu ignorieren finden 18 % in Ordnung, weitere 20 % würden dem „eher nicht" zustimmen, es aber also auch nicht gänzlich ablehnen. Verbote von Videospielen und/oder Handy gelten für 75 % als gangbarer Weg bei Differenzen mit dem Kind und die Auszeit kommt bei 54 % noch zum Einsatz. 47 % wird teils oder gänzlich der Umgang mit den Freunden als Konsequenz nach einem Konflikt zeitweise untersagt.

Ja, ich weiß, es kommt noch ein komplettes Kapitel dazu, was Gewalt ist. Aber wenn wir von Bullshit reden, darf die absurde Kombination aus „gesund" oder „nicht schädlich" und „Ohrfeige" oder „Watschen" oder „Klaps" einfach nicht fehlen. Als ob es eine gesunde Form von körperlicher Züchtigung gäbe! Gesund im Sinne von „der Gesundheit zuträglich". Umgangssprachlich verwendet als „verdient", da die Züchtigung ja nur eine korrigierende Maßnahme von Fehlverhalten darstellt, was sie dann wieder gesund macht.

Faktencheck

Das Gute an diesem Bullshit-Satz ist, dass wir ihn superschnell abhaken können. Es ist nämlich schlichtweg verboten, sein Kind zu schlagen. Das schließt selbstverständlich die Ohrfeige, den Klaps auf den Po und das grobe Tatschen auf die Finger ein. Und auch alle anderen Formen von Gewalt (dazu später mehr im Kapitel → „Das ist Gewalt").

> **„Kinder haben ein Recht auf gewaltfreie Erziehung. Körperliche Bestrafungen, seelische Verletzungen und andere entwürdigende Erziehungsmaßnahmen sind zu unterlassen." (BGB §1631 Abs. 2)**

Aus diesem Grund verzichte ich bei diesem Bullshit-Satz auch auf ausgeklügelte Kommunikationsstrategien. Nichts, was ein Kind tut, rechtfertigt Gewaltanwendung, auch nicht die, die man vor sich selbst als „harmlos" rechtfertigt. Unsere Kinder sind auf unseren Schutz angewiesen. Wer uns dann mit diesen veralteten „Weisheiten" kommt, man müsse einem Kind den Kopf geraderücken, der darf uns leidtun. Höchstwahrscheinlich ist es dieser Person als Kind nicht anders ergangen. Das ändert aber nichts daran, dass wir heute sehr viel besser darüber informiert sind, wie sich körperliche und seelische Gewalt auswirken und dass beides verboten ist. Punkt.

Wo wir aber gerade bei Gesetztestexten sind, ist vielleicht auch dieser Absatz noch von Interesse:

> **„Bei der Pflege und Erziehung berücksichtigen die Eltern die wachsende Fähigkeit und das wachsende Bedürfnis des Kindes zu selbstständigem verantwortungsbewusstem Handeln. Sie besprechen mit dem Kind, soweit es nach dessen Entwicklungsstand angezeigt ist, Fragen der elterlichen Sorge und streben Einvernehmen an. (BGB §1626 Abs. 2)**

Entwicklungsorientierung, Bedürfnisorientierung und Begleitung auf Augenhöhe stehen ebenfalls im Gesetz. Wenn das mal kein Argument mit Gewicht ist.

„Es will doch nur Aufmerksamkeit."

Seit seine kleine Schwester auf der Welt ist, zeigt Tobias aggressives Verhalten gegen seine Mutter und manchmal auch gegen sich selbst. Er wirft sich auf den Boden, schlägt den Kopf gegen die Wand oder haut sich selbst. Seine Mutter zieht er an den Haaren.
Tobias' Vater ist dafür, dieses Verhalten zu ignorieren, damit es nicht positiv verstärkt wird. „Er will einfach Aufmerksamkeit", sagt er, und ist davon überzeugt, dass sich dieses Verhalten sogar verstärken würde, wenn es mit positiver Aufmerksamkeit belohnt werde. Er hat die Sorge, dass Tobias dadurch lernt, dass er auf diese Weise sein Ziel erreicht. Tobias' Mutter macht sich aber Sorgen und sucht Hilfe in einer Erziehungsberatung.

So wie Tobias' Vater denken viele Erwachsene und es gibt sogar eine psychologische Richtung, die diese Denkweise unterstützt: den Behaviorismus. Vereinfacht gesagt betrachtet dieser Ansatz Lernen lediglich als Reaktion auf einen positiven oder negativen Reiz (also eine Belohnung oder eine Strafe). Ein berühmtes Experiment dazu, „Der Pawlowsche Hund", illustriert das gut: Stellt man einem Hund sein Futter hin, beginnt eine starke Speichelproduktion. Läutet man jedes Mal, bevor man das Futter hinstellt, eine Glocke, beginnt mit der Zeit die Speichelproduktion schon beim Glockenklang und nicht erst, wenn das Futter hingestellt wird. Der Hund hat also gelernt, dass die Glocke bedeutet, dass es gleich Futter gibt, und sein Körper reagiert entsprechend.

Aus dieser Entdeckung wurden viele weitere Ansätze entwickelt und untersucht und einige davon haben in gängige Lerntheorien Eingang gefunden. Auch in der Erziehung ließ und lässt sich einiges davon finden: Gewünschtes Verhalten wird positiv verstärkt, also mit einem positiven Reiz belohnt. Ungewünschtes Verhalten wird mit einem negativen Reiz verhindert und „ausgetrieben". So erging es in einem Experiment einer Maus, die immer einen Stromschlag bekam, wenn sie eine Futtertaste drücken wollte. Sie hörte irgendwann auf damit.

Die behavioristischen Theorien zum Lernen hatten lange Zeit einen großen Einfluss auf Erziehung und Pädagogik. Doch auch sie haben sich weiterentwickelt und sind inzwischen von einfachen Reiz-Reaktions-Mustern abgekommen. Soziales Lernen am Modell (Bandura, 1986) rückte in den Vordergrund. Lernen wird heute weit komplexer verstanden, als man lange Zeit dachte. Persönliche Anlagen, Motivation, emotionale Bewertung einer Situation, Vorbilder und die Interaktion mit diesen sind einige der Faktoren, von denen man heute weiß, dass sie ebenfalls in Lernprozesse involviert sind. Doch wenn es um den Erziehungsmythos „Es will doch nur Aufmerksamkeit" geht, ist diese behavioristische Denkweise immer noch sehr präsent in unseren Köpfen. Und die Antwort, die rasch zur Hand ist, ist immer die gleiche: keine Aufmerksamkeit schenken oder „auffälliges" Verhalten mit Strenge unterbinden. Dabei bringt es Romy Winter, systemische Familientherapeutin, in ihrem Buch „Krisenfest" deutlich auf den Punkt: „Doch Fakt ist. Kinder haben immer gute Gründe für problematisches Verhalten, und straffe Erziehung ist selten bis nie die Lösung, aber oft der Grund." (Winter, 2021, S. 166)

Faktencheck

Es ist tatsächlich wahr: Dein Kind will Aufmerksamkeit. Wir alle wollen das. Das ist ein Bedürfnis. Wir wollen gesehen, gehört und wahrgenommen werden. Wir sind soziale Wesen und niemand möchte isoliert sein. Die Aussage „Es will Aufmerksamkeit" ist daher als aller Erstes eines: WAHR. Was verdreht ist, ist unsere negative Definition von Aufmerksamkeit. Als sei das etwas Schlechtes, was man einem Kind austreiben müsse. Das genaue Gegenteil ist der Fall. Ist der Aufmerksamkeitstank gut gefüllt, gibt es keinen Grund, ein irgendwie geartetes Verhalten an den Tag zu legen, um diese Aufmerksamkeit lautstark einzufordern.

Der Umstand, dass bedürfnisorientiert begleitete Kinder im Laufe ihrer Entwicklung weniger aggressives und auch gesetzesübertretendes Verhalten zeigen, wird unter anderem damit erklärt, dass sie keine ungesunden Mechanismen entwickeln müssen, um Aufmerksamkeit zu bekommen. Entweder haben sie in diesem Bereich gar kein Defizit oder sie haben gelernt, aktiv um Aufmerksamkeit oder Nähe zu bitten, wenn sie sie brauchen. Das ist ein wichtiger Lernprozess. Lass mich dir an einem Beispiel, das du vielleicht selbst genauso kennst, erklären, was ich meine:

Eine Mutter berichtete mir, dass sie das abendliche Spiel ihrer Tochter so leid sei. Wenn sie sie ins Bett gebracht hat, steht sie noch x-mal auf. Noch mal aufs Klo, noch ein bisschen Hunger, noch einen Schluck trinken, schnell noch Mama nach einem bestimmten Stofftier fragen, noch mal schnell ins Wohnzimmer huschen und Mama etwas Wichtiges vom Kindergartentag erzählen. Wenn man nach einem langen Tag endlich auf der Couch sitzt und noch etwas Zeit für sich haben will, ist das verständlicherweise zermürbend. Die Mutter wurde mit jedem Abend immer wütender auf ihre Tochter.
Was sie nicht wusste: Ihre Tochter, noch unfähig, ihren Wunsch nach Kontakt und Aufmerksamkeit in Worte zu fassen, benutzte diese Vorwände, um noch ein paar kleine Bindungsmomente zu sammeln. Statt „Mama, ich mag nicht allein sein, ich brauch dich noch ein bisschen" sagte sie „Ich hab' noch Durst" oder „Ich muss dir unbedingt noch was sagen". Nachdem ich der Mutter das erklärt hatte, fragte sie am nächsten Abend ihre Tochter: „Du magst nicht allein sein, stimmt's?" Sie nickte. „Wie wäre es, wenn ich noch ein wenig bleibe und hier bei dir lese?" Und siehe da, kein Aufstehen mehr.

Die Überlegung, aufmerksamkeitsforderndes Verhalten dadurch zu beseitigen, dass man es ignoriert oder bestraft, führt eher dazu, dass sich dieses Verhalten verstärkt. Das kann man sich vorstellen wie bei einer körperlichen oder psychischen Erkrankung. Wenn ich ein Symptom ignoriere, wird es nicht auf wundersame Weise verschwinden. Das Gegenteil ist der Fall: Körper oder Psyche mobilisieren weitere

Symptome, um darauf aufmerksam zu machen, dass etwas nicht stimmt. Dass beispielweise ein Mangel besteht, der behoben werden muss.

Aufmerksamkeit ist ein psychisches Bedürfnis und es verschwindet nicht, wenn wir es lange genug ignorieren. Es wird erst mal eine Zeit lang immer lauter. Verschwindet es einiges Tages wirklich, dann, weil sich die Person in sich selbst zurückgezogen hat. Und das kann ja nicht das Ziel sein. Das Ziel sollte eher sein, dass das Bedürfnis gut genug befriedigt ist, um gar nicht erst laut werden zu müssen, und einen Menschen zu erziehen, der kompetent genug ist, gesunde Strategien für mehr Aufmerksamkeit anzuwenden. Und das gilt nicht nur für Kinder. Das begleitet uns ein Leben lang.

Wie viele partnerschaftliche Konflikte würden uns erspart bleiben, wenn wir als Kinder gelernt hätten, unsere Bedürfnisse zu kommunizieren? Denk mal darüber nach, welche Strategien du anwendest, um Nähe und Aufmerksamkeit von deiner Partnerperson zu bekommen. Sagst du „Hey, ich habe gemerkt, dass du in letzter Zeit sehr von deiner Arbeit vereinnahmt wirst und ich von den Kindern. Ich fühle mich ein wenig einsam und wünsche mir etwas mehr Nähe zwischen uns. Wollen wir einen Abend ganz für uns planen?“ oder klapperst du lauter mit dem Geschirr beim Aufräumen der Küche, stellst den Teller mit einem Knall vor der am Handy scrollenden Partnerperson ab und fauchst „Dich interessiert wohl nur noch deine Arbeit!“ Das ist ein bisschen plakativ, aber ich denke, du weißt, was ich meine.

Schauen wir noch weiter. Was passiert, wenn diese Verhaltensweisen ignoriert werden? Verschwindet dein Wunsch nach Aufmerksamkeit dann? Oder wird dieser Wunsch zumindest kurzfristig durch einen Streit, im Sinne von „negative Aufmerksamkeit ist auch Aufmerksamkeit“, erfüllt? Gut möglich. Allerdings füllt negative Aufmerksamkeit den Tank niemals so gut wie positive Aufmerksamkeit.

LOBEN

Spricht man über positive Aufmerksamkeit, ist das Thema „Loben" nicht weit. Loben ist in den letzten Jahren ziemlich in Verruf geraten, seit die Psychologin Carol Dweck (Dweck, 2007) an der *Stanford-University* den Effort-Effekt beschrieb. Ihre Untersuchungen zeigten, dass durch übermäßiges Loben die eigene Motivation, etwas zu lernen oder zu leisten, sinken kann, und Kinder sich dann vermehrt an Bestätigung von außen orientieren. Ganz besonders war das der Fall, wenn man ein Merkmal (z.B. die Intelligenz) des Kindes statt des Verhaltens (z.B. die Bemühungen) lobte. Durch diese Erkenntnisse wurde Loben plötzlich zu etwas, was Eltern vermeiden wollten. Das ging bei einigen so weit, dass sie sich selbst ihre authentische Freude über eine Leistung des Kindes verboten haben.

Für Eltern gilt aber das Gleiche wie für Kinder: Sich zu verbiegen ist keine gute Idee. Stell dir vor, wie irritierend es sein muss, wenn dein Kind vor Stolz platzt und du nüchtern erwiderst: „Ja, ich habe gesehen, dass du dir viel Mühe gegeben hast." Bleib bitte authentisch und verbiege dich nicht. Überschütte dein Kind nicht mit Aufmerksamkeit, die du gar nicht fühlst, verweigere ihm aber auch nicht aufgrund irgendwelcher rationalen Erwägungen die Aufmerksamkeit, die du eigentlich schenken möchtest.

Kommunikation
Haben wir erst mal akzeptiert, dass Aufmerksamkeit nichts ist, was wir verteufeln müssen, bietet sich eigentlich folgende Entgegnung förmlich an:

„Oh, danke für den Hinweis! Dann sollte ich mich wohl gleich mal darum kümmern."

Ich finde das super entwaffnend, denn das Bedürfnis nach Aufmerksamkeit wird nicht irgendwie gerechtfertigt oder verteidigt, sondern einfach für ganz natürlich erklärt. Aber natürlich bietet dieses Feld auch viel Potenzial für Aufklärung.

„Wir alle brauchen Aufmerksamkeit. Das ist ein menschliches Bedürfnis. Wichtig ist es, zu lernen, wie man dieses Bedürfnis zum Ausdruck bringen kann."

„Du wirst recht haben, dass er/sie gerade Aufmerksamkeit einfordert. Seit der Geburt des Geschwisterchens/seit meinem beruflichen Wiedereinstieg hat sich viel geändert und wir alle müssen uns erst an die neue Situation gewöhnen."

„Lautes Einfordern von Aufmerksamkeit ist eigentlich eher eine Kompetenz, auch wenn dir dieses Verhalten vielleicht störend vorkommen mag. Dieses Kind steht mit seinen Möglichkeiten für sich ein."

Nun möchte ich deine Aufmerksamkeit auf deine eigenen Ideen lenken, wie du auf Aussagen wie diese reagieren kannst.
Oder kannst du dich daran erinnern, was du das letzte Mal geantwortet hast, als dieser Vorwurf kam?
Hier ist Platz für deine Notizen.

....

....

....

....

....

....

Das ist Bedürfnisorientierung

Jetzt habe ich viel darüber geschrieben, was alles Bullshit ist, aber noch nicht im Detail erklärt, was eigentlich Bedürfnisorientierung wirklich ausmacht. Es geht nämlich nicht nur darum, die Vorurteile gegenüber der bedürfnisorientieren Erziehung zu hinterfragen und zu entkräften, sondern auch darum, dass du ein solides Verständnis von dieser Haltung und ihren Herausforderungen bekommst.

Selbstbewusste bedürfnisorientierte Elternschaft entsteht in dir. Neben der Haltung sollen dafür auch die wissenschaftlichen Erkenntnisse rund um Erziehung und Bindung beleuchtet werden. Der Blick auf das Kind, seine Entwicklungsaufgaben und Bedürfnisse sowie der Blick auf dich selbst und eure Beziehung, euer Miteinander, sind das, was dich auf deinem Weg leitet – nicht, was andere von dir erwarten. Um das zu erreichen, habe ich im vorangegangenen Kapitel die Widerstände gegen diese Form der Kinderbegleitung zerschlagen und werde zu einem späteren Zeitpunkt noch beleuchten, wie du zum Beispiel deinen Partner oder deine Partnerin ins Boot holen kannst. Jetzt aber will ich mit dir die Grundsätze der bedürfnisorientierten Erziehung genauer anschauen.

Wir sind Cycle-Breaker

Die schwierigste Aufgabe, die mit der Entscheidung, bedürfnisorientiert zu erziehen, einhergeht, ist nicht etwa, diesen Erziehungsansatz anderen gegenüber zu verteidigen oder die Partnerperson ins Boot zu holen – auch, wenn das wahrlich sehr anstrengend ist oder sein kann. Nein, die schwierigste Aufgabe ist der Kampf, der in unserem Inneren tobt. Denn leider ist es mit der Entscheidung, es anders zu machen, nicht getan, obwohl das natürlich schon mal ein essenziell wichtiger Schritt in diese Richtung ist. Mehr als alles andere kann uns beim Elternsein das im Weg stehen, was unsere Kindheit geprägt hat: der Umgang mit uns und allem, was uns ausmacht.

Wie wir schon gesehen haben, ist unser Verhalten von dem geprägt, was wir in unserer Kindheit erlebt haben. Viele dieser Prägungen sind unbewusst, das heißt, du denkst in dem Moment der Handlung NICHT: „Oh, ich handle so, weil ich früher auch so behandelt wurde." Du denkst und fühlst auch NICHT: „Oh, ich denke heute schlecht über mich, weil einer meiner Elternteile mir immer das Gefühl gegeben hat, ich sei nicht gut genug." Diese Dinge laufen im Hintergrund ab, sie sind wie die Basisprogrammierung unseres Gehirns.

Jetzt kommt aber der Clou: Viele der Verhaltensweisen, die unsere Eltern an den Tag gelegt haben, waren auch bereits das Produkt ihrer Kindheitsprägungen und liefen auch bei unseren Eltern unbewusst ab. Wir befinden uns also in einer Reihe der unbewussten Prägungen: **dem Zyklus der generationalen Weitergabe.** Ich habe das bereits erklärt. Um diesen Kreislauf zu durchbrechen, braucht es einen Bruch. Die bewusste Entscheidung, diese Prägungen nicht weiterzugeben.

Es hört mit dir auf!
Du kannst den Zyklus brechen und es anders machen

Aber damit nicht genug. Es braucht die Auseinandersetzung mit den Prägungen und die aktive Reflexion eigener Verhaltens- und Denkmuster. Es braucht Heilung. Das tut weh, ist harte Arbeit und ein aufreibender Prozess. Diese Auseinandersetzung ist ein zentraler Aspekt des bedürfnisorientierten Weges. Die Bereitschaft, die Muster der Vergangenheit zu erkennen und zu bearbeiten, ist Teil der Haltung, um die es hier geht.

Unsere Kinder sind uns dabei eine große Hilfe, denn sie drücken mit erstaunlicher Treffsicherheit und großer Ausdauer genau die Knöpfe, die diese Muster zum Vorschein bringen. Sie reizen uns genau mit den Themen, mit denen wir Schwierigkeiten haben. Womöglich triggern sie sogar traumatische Gefühle und Erlebnisse, die in uns verschüttet waren. Das ist gar nicht so unlogisch, wie es vielleicht im ersten Moment klingen mag. Unser kinderloses Erwachsenenleben beschäftigt sich meist mit ganz anderen Themen und Aufgaben als unser Elterndasein. Werden wir Eltern, werden wir zum ersten Mal wieder mit Kindheit konfrontiert, nur dieses Mal auf der anderen Seite des Machtspektrums. Das zwingt uns förmlich, uns auch noch mal mit der Zeit zu befassen, in der wir selbst Kinder waren. Und zwar meist genau mit der gleichen Zeitspanne, in der sich unser Kind gerade befindet. Wir werden in eine Phase unseres Lebens katapultiert, zumindest unser Unterbewusstsein, in der wir hilflos, abhängig und ohnmächtig waren.

Einiges davon läuft ganz bewusst ab, vielleicht auch im Gespräch mit der Partnerperson, wenn wir uns darüber austauschen, was für Eltern wir sein wollen, welche Erfahrungen wir in der Kindheit gemacht haben und welche davon wir gerne wiederholen oder auf jeden Fall vermeiden wollen. Etwas, das ich aus meiner Kindheit unbedingt auf mein Elternsein übertragen wollte, war das Gefühl, das mir meine Mutter gegeben hat, ich könne mit ihr über wirklich alles reden. Aber nicht alles haben wir so bewusst vor Augen wie ich diesen Wunsch nach einer guten Eltern-Kind-Kommunikation.

Einiges läuft unbewusst ab und greift uns aus dem Nichts in einer Auslösesituation an. So war es bei mir mit der Einschlafbegleitung. Ich habe mich ganz bewusst dafür entschieden, dass ich meinen Sohn einschlafbegleiten möchte, weil ich sehr klare Erinnerungen daran habe, wie unangenehm und teilweise angsteinflößend ich es als Kind fand, allein einschlafen zu müssen. Einschlafen war daher für mich auch sehr lange Zeit eine sehr schwierige Angelegenheit und ich benötigte eigentlich immer irgendwelche akustischen Reize, wie Hörspiele oder Musik, um einschlafen zu können. Ich wollte es also unbedingt anders machen.

Trotz dieser bewussten Entscheidung stellte ich schnell fest, dass mich die Einschlafsituation mit meinem Sohn unfassbar zornig machte. Unverhältnismäßig zornig. Irgendetwas in mir tobte, wenn es darum ging, ruhig neben ihm zu liegen und darauf zu warten, bis er eingeschlafen war. Was natürlich dadurch umso länger dauerte. Wer kann sich schon neben jemandem entspannen, der einen Puls von 180 hat?

Als erste Sofortmaßnahme übernahm mein Mann die Einschlafbegleitung, während ich mich mit einer befreundeten Familienberaterin auf die Suche nach der Quelle dieser irrationalen Wut machte. Wenig überraschend waren es unter anderem die Erfahrung als Kind, in einer Situation der Angst alleingelassen zu sein, und das Erleben, was geschah, wenn ich mich als Kind dagegen auflehnte. Vielleicht kann man es sich ein bisschen so vorstellen, dass ich Jahre später stellvertretend für das kleine Mädchen, das einst dieser Situation ausgeliefert war, wütend wurde.

Als Cycle-Breaker ist es nicht unwahrscheinlich, dass du Hilfe brauchen wirst. Bist du ein sehr reflektierter Mensch, wirst du vermutlich in der Lage sein, die Auslösesituationen zu erkennen. Du merkst, wann du plötzlich Dinge sagst und tust, die du eigentlich nicht sagen oder tun wolltest. Es fällt dir auf, dass du unter Stress oder in emotionalen Momenten wie dein Vater oder deine Mutter klingst und mit denselben Phrasen um dich wirfst, wie sie es damals getan haben. Plötzlich schreist du „Mach, dass du mir aus den Augen gehst!“ oder „Immer machst du mir Ärger!“ Hinterher stehst du wie vom Donner gerührt da und schämst dich, fühlst dich schuldig, weil du dir doch fest vorgenommen hast, so nicht zu sein.

Hinweise auf Auslösesituationen sind auch Momente, die unverhältnismäßig starke Gefühle in dir auslösen. Unverhältnismäßig soll heißen, dass die emotionale Reaktion überhaupt nicht zur eigentlichen Situation passt. So wie meine Wut und die eigentliche friedliche Einschlafsituation. Oder wie bei einer Mutter in der Familienbegleitung, die vom Kopf her wusste, dass Kleinkinder beim Essen kleckern, sie lernen ja gerade erst, wie das funktioniert. Aber wenn es geschah, löste das in ihr ein tiefsitzendes Angstprogramm aus, das fast bis zur Panikattacke reichte. Von außen betrachtet absolut unlogisch. Eine so starke Reaktion auf Kleckern? Mit Blick in ihre Geschichte jedoch recht nachvollziehbar, denn in ihrer Kindheit wurde Kleckern schwer bestraft.

Die eigenen Auslösesituationen zu finden ist also in manchen Fällen machbar, sie drängen sich uns förmlich, oft durch die Interaktion mit unseren Kindern, auf. Die dahinterliegenden Verletzungen zu bearbeiten und zu heilen ist hingegen ziemlich schwer und bedarf in vielen Fällen, wie eingangs erwähnt, Hilfe. Familien- oder Elternberatungsangebote können hier sehr hilfreich sein, ebenso wie Psychotherapie. Letzteres besonders dann, wenn es gilt, Traumata aufzuarbeiten.

DEN KREISLAUF DURCHBRECHEN MIT PSYCHOTHERAPIE

Möchtest du dir für deine Weg als Mutter oder Vater Hilfe in Form von Psychotherapie suchen, so gibt es verschiedenen Ansätze, die dir dabei helfen können. Nicht alle Therapeut*innen arbeiten mit denselben Methoden und nicht jede Methode passt zu jedem Menschen. Einige Ansätze arbeiten imaginativ, das heißt, sie bedienen sich deiner Vorstellungskraft. Kraft deiner Vorstellung heilst du dann beispielweise dein inneres Kind oder schlüpfst symbolisch in unterschiedliche Perspektiven und Rollen.

Geht es um ein konkretes Trauma, bietet sich die EMDR-Therapie an, die mit Augenbewegungen an einer Desensibilisierung arbeitet. Möchtest du deine Vergangenheit gut ausleuchten und unbewusste Konflikte und Beziehungsmuster aufdecken, sind analytische und tiefenpsychologische Methoden gut geeignet.

Für die Veränderung ganz konkreter, gelernter Verhaltensmuster und Kognitionen hat sich die (kognitive) Verhaltenstherapie als sehr wirksam erwiesen. Informiere dich im Vorfeld über die einzelnen Methoden, damit du den Ansatz finden kannst, der zu dir passt.

Stolperfallen für Cycle-Breaker

Den Kreis der generationalen Weitergaben von ungesunden Bindungsmustern, selbstwertschädigenden Erziehungspraktiken und traumatischen Kindheitserlebnissen zu durchbrechen, ist ein starker Schritt, der viel Arbeit an einem selbst erfordert und entsprechend viel Kraft kostet. Besonders, wenn man sich selbst heilen muss, während man ein kleines Kind versorgt, umsorgt und großliebt. Und dann hat das Cycle Breaking auch noch Stolperfallen!

Die erste Stolperfalle haben wir oben schon beleuchtet, nämlich, dass viele unserer Kindheitsprägungen unbewusst sind und du sie womöglich nur mit therapeutischer Hilfe überhaupt entdecken und bearbeiten kannst. Aber auch die bewussten Entscheidungen, prägende Erfahrungen aus der Kindheit weiterzugeben oder zu vermeiden, beinhalten das Potenzial für Probleme, denn sie lassen etwas Wichtiges außer Acht: dein Kind. Seine Bedürfnisse, seine Eigenheiten, seine Persönlichkeit. Ich erkläre dir, was ich mit dieser zweiten Stolperfalle meine.

Nehmen wir noch mal meine eigene Geschichte in Sachen Einschlafen. Aufgrund meiner persönlichen Erfahrungen hatte ich entschieden, es anders zu machen. Nicht nur habe ich mich für Einschlafbegleitung entschieden, ich habe mich auch für ein Familienbett entschieden. Ein Glück, dass das für uns gepasst hat. Mein Sohn hätte ja auch ein unruhiger Schläfer werden und wir im Familienbett keine Ruhe finden können. Oder es hätte passieren können, dass er neben mir nicht gut schlafen kann, weil ich schnarche oder träume oder zapple. Oder dass es meinem Mann oder unserer Beziehung nicht gut damit geht. Es hätte sein können, dass das Familienbett einfach nichts für uns gewesen wäre, aus welchem Grund auch immer. Wäre ich dann von meiner felsenfesten Überzeugung, es anders als meine Eltern zu machen, abgerückt? Oder hätte ich daran festgehalten und versucht, an allen möglichen Stellschrauben zu drehen, damit wir das doch schaffen, was ich mir vorgenommen und so harmonisch kuschlig vorgestellt habe? Ich weiß es nicht.

Aber ich erlebe in der Familienbegleitung oft genug, dass wir vor lauter „Bei meinem Kind mache ich es anders!" aus dem Blick verlieren, was wir selbst, unser Kind, unsere Partnerperson, unsere Paarbeziehung und unsere Familie brauchen. **Ich, du, wir, unser Kind, wir als Familie.** Das ist eine Waage mit vielen Pendeln. Sie ins Gleichgewicht zu bringen ist schon ohne den Anspruch, es unbedingt anders machen zu wollen, schwer genug. Ich denke, dieser Anspruch ist eine sehr gute Motivation, die eigenen Kindheitserfahrungen und das eigene Erziehungsverhalten zu reflektieren. Aber er allein darf euch nicht den Weg weisen. Die Bedürfnisse der einzelnen Familienmitglieder und der Familie als Gemeinschaft, die weisen euch den Weg.

Ich habe dir schon Möglichkeiten aufgezeigt, den Kreis zu durchbrechen: das bewusste Reflektieren deiner Kindheit, deiner Muster und das achtsame Identifizieren deiner Auslöser. Also die Arbeit an dir selbst. Das machst du teilweise mit dir selbst aus, holst dir Inspiration bei anderen oder in Büchern oder du hast Unterstützung durch eine nahestehende Person. Vielleicht hast du auch professionelle Hilfe, je nachdem, wie schwer sich der Kreis, in dem du gefangen bist, durchbrechen lässt. Das kann bei traumatischen Kindheitserlebnissen der

Fall sein. Nahestehende Personen, wie deine Partnerperson, können dir dabei helfen, wenn ihr eine offene und ehrliche sowie wertfreie und unterstützende Kommunikation pflegt. Darauf gehe ich später noch mal intensiver ein (Kapitel → „Partnerschaft auf Augenhöhe“).

Auch dein Kind ist dir eine große Hilfe, den Weg aus dem Kreis heraus zu beleuchten, wenn es dir gegenüber vertrauensvoll und angstfrei seine Bedürfnisse, Gedanken, Gefühle, Sorgen und Ängste kommunizieren kann. Wie sonst sollst du für deine Familie ein Bedürfnisgleichgewicht herstellen, wenn diese nicht offen kommuniziert werden können. Außerdem kannst du vermutlich nicht Gedanken lesen und kannst nicht wissen, was deine Partnerperson oder dein Kind verletzt. Vielleicht ist es etwas ganz anderes, als du vermutest.

> **Gib deinem Kind den Raum und das Recht, über alles mir dir zu reden und dich auch zu kritisieren, dann hilft es dir dabei, den Kreis zu durchbrechen.**

Um das zu erreichen, ist es wichtig, einen Raum aufzumachen, der offene Kommunikation und auch konstruktive Kritik zulässt. Es ist nie leicht, auf seine Fehler hingewiesen zu werden. Wir werden dann verteidigend, abwehrend, gehen selbst zum Angriff über oder ziehen uns verletzt zurück. Da die wenigsten von uns einen gesunden Umgang mit Gefühlen – und somit auch mit der Frustration, die durch Kritik ausgelöst wird – gelernt haben, ist das verständlich. Und ich will hier auch gar keinen Druck auf dich ausüben und dich auffordern, ab sofort anders zu fühlen. Aber ich möchte dich einladen, nach und nach den Raum zu öffnen, auch wenn das erst mal so aussieht, dass du nach dem anfänglichen Ärger in Ruhe über das Mitgeteilte nachdenkst und dann noch mal das Gespräch suchst.

Du musst den Kreis nicht allein durchbrechen. Nimm deine Liebsten an die Hand, gib ihnen die Chance, dich zu unterstützen. Macht es gemeinsam.

Die grundsätzliche Haltung

Wer diesen steinigen Weg auf sich nimmt, der weiß: Bedürfnisorientierte Erziehung ist kein Trend oder eine Modeerscheinung. Sie ist auch kein Dogmatismus, dessen starrer Wortlaut peinlichst genau befolgt werden muss. Sie ist eine Haltung, die den Umgang mit denen, die uns schutzbefohlen sind und somit unserer Macht ausgeliefert sind, ganz bewusst reflektiert. Diese Haltung nimmt man sich selbst gegenüber genauso ein wie der Partnerperson und den Kindern gegenüber. In ihr wohnt der Wunsch nach einem kooperativen Miteinander. Sie besteht nicht aus klaren Verhaltensweisen, auch wenn sie oft so missverstanden wird. Sie ist keine aufopfernde Bedürfnisjagd oder das Abarbeiten einer Checkliste. Es geht dabei nicht darum, dass ein Kind unbedingt getragen oder lange gestillt werden muss. Auch das Familienbett ist keine notwendige Bedingung für diese Haltung.

Fürsorgetätigkeiten wie diese sind, so sie eingesetzt werden, Begleiterscheinungen, die sich aus der Haltung ergeben. Denn der bedürfnisorientierte Weg ist die Antwort auf eine Zeit, in der kindliche Bedürfnisse und Perspektiven ausgeblendet wurden. Das wird nun korrigiert und fließt in die Gleichung mit ein. Gleichzeitig darf das Pendel nicht in die Gegenrichtung ausschlagen, denn dann sprechen wir von Kindzentrierung, Überbehüten und, wie es manchmal abwertend bezeichnet wird, „Helikoptern“. Im amerikanischen wird sogar manchmal von „Rasenmäher-Eltern“ gesprochen, die ihren Kindern jedes Hindernis aus dem Weg mähen.

In einer bedürfnisorientiert lebenden Familie **sind alle Bedürfnisse gleichwertig, nur eben zeitweise unterschiedlich dringend.** Das ist der entscheidende Unterschied zur autoritären Erziehung, in der die elterlichen Bedürfnisse maßgeblich waren. Im Fall der bedürfnisorientierten Erziehung steht die Überzeugung im Mittelpunkt, dass die individuellen Bedürfnisse und die Persönlichkeit des Kindes ebenfalls Beachtung finden sollten. Die Bedürfnisse aller Familienmitglieder werden geachtet und nach Möglichkeit erfüllt, wobei es selbstverständlich immer wieder notwendig sein wird, Prioritäten zu setzen und einem gewissen Bedürfnis Vorrang zu geben. Das ist allerdings kein Beinbruch, denn auch hier entstehen Entwicklungschancen. Geduld, der Umgang mit Frust und Kooperation können in solchen Momenten erlernt, erprobt und gestärkt werden.

Neben der Achtung der Bedürfnisse ist es ein zentrales Merkmal der bedürfnisorientierten Haltung, dass Kinder keine Lehmklumpen sind, die durch Erziehung geformt werden müssen. Sie brauchen zuverlässige und zugewandte Bezugspersonen, die ihnen dabei helfen, ihre Entwicklungsaufgaben in einem gesunden und geschützten Rahmen zu bewältigen. Das bedeutet, sie sind keine passiven Befehlsempfänger, sondern **eigenständige Individuen,** die ihr eigenes Temperament, ihre eigene Persönlichkeit, einzigartige Bedürfnisausprägungen und Gefühle mitbringen. Daher ergibt es auch viel mehr Sinn, sich nicht mit starren Erziehungsregeln an die Herausforderungen der Elternschaft zu machen, sondern mit dem Wunsch, das eigene Kind kennenzulernen. Wir sind **neugierig** auf unser Kind und **offen** dafür, wer es wohl sein wird. Geleitet von diesem Wunsch, den unsere Kinder übrigens von Anfang an mitbringen und deutlich zeigen, entsteht ein Entwicklungsraum voller **Respekt und Kooperation.** Ein zusammenwirkendes Miteinander.

Für dieses Miteinander ist die Förderung von **Autonomie und Selbstbestimmung** ein zentrales Prinzip, denn auf Augenhöhe können Menschen nur agieren, wenn beide Seiten mitbestimmen können. Das funktioniert weder, wenn die Eltern von oben nach unten, aus ihrer Machtposition heraus, entscheiden, noch, wenn das Kind den Ton angibt und Eltern alle erdenklichen Hindernisse aus dem Weg schaffen. Stattdessen kommt Eltern mit ihrem Vorsprung an Lebenserfahrung eine begleitende Mentorenrolle mit **Schutzauftrag** zu. Im Rahmen ihrer Fürsorgepflicht nutzen sie ihre naturgegebene Autorität, um Entscheidungen zu treffen, die für das gesunde Aufwachsen des Kindes notwendig sind und für deren mögliche Auswirkungen dem Kind noch die nötige Weitsicht fehlt.

Die Gefahr von Diabetes durch übermäßigen, anhaltenden Zuckerkonsum ist für kleine Kinder einfach noch nicht absehbar. Genauso wenig, wie sie die Gefahr einer bestimmten Krankheit für sich oder andere abschätzen können. Sie wollen einfach nur den schmerzhaften Piks durch die Impfnadel vermeiden. Und wer will ihnen das verdenken? Die Selbstbestimmung des Kindes wird dadurch gefördert, dass dem Kind altersadäquat überlassen wird, Entscheidungen selbst zu treffen und Verantwortung zu übernehmen. Wo das nicht möglich ist, helfen Erklärungen und das Begleiten der Gefühle dem Kind, sich trotz der gefühlten Machtlosigkeit sicher zu fühlen.

Womit wir bei einem weiteren zentralen Aspekt der bedürfnisorientierten Erziehung wären, dem **respektvollen Umgang mit Gefühlen.** Hier gilt die Devise:

> Man kann nur den Umgang mit den Gefühlen erlernen, die man auch fühlen darf.

Anstatt Gefühle zu unterdrücken oder gar zu bestrafen, wird Kindern beigebracht, ihre Emotionen zu verstehen und sie zu regulieren. Eltern leben einen konstruktiven Umgang mit Gefühlen und begleiten dabei, diesen selbst zu erlernen.

Hier liegt für viele Eltern eine große Hürde, denn sie haben selbst in ihrer Kindheit nicht gelernt, ihre Gefühle zu artikulieren und gesund zu regulieren. Viele von uns kennen Sätze wie „Ach was, nichts passiert, kein Grund zu weinen“ oder „Geh auf dein Zimmer und komm erst wieder, wenn du dich beruhigt hast!“ Von der indigenen Bevölkerung Nordamerikas, die angeblich keinen Schmerz kennt, mal ganz abgesehen. Auch heute noch höre ich Berichte von Eltern, die in ihrer Kindheit zu hören bekommen haben: „Hör auf zu weinen, oder ich geb‘ dir einen Grund!“, um mal nur ein schreckliches Beispiel dafür zu nennen, warum Heute-Eltern gelernt haben, ihre Gefühle zu verstecken und zu unterdrücken. Und ich befürchte, Jungs hatten es in Bezug darauf noch um einiges schwerer als Mädchen, da die männliche Sozialisation keinen irgendwie gearteten negativen Gefühlsausdruck vorsah (und teilweise immer noch nicht vorsieht).

Wer sich für dieses Thema näher interessiert, dem sei das Buch „Prinzessinnenjungs" von Nils Pickert sehr ans Herzen gelegt (Pickert, 2020). Gesellschaftliche Normen, gekleidet im „weil man das so macht"-Mantel, zu hinterfragen, ist Teil der Aufarbeitung unserer Geschichte und somit ein Teil unserer bedürfnisorientieren Bewegung. Eltern, die sich für diesen Weg der Begleitung entscheiden oder ihn intuitiv einschlagen, sind bereit, ihre eigene Geschichte sowie Muster zu hinterfragen und zu bearbeiten, wenn nötig. Ebenso werfen sie einen kritischen Blick auf das, was war, das, was ist, und das, was sein wird.

Besonders die **„Zukunftsorientierung"**, wie ich es hier mal nennen möchte, hilft hin und wieder über so manch anstrengende Phase hinweg. Wenn man gerade daran verzweifelt, dass das eigene Kind so willensstark ist, kann es tröstend sein zu wissen, dass es sich diese Eigenschaft bis ins Erwachsenenalter bewahren kann, wenn man seinen Willen nicht bricht. Es ist ein Bewusstsein dafür, dass unser Verhalten – das dauerhaft gezeigte Verhalten wohlgemerkt! – unsere Kinder prägt. Oder wie Herbert Renz-Polster es in seinem Hörbuch „Erziehung prägt Gesinnung" beschreibt: „In der Kindheit bildet sich der seelische Maßstab, mit welcher Gesinnung wir einmal durchs Leben gehen werden. In der Kindheit erfahren wir, ob es im menschlichen Miteinander um Macht und Überlegenheit geht, oder aber um Vertrauen und Zusammenarbeit." (Renz-Polster, 2019) Das heißt, wir spüren die Verantwortung sehr deutlich, sollten dabei aber stets beachten, dass wir unseren Einfluss auch nicht massiv überschätzen und unter dem Druck, einen perfekten Menschen großzuziehen, zerbrechen.

Wir bilden, wie Herbert Renz-Polster sagt, den Maßstab, nicht die komplette Person aus. Wir legen den Grundstein, wir formen nicht jedes Detail unserer Kinder aus. Daher halte ich **Nachsicht** für einen bedeutenden Aspekt der bedürfnisorientierten Haltung. Nachsicht für dein Kind, das noch am Anfang seines Lebens steht und noch so viel lernen und Fehler machen muss. Und Nachsicht für dich selbst und deine Partnerperson, die ihr am Anfang eurer Elternreise steht und ebenfalls noch viel lernen und Fehler machen müsst.

Eine Haltung zu beschreiben ist gar nicht so einfach. Jede*r wählt andere Worte, um eine solche Einstellung zu beschreiben und doch meinen viele etwas sehr Ähnliches, wenn nicht gar dasselbe. Was mir unter anderem dabei hilft, ist die Formel, auf die es die Wissenschaftsjournalistin Michaeleen Doucleff in ihrem Buch „Hunt Gather Parent: What ancient cultures can teach us about the lost art of raising happy, helpful little humans“ gebracht hat. Als Wissenschaftsjournalistin beobachtete sie andere Völker bei der Erziehung ihrer Kinder und verglich das mit den Ansätzen der westlichen Kultur, die bereits früh von Leistungs- und Förderungsgedanken geprägt ist. Aus diesen Beobachtungen leitete sie vier Kernmerkmale ab, die sie unter dem Akronym TEAM-Parenting sammelte.

T – Togetherness (Zusammengehörigkeit/Miteinander)
E – Encouragement (Ermutigung)
A – Autonomy (Autonomie)
M – Minimal Intervention (Minimales Einmischen)

Sie stellte fest, dass das Leben vieler Kinder in anderen Ländern und anderen Kulturen nicht aus einer Aneinanderreihung von Freizeitaktivitäten und Förderangeboten bestand, sondern in einem **miteinander** gelebten Alltag, in dem jeder seine Aufgabe hat und sich am Familienleben beteiligt (Doucleff, 2022).

Das erinnert dich vielleicht an den Satz „Dein Alltag ist ihre Kindheit“. Bei vielen Eltern, mit denen ich arbeite, löst dieser Satz Stress aus. Sollte Kindheit nicht Spiel, Spaß und Einhornglitzer sein? Zoobesuch und Geigenunterricht? Dem wichtigen Gefühl, zu einer Gemeinschaft zu gehören und etwas beizutragen, kann dieser Schutzraum „Kindheit“ jedoch abträglich sein.

Es gibt eine Zeit in der Kindheit, in der Kinder genau das einfordern. Nichts ist spannender, als Mama oder Papa beim Ein- und Ausräumen der Spülmaschine zu helfen. Und was machen wir? Wir rufen „Oh nein, lass das, das kann runterfallen und zerbrechen!“ Zehn Jahre später ärgert man sich über den Teenie, der nicht mal im Ansatz auf die Idee kommt, mitzuhelfen. Wir haben die Hilfsbereitschaft und den Wunsch, einen Beitrag zu leisten, wieder abtrainiert, mit unserer Vorsicht und unserer Einmischung. Das macht gleichzeitig auch deutlich, warum sich Michaeleen Doucleff für **minimale Einmischung** ausspricht. Die schützende Fürsorgepflicht von Eltern bleibt; allerdings fordert sie, dass wir unseren Kindern viel mehr zutrauen und ihnen mehr Chancen geben, zu lernen und sich zu entwickeln. Statt sie zu tadeln oder zu bestrafen, wenn sie etwas nicht so erledigen, wie wir es wollen, sollten wir sie **ermutigen,** ihren eigenen Weg zu finden. Niemand hilft gern oder übernimmt eine Aufgabe im gemeinsamen Haushalt, wenn er sie ständig „falsch“ macht. Wenn es nicht genau *so* erledigt wird, wie wir es uns vorstellen. Auch in der Arbeitswelt kennt man das Phänomen, dass man einer Sache überdrüssig wird, wenn man sie gefühlt niemals richtig machen kann. Ermutigung meint, den Weg nicht vorzugeben, sondern das Kind zum Beispiel mit Fragen selbst auf eine Lösung kommen zu lassen und ihm dann vielleicht bei der Umsetzung zu helfen. Im Sinne der **Autonomieförderung** geschieht dies dann auf Wunsch oder aus einer Notwendigkeit heraus und auch nur, soweit es wirklich notwendig ist. Nicht mehr und nicht weniger.

Das sagt die Wissenschaft

Die bedürfnisorientierte Erziehung stützt sich auf mehrere wissenschaftliche Säulen. Auf Erfahrung oder Beobachtung gründende Belege dafür, welche Bedeutung erfüllte Grundbedürfnisse für eine gesunde Entwicklung haben, findet man in einer Vielzahl psychologischer, medizinischer, kinderpsychiatrischer, soziologischer und erziehungswissenschaftlicher Untersuchungen. Alle ergaben, dass positive Erfahrungen hinsichtlich der Bedürfnisbefriedigung dauerhafte positive Effekte auslösen und sogar weniger günstige Lebensumstände abmildern (Kracke & Noack, 2019). Das Wissen darum ist wichtig, wenn du diesen Weg selbstbewusst beschreiten möchtest und ihn gegebenenfalls auch nach außen vertreten möchtest. Klaus Schneewind fasste den jahrzehntelangen Forschungsstand 1995 wie folgt zusammen: „Unabhängig von den bevorzugten theoretischen Positionen und auch unabhängig von den gewählten Methoden ergibt sich – zumindest für den westlichen Kulturkreis – eine Konvergenz [= Übereinstimmung] der Forschungsbefunde, die sich auf den Nenner bringen lassen: Eltern, die auf die Erziehung ihrer Kinder mit Zuneigung und emotionaler Wärme, mit klaren und erklärbaren Regeln, mit der Bereitstellung entwicklungsangemessener Anregungsbedingungen und mit der Gewährung sich erweiternder Handlungsspielräume Einfluss nehmen, können im Schnitt damit rechnen, dass ihre Kinder sich zu selbstbewussten, emotional stabilen, sozial kompetenten, selbstverantwortlichen und leistungsfähigen Personen entwickeln." (Schneewind, 1995, S. 156)

Eine zentrale Säule der bedürfnisorientierten Erziehung ist die Erziehungswissenschaft. Dort ist man sich weitestgehend einig, dass ein autoritativ-partizipativer Erziehungsstil dem Kind die besten Voraussetzungen für eine gesunde Entwicklung liefert. Man spricht vom Erziehungs*stil*, weil es sich nicht um einzelne kleine Verhaltensweisen, sondern um das konstante Verhalten dem Kind gegenüber handelt. Die autoritative Form wird mit viel Zuwendung, Wärme, Unterstützung, hoher Selbstständigkeit bei hohem Interesse an der Entwicklung des Kindes beschrieben. Das deckt sich mit den Merkmalen der bedürfnisorientierten Erziehung. Für diesen Erziehungsstil konnte eine ausgewogene Balance zwischen Eltern- und Kind-Bedürfnissen gezeigt werden.

Die amerikanische Entwicklungspsychologin Diana Baumrind erforschte die verschiedenen Erziehungsstile und ihre Auswirkungen über Jahrzehnte und gilt als eine der führenden Forscher*innen auf diesem Gebiet. Ihre Studien, von ihrer ersten Publikation über Erziehungsstile (Baumrind, 1966) bis hin zur letzten Veröffentlichung 2008 (Baumrind, 2008) zeigen, dass Kinder von Eltern mit einem autoritativen Erziehungsstil ein hohes Maß an Selbstwirksamkeit, das höchste Maß an kognitiven Kompetenzen, ausgeprägte soziale Fähigkeiten bei gleichzeitig geringem Widerstandsverhalten entwickelten. Sie waren durchweg kooperativer. Baumrind fand außerdem heraus, dass der Einfluss von Erziehung in den Vorschul- und Grundschuljahren am stärksten ist. Die Dimensionen, die die kognitive Entwicklung und das Sozialverhalten der Kinder am meisten fördern, sind ihr zufolge die elterliche Unterstützung (in Form von Akzeptanz und Zuwendung), die Grenzsetzung und die Autonomieförderung (Baumrind, 1991). Neuere Ergebnisse bestätigen das. Bedürfnisorientiert aufwachsende Kinder weisen in der Regel eine höhere emotionale Intelligenz auf, sind verantwortungsbewusster, können ihre Gefühle besser regulieren, sind selbstbewusst und fühlen sich kompetent (Delvecchio et al., 2020; Ahnert & Spangler, 2014; Bernier et al., 2010; Baumrind, 2008; Morris et al., 2007).

Die Forschung hat sich auch damit beschäftigt, welche Faktoren Kinder davor schützen, später psychisch zu erkranken. Das Ergebnis: Eine bedürfnisorientierte Erziehung hat langfristig positive Auswirkungen auf die psychische Gesundheit (Egle, Hoffmann & Steffens, 1997). Das bestätigen auch die Befunde der Psychologinnen Annie Bernier und Stephanie M. Carlson, die dem Erziehungsverhalten der Eltern eine besondere Rolle bei der Entwicklung der Selbstregulation beimessen (Bernier et al., 2010; Carlson, 2003). Sie betonen dabei, wie förderlich eine durch Wärme und Lenkung gekennzeichnete Erziehung ist, während ein autoritärer Erziehungsstil mit negativen Effekten auf die Selbstregulationskompetenz einhergeht. Die Fähigkeit zur Selbstregulation ist auch laut laut der klinischen Psychologin Terrie Moffitt ein wichtiger Faktor für den Erfolg in der Schule und für die psychische und körperliche Gesundheit (Moffitt et al., 2011).

Die Bedeutung des Eltern-Kind-Dialogs, der in der bedürfnisorientierten Erziehung ja ein zentrales Element ist, wurde vom Psychologieprofessor Dr. John Gottmann und der klinischen Psychologin Dr. Julie Gottmann hervorgehoben. Sie zeigten, dass in jenen Familien, in denen auf einen respektvollen und konstruktiven Dialog gesetzt wird, eine höhere emotionale Intelligenz und bessere soziale Fähigkeiten entwickelt werden (Gottmann, 2018).

Nicht unerwähnt bleiben darf, dass die Erziehungswissenschaft für ihre Empfehlungen aber auch die Umwelt der heranwachsenden Person nicht außer Acht lässt. Bestimmte Lebensräume können eine straffere Erziehung, bezogen auf die Grenzsetzung, notwendig machen. Für ethnische Minderheiten in den Vereinigten Staaten überwogen die Vorteile einer autoritären Erziehung, so die Entwicklungspsychologen Marwan Dwairy und Mustafa Achoui (Dwairy & Achoui, 2006). Jeder Lebensraum macht andere Entwicklungen notwendig, für Eltern wie für Kinder. Erziehung geschieht nicht im luftleeren Raum, sie ist in einen kulturellen Kontext eingebettet. Das heißt, die Normen und Werte nehmen Einfluss auf uns als Personen, unsere Familie und die Entwicklung unserer Kinder. Das ist auch einer der Gründe, warum es nicht DIE richtige Erziehung gibt. Es gibt Merkmale, die sich als fördernder für eine gesunde Entwicklung erwiesen haben als andere. Ja. Und es ist gut und wichtig, diese zu kennen, sie nach Möglichkeit auch zu verinnerlichen.

„Den Weg zur ‚richtigen' Erziehung muss jeder selbst finden. Und das ist gut so. Denn der Rahmen, in dem wir leben, denken und arbeiten, wird ja immer wieder neu geschaffen, mit jeder Generation, in jeder Gesellschaft, jeder sozialen Schicht, jeder Familie", schreibt Herbert Renz-Polster dazu in seinem Buch „Menschenkinder" (Renz-Polster, 2016, S. 226). Die bedürfnisorientierte Erziehung hat das im Gepäck, denn in ihre Ausgestaltung fließen die Bedürfnisse des Kindes, der Eltern, des Familiensystems, der Gemeinschaft und des Lebensraumes ein. Das klingt jetzt komplizierter als es ist, denn vieles davon machen wir als Eltern ganz automatisch. Wir kennen die „Bedürfnisse" unserer Gesellschaft, wir wissen, welche Spielregeln in ihr gelten und leben diese unseren Kindern vor. Wir begleiten sie dabei, diese zu erlernen und ihren eigenen Umgang damit zu finden. Vielleicht begleiten wir sie auch dabei, sie auf konstruktive Weise zu hinterfragen. Auch das kann bedürfnisorientiert sein, denn jede Generation bringt neuen Wind, neue Gedanken mit sich. Um diese hinaus in die Welt zu tragen, brauchen unsere Kinder jedoch ein solides Fundament. Und hier kommt eine weitere tragende Säule in Spiel: die Bindungstheorie.

Die bedürfnisorientierte Erziehung fördert mit großer Wahrscheinlichkeit eine sichere Eltern-Kind-Bindung. Ist ein Kind sicher gebunden, empfindet es seine Eltern als sichere Anlaufstelle, einen Ort, an den man immer kommen kann und wo Bedürfnisse adäquat und feinfühlig beantwortet werden. Diese Sicherheit ermöglicht es ihnen wiederum, ihren Wunsch nach Autonomie zu entfalten und sich Stück für Stück abzulösen. Immer mit dem Wissen im Herzen, dass da jemand ist, der mich auffängt, wenn ich falle.

Die Forschungsgruppe um die Wissenschaftler Bert Powell, Glen Cooper, Kent Hoffman und Bob Marvin erforscht im „Kreis der Sicherheit", einem Unterstützungsprogramm auf Basis der Bindungstheorie, seit Jahrzehnten die positiven Auswirkungen einer sicheren Bindung. Sie und andere konnten zeigen, dass sicher gebundene Kinder glücklicher sind, weniger Wut gegenüber ihren Eltern empfinden, starke und gesunde Beziehungen und Freundschaften eingehen und pflegen können, ein höheres Selbstwertgefühl haben, über konstruktive Problemlösefähigkeiten verfügen, in der Lage sind, Vertrauen zu schenken und optimistischer durchs Leben gehen. Sie vertrauen darauf, selbstwirksam zu sein und nehmen ihre Umwelt nicht als potenzielle Gefahr, sondern als wertvoll und unterstützend wahr.

Neben den vielen bereits beschriebenen positiven Auswirkungen einer Erziehungshaltung, die Wärme und Führung kombiniert, zeigte sich auch ein positiver Zusammenhang zwischen einer sicheren Bindung und dem Gefühl einer psychischen Sicherheit (Grossmann & Grossmann, 2012). Dieser Zusammenhang, unsere psychische Widerstandskraft, ist ein Schutzfaktor für unsere Psyche. Für die Vorbereitung auf eine ungewisse Zukunft in einer sich ständig wandelnden Welt erscheint mir das eine überaus wichtige Kraft zu sein.

Aber die Forschung liefert nicht nur Erkenntnisse über die positiven Auswirkungen auf unsere Kinder, sie betrachtet auch die Elternseite. Einen Aspekt möchte ich hier besonders hervorheben: Es zeigte sich, dass Bindungsmuster von einer Generation an die nächste weitergegeben werden. Das sind gute Nachrichten, wenn du selbst in deiner Kindheit sichere Bindungserfahrungen gemacht hast. Die Neurowissenschaft konnte zeigen, dass es einen Zusammenhang zwischen den eigenen sicheren Bindungserfahrungen und einem höheren Oxytocin-Spiegel gibt (Strathearn et al., 2009). Oxytocin, auch das Kuschel- oder Bindungshormon genannt, ist ein neurologischer Botenstoff, der unter anderem bei der Geburt eine wichtige Rolle spielt, da er die Kontraktionen auslöst und den Schmerz dämpft. Darüber hinaus ist es ein Hormon, das bei uns Menschen großes Wohlbefinden auslöst, es stärkt das Zusammengehörigkeitsgefühl. Es rüstet dich für die Herausforderungen der Elternschaft etwas besser. Außerdem kannst du in Erziehungsfragen mit großer Wahrscheinlichkeit besser auf deine Intuition zurückgreifen als Personen, denen diese Bindungserfahrungen nur wenig oder gar nicht beschert waren. Diese Erkenntnisse bergen aber auch eine Erklärung dafür, warum es Eltern heute so schwerfallen kann, trotz theoretischen Wissens um die Vorteile der bedürfnisorientierten Erziehung, diesen Weg auch im Alltag zu beschreiten. Dafür muss das alte Muster durchbrochen und überschrieben werden, und das geht eben nicht von heute auf morgen und rein durch Literaturstudium. Das haben wir im Kapitel → „Wir sind Cycle-Breaker“ ja bereits gesehen.

Das ist nicht bedürfnisorientiert

Wir müssen aber leider nicht nur Altes abschütteln, nein, wir müssen auch falsche Erziehungsdogmen erkennen und loslassen. Nicht alles, was sich bindungs- und bedürfnisorientiert nennt, ist bei genauerer Betrachtung auch wirklich bedürfnisorientiert. Oder zumindest nicht vollends. Wird Bedürfnisorientierung missverstanden und eher als Kindzentrierung gelebt, dann stolpern wir schnell über Probleme wie Überbehütung, elterliche Aufopferung, mütterliches Ausbrennen und ungesundes Verwöhnen, also das Vorwegnehmen von Entwicklungsaufgaben. Inke Hummel nennt das in ihrem Ratgeber „Nicht zu streng, nicht zu eng", der anschaulich die Entwicklungswege von autoritär, überbehütend und beziehungsorientiert begleiteten Kindern aufzeigt, „[...] Momente, in denen du plötzlich verunsichert bist, ob du deinem Kind im Weg stehst und seine Entwicklung behinderst." (Hummel, 2022, S. 29) In unter anderem solchen Momenten kann sich falsch verstandene Bedürfnisorientierung zeigen.

Gut möglich, dass du selbst diese Verunsicherung spürst oder mit der Nase von deinem Kind oder jemand anderem drauf gestoßen wirst. Fordert dein Kind mehr Selbstständigkeit ein und hemmt dich zum Beispiel deine eigene Angst und nicht die fehlenden Fähigkeiten deines Kindes, dann ist es an dir, das zu reflektieren. Bist du erschöpft und ausgelaugt, weil sich gefühlt alles nur noch ums Kind dreht, ist auch das ein Zeichen dafür, dass du genauer hinschauen musst. Hast du wirklich ein Kind mit besonderen Bedürfnissen und brauchst bei der Fürsorge mehr Unterstützung durch weitere Bezugspersonen? Oder hast du mit der vollständigen Konzentration auf die Bedürfnisse des Kindes die Bedürfnisse der anderen Familienmitglieder, allen voran deine eigenen, aus dem Blick verloren?

Die Erkenntnisse aus der Bindungstheorie sind nicht nur eine große Bereicherung, sie haben uns auch eine neue Last auferlegt. Wir wissen nun einerseits um die Vorteile einer sicheren Bindung und haben sie zum zentralen Ziel unserer Erziehung erklärt. Und verständlicherweise wäre es super, wenn es einfache Tipps und Tricks gäbe, mit welchen Handlungen wir das erreichen können. Andererseits kann die Vorstellung, dass es unbedingt ganz genau diese Dinge braucht, um eine sichere Bindung entstehen zu lassen, auch ungemein stressen. Was Nora Imlau, Autorin und Journalistin, in ihrem Buch „Bindung ohne Burnout" dazu schreibt, kann daher schon eine ziemliche Erleichterung sein: „Für eine sichere Bindung ist nahezu alles, was derzeit mit bindungsorientierter Elternschaft verbunden wird, komplett unnötig." (Imlau 2023, S. 109) Sie bezieht sich damit genau auf diese missverstandenen Empfehlungen, man müsse sein Kind tragen, damit es sicher gebunden wird. Man müsse es lange stillen und im Familienbett schlafen lassen. Man dürfe es nicht per Kaiserschnitt auf die Welt bringen und nicht zu früh in eine Kinderbetreuung „abschieben". Ohne Baby-Massage-Kurs geht's gar nicht und wenn du nicht gern bastelst, vorliest oder Rollenspiele machst, wird's auch schwer für eure Eltern-Kind-Beziehung.

Diese Liste ist endlos lang. Und jeder einzelne Punkt darauf kann, wenn er für eure Familie passt, einen positiven Einfluss auf eure Beziehung und Bindung haben. Dass aber nur durch das sture Abarbeiten dieser Vorgaben eine sichere Bindung zwischen dir und deinem Kind entsteht, ist absoluter Quatsch. Es ist sogar das Gegenteil möglich! Ohne hier ein Horrorszenario zeichnen zu wollen, ist es ebenfalls möglich, dass dich die Erfüllung dieser vermeintlichen Vorgaben für eine sichere Bindung so sehr stressen, dass darüber deine Feinfühligkeit für eure Beziehung leidet. Stress ist ein Beziehungskiller und das gilt für die Eltern-Kind-Beziehung genauso wie für alle anderen Beziehungen, die du führst. Es ist also dringend an der Zeit, sich von diesen Dogmen zu lösen. Auch das ist Teil der selbstbewussten bedürfnisorientierten Erziehung: zu wissen, worauf es ankommt.

Für die bedürfnisorientierte Erziehung gilt: Alle Bedürfnisse sind wichtig. Die aller Kinder in der Familie, die der Eltern und auch die der Gemeinschaft, in der wir leben. Alle Familienmitglieder sind gleichwertig und bemühen sich um ein kooperatives und wertschätzendes Miteinander. Eure Beziehungen untereinander stehen im Mittelpunkt, nicht irgendwelche Erwartungen von außen, veraltete Erziehungsratschläge oder idealisierte Vorgaben zur perfekten Kindheit. Lebt ihr Kooperation und Beziehung, dann bedeutet das auch nicht, dass du durch ein ständiges Jonglieren mit den verschiedenen Anforderungen der unterschiedlichen Bedürfnisse ausbrennst. Im Miteinander haben alle die Freiheit, ihre Grenzen zu setzen und ihre Bedürfnisse zu benennen, sodass auch jedes Familienmitglied am Erhalt der Grenzen und der Erfüllung der Bedürfnisse beteiligt ist. Darüber hinaus sind Eltern in die Pflicht genommen, ihre eigenen Bedürfnisse gut im Blick und in Balance zu halten, um gesund zu bleiben und ihre Feinfühligkeit im Umgang mit ihren Kindern nicht zu verlieren.

Wir Menschen unterscheiden uns in der Ausprägung unserer Bedürfnisse, was Rücksicht und Regulationskompetenzen eines jeden Einzelnen enorm wichtig im Miteinander macht. Kinder haben keine fifty-fifty-Verteilung bei der Ausprägung der Bedürfnisse Autonomie und Bindung. Bei manchen ist das Autonomiebedürfnis stärker ausgeprägt, bei anderen das Bindungsbedürfnis. Das gilt natürlich auch für die anderen psychischen und sozialen Bedürfnisse, die wir Menschen haben. Für jeden ergibt sich ein bunter Strauß an Bedürfnisausprägungen.

DER WAHRE KERN

Der wahre Kern der Kritik an der bedürfnisorientierten Erziehung ist folgender: Das ist nicht der leichte Weg. Dieser Weg ist anstrengend, erfordert viel Auseinandersetzung mit sich selbst und dem Wesen des Kindes und ist keine Garantie für einen irgendwie gearteten Erfolg. Wird Bedürfnisorientierung falsch verstanden, ist sie tatsächlich ein Ticket Richtung Burnout. Dann rennen wir 24/7 den Bedürfnissen unseres Kindes hinterher und vergessen uns selbst dabei.

Wird diese Form der Erziehung richtig verstanden – ohne die Dogmen, das elterliche Aufopfern, die Kindzentrierung, das Überbehüten –, steigert sie die Wahrscheinlichkeit für eine gesunde psychische und emotionale Entwicklung. Und nicht nur das: Auch wir selbst werden im Miteinander mit unseren Kindern glücklicher und zufriedener. Basiert unser Familienleben auf Zugewandtheit und Kooperation, geht es uns allen besser und wir können Elternschaft wieder mehr genießen. Trotz alledem werden auch wir nicht frei von Fehlern sein und uns irgendwann von unseren Kindern sagen lassen müssen: „Also das war echt doof! Das fand ich damals gar nicht gut." Die Illusion von Fehlerfreiheit und Perfektion gehört nicht in die Welt der selbstbewussten bedürfnisorientierten Erziehung. Fehler sind zum Lernen da.

Abschließend noch mal eine Zusammenfassung, **was Bedürfnisorientierung nicht ist:** starre Verhaltensregeln, 10-Punkte-Pläne, mütterliche Alleinverantwortlichkeit und Aufopferung, Verzicht auf Grenzen und Regeln, Ja-Sagerei, Überbehütung, ausschließliches Tragen, zwei Jahre stillen, eine vaginale Geburt, Familienbett oder Co-Sleeping, keine familienergänzende Betreuung bis zum dritten Lebensjahr, Abhalten oder Stoffwindeln statt Wegwerfwindeln, Holzspielzeug statt Plastikspielzeug, medienfrei bis zur Grundschule und so weiter.

Am Beispiel des Familienbetts wird es, wie ich finde, ziemlich deutlich: Es gibt gute Argumente dafür, dass das Zusammenschlafen von Eltern und Kindern für ruhigere Nächte sorgen kann. Das gilt im Besonderen für stillende Mütter, die durch Co-Sleeping und nächtliches Stillen zu etwas mehr Schlaf kommen können. Es lohnt also den Versuch. Sollte aber ein Familienmitglied aufgrund dessen nicht schlafen können, also eines seiner grundlegenden Bedürfnisse nicht erfüllen können, und es wird trotzdem daran festgehalten, dann ist das nicht bedürfnisorientiert. Dann kann es bedürfnisorientiert sein, einen anderen, vielleicht sogar einen ganz neugedachten Weg zu suchen, der alle Familienmitglieder im Blick hat.

Viele Vorurteile, mit denen du dich konfrontiert siehst, basieren auf den oben genannten Missverständnissen. Wird Bedürfnisorientierung mit Aufopferung und Kindzentrierung über einen Kamm geschert, hält sich die Begeisterung verständlicherweise in Grenzen. Dann ist die von nahestehenden Personen geäußerte Kritik an deinem Weg womöglich sogar mehr als Sorge zu verstehen. Und auch wir selbst dürfen uns immer mal wieder hinterfragen, ob wir schon das ein oder andere Mal einem Missverständnis aufgesessen sind, was diesen Weg angeht.

Das ist Gewalt

Keine Missverständnisse darf es geben, wenn es um das Thema Gewalt geht. Ich finde es wahnsinnig wichtig, darüber aufzuklären, was alles Gewalt ist, denn Gewalt ist auch heute noch Teil der kindlichen Lebenswelt. Gleichzeitig ist es für mich sehr schwierig, dieses Kapitel zu schreiben, denn ich möchte aufklären, nicht verschrecken.

Ich wünsche mir ehrlich, dass du dieses Buch nach diesem Kapitel nicht weglegst, weil du das Gefühl hast, einfach alles falsch zu machen. Ich werte den Umstand, dass du dieses Buch in den Händen hältst, schon als Beweis dafür, dass das sicher nicht der Fall ist. Es ist jedoch möglich, dass du bei den folgenden Schilderungen über Beschreibungen stolperst, die dir bekannt vorkommen. Vielleicht hast du sie selbst erlebt und wirst dir erstmals bewusst, dass dies Gewalt war. Es ist möglich, dass dir so manch Erinnerung hochkommt und sie nun in einem anderen Licht erscheint. Sollte dich das belasten, sprich gerne mit einer vertrauten Person darüber. Vielleicht bist du auch selbst schon mal in ein solches Verhalten gerutscht oder hast ohne genauer darüber nachzudenken dein Kind auf die ein oder andere Weise behandelt. Bitte gräme dich dann nicht. Das Wissen darum, welche stabilen Verhaltensweisen nachweislich einen schädlichen Einfluss auf die Entwicklung unserer Kinder und unsere Beziehung zu ihnen haben, ist essenziell dafür, es in Zukunft anders machen zu können. Es geht also nicht ohne dieses Kapitel.

Körperliche Gewalt

Was **körperliche Gewalt** ist, wissen eigentlich die meisten, abgesehen von jenen, die auch heute noch an den „gesunde Klaps“ glauben. Den gibt es nicht. Die Kombination aus „gesund“ und körperlicher Gewaltausübung gehört ins Bullshit-Kapitel. Aber: „Uns hat es auch nicht geschadet!“ Körperliche Gewalt zu erfahren, macht immer etwas mit einem Menschen. Und befragt man Betroffene hinterher dazu, war der Schmerz in den meisten Fällen noch das kleinere Problem. Der weitaus größere Schaden entsteht auf der emotionalen Ebene. Wendet sich die Person, die ein Kind bedingungslos liebt und die für ihren Schutz verantwortlich ist, gegen das Kind, wird das Vertrauen zerstört und das Selbstbild erleidet großen Schaden. Es sucht die Schuld bei sich, findet Gründe für sich selbst, warum es diese Behandlung verdient hat, und passt das eigene Verhalten, auch gegen die eigene Persönlichkeit, an. Aus Angst davor, erneut zu enttäuschen. Körperliche Gewalt ist demnach gleichzeitig auch seelische Gewalt.

Psychische, seelische Gewalt

Während körperliche Gewalt vergleichsweise genauer beschrieben werden kann, wird es in Sachen **psychischer, seelischer Gewalt** komplizierter. Das ist für viele Menschen eine unbekannte Grauzone. Außerdem ist sie weit schwieriger zu erkennen. Das macht die Auseinandersetzung mit diesem Thema umso wichtiger, denn Studien konnten zeigen, dass seelische Schmerzen den körperlichen in nichts nachstehen (vgl. MacDonald & Leary, 2005 oder Eisenberger, 2012). Außerdem steigt das Risiko für psychische Erkrankungen wie Depression und Angststörung deutlich an (vgl. u. a. McCrory, Gerin & Viding, 2017).

Unter psychische Gewalt fallen:

- Vernachlässigung
- Demütigung
- Beleidigung
- Diskriminierung
- Unterdrückung
- Abwertung
- Liebesentzug
- (soziale) Isolation

Vernachlässigung tritt dann auf, wenn grundlegende Bedürfnisse eines Menschen nicht erfüllt oder ignoriert werden. Das ist der Fall, wenn körperliche Bedürfnisse wie Nahrung, Kleidung oder medizinische Versorgung nicht ausreichend gestillt werden, aber auch, wenn emotionale Bedürfnisse wie Zuwendung, soziale Interaktion, Anerkennung, Bindung und Unterstützung nicht befriedigt werden. Wer hier schon mal gehört hat „Das Kind hat ein Dach über dem Kopf, etwas zu essen und Kleidung am Körper, was will man denn mehr?!", der kann sehen, dass hier ein wichtiger Teil ausgeblendet wird. Die Relevanz psychischer Gesundheit und was es dafür braucht, ist immer noch in einigen Teilen der Gesellschaft nicht angekommen. Vernachlässigung kann sehr großen Schaden anrichten. Ein unterernährter Körper mergelt aus, das Gleiche gilt für eine unterernährte Seele. Ohne Zuwendung und Interaktion, ohne die Befriedigung eines unserer wichtigsten Bedürfnisse, nämlich dem nach Bindung, werden wir krank. Diese Krankheit kann viele Formen annehmen, in den meisten Fällen beinhaltet sie jedoch das Gefühl von Wertlosigkeit und den Verlust der Fähigkeit, gesunde Bindungen einzugehen.

Ein bisschen anders sieht es mit **Demütigungen** aus. Demütigende Aussagen werten einen anderen Menschen ab und geben ihn der Lächerlichkeit preis. Scrollt man durch TikTok, findet man unzählige Beispiele dafür, wie Eltern ihre Kinder zum Spaß demütigen. Sie spielen ihnen Streiche und filmen ihre Angst. Oder sie stellen ihre Tollpatschigkeit ins Netz. Aber man muss nicht mal ins Internet schauen, um demütigendes Verhalten gegenüber Kindern zu finden. Eltern erzählen nur allzu gern in großer Runde die Peinlichkeiten ihrer Kinder, bis Tränen gelacht werden. Manchmal ohne einen Gedanken daran, wie sich das Kind damit fühlen würde. Und leider ist nicht nur das, was wir ÜBER unsere Kinder teilen, manchmal demütigend für sie, sondern auch, wie mit MIT ihnen reden. Damit meine ich nicht nur den Adultismus, der sich in unserem Sprachgebrauch findet und Kindern das Gefühl gibt, ihre Meinung sei höchstens zweitrangig. Nein, damit meine ich auch die teils gemeinen und abwertenden Zuschreibungen, die wir manchmal für Kinder verwenden. „Verwöhnte Prinzessin" oder „kleiner Trotzkopf" zum Beispiel.

Ich wurde früher „Madame" genannt, wenn ich „zu empfindlich" war, im Sinne von „Was hat die Madame denn jetzt schon wieder?" Bis heute macht es mich wütend, wenn ich diese Bezeichnung höre, sogar in einem ganz anderen Kontext.

Ich möchte mich ganz klar und deutlich dafür aussprechen, dass wir als selbstbewusst bedürfnisorientiert begleitende Eltern anderen Menschen Grenzen setzen, wenn sie auf diese Art und Weise über oder mit unserem Kind sprechen und das wir selbst als gutes Beispiel vorangehen, indem wir achtsam mit unserer Sprache umgehen. Was ich unter „respektvoller Sprache" verstehe, habe ich in meinem Buch „Kinderleicht ins Gespräch kommen" noch ausführlicher festgehalten. Eine respektvolle Sprache verzichtet auf Drohungen, Beschämungen, Unterbrechungen, Auslachen, verletzende Kritik, Ignoranz, Lügen und unfaire Vergleiche. Sprache ist mächtig, dessen sollten wir uns stets gewahr sein.

Mit **Beleidigungen** verhält es sich nicht anders, genauso wie mit **Abwertungen.** Beides führt dazu, dass das Gegenüber sich angegriffen, verletzt, beschämt und wertlos fühlt. Während wir uns bei den meisten Schimpfwörtern und Abwertungen einig sind, dass es sich um solche handelt, ist es gleichzeitig möglich, dass jemand etwas beleidigend oder abwertend finden, was wir nicht so gemeint haben. Daher ist es wichtig zu beachten, dass der Empfänger oder die Empfängerin bestimmt, wie die Botschaft ankommt. Es ist durchaus möglich, dass ein Kind sogar ein freundlich und unschuldig ausgesprochenes „Kleiner" als beleidigend oder abwertend auffasst. Und diese Auffassung ist es, die zählt. Das heißt selbstverständlich nicht, dass man dann nicht erklären darf, dass man es gar nicht böse gemeint hat. Aber es heißt, dass man respektieren muss, dass diese Bezeichnung nicht erwünscht ist. Das zu ignorieren wäre sonst wiederum Gewalt.

Von **Diskriminierung** habe ich in diesem Buch schon öfter geschrieben, allerdings bisher nur bezogen auf das Alter. Diskriminierung meint im Allgemeinen eine Benachteiligung oder unfaire Behandlung einer anderen Person aufgrund eines bestimmten Merkmals. Im Falle des Adultismus ist es die Benachteiligung aufgrund des Alters. Andere Merkmale, aufgrund derer Kinder diskriminiert werden, sind zum Beispiel ihr Geschlecht, ihre Hautfarbe, ihre Herkunft, ihre Glaubenszugehörigkeit, eine vorliegende Neurodivergenz oder eine körperliche/geistige Behinderung. Auch Diskriminierung ist eine Form der Ausgrenzung und somit gleichzeitig auch psychische Gewalt. Wir sollten das reflektieren und sie vermeiden.

Auch von **Unterdrückung** habe ich in diesem Buch schon einiges geschrieben, denn autoritäre Erziehungsweisen fußen auf dieser Form von psychischer Gewalt. Es kommt zur Ausübung von Macht und Kontrolle, teilweise sogar zum Missbrauch dieser Macht, um Verhalten und Gefühle anderer zu kontrollieren. Dabei werden Zwang, Einschüchterung, Angst und Manipulation verwendet, um die gewünschte Verhaltensänderung zu verhindern. Daraus resultiert ein Gefühl der Machtlosigkeit und des Ausgeliefertseins. Da die autoritären Erziehungsformen immer seltener werden und viele von uns es heute anders machen wollen als noch unsere Vorgängergenerationen, wird auch gezielt angewandte Unterdrückung immer seltener, was eine gute Nachricht ist. Die schlechte Nachricht dürfte sein, dass es noch viele Eltern gibt, die nicht reflektieren, wann sie Angst als Erziehungsmittel verwenden.

Mein Sohn und ich sind in den Ferien in einem großen Schwimmbad – keine gute Idee. Es ist so viel los, dass wir nicht mal eine einzige Liege finden. Tauchen und Rutschen machen auch keinen Spaß, wenn man keinen Platz hat und lange anstehen muss. Wir beschließen, zu gehen. Die Garderobe ist überfüllt, es ist laut und stickig. Alle um uns herum sind gestresst. Und als hätte sich diese Stimmung komplett auf meinen Sohn übertragen, passiert, was passieren muss: Ein Gefühlssturm fegt durch ihn hindurch. Und ich, wissend, dass ich in dieser Atmosphäre nicht gut begleiten kann, setze mich daneben und warte. Leiste ihm Gesellschaft, bis der Sturm von allein abebbt.

Zwei Mütter drücken mir ermutigend die Schulter und wünschen mir Kraft und Geduld. Das fand ich richtig toll. Die dritte jedoch gab mir einen Rat: einfach gehen. Wenn er erst mal das Gefühl habe, ich würde ihn hier allein zurücklassen, würde er sich schon einkriegen. Und sich nächstes Mal besser überlegen, ob er sich so aufführe.

Dieses „Dann geh ich ohne dich ..." habe ich schon an vielen Orten gehört. Auf dem Spielplatz, im Supermarkt, im Schwimmbad und im Kindergarten. Einmal habe ich einen weinenden Jungen eingesammelt, dessen Oma das auch durchgezogen hat. „Sonst lerne er es ja nie." Es ist Manipulation durch Angst. Von den Menschen, von deren Fürsorge man abhängig ist, zurückgelassen zu werden, erweckt eine Urangst, ja fast schon Panik. Diese Angst auszunutzen ist nichts anderes als grausam. Ja, das sind deutliche Worte, aber sie sind wichtig. Die kurzfristigen Erfolge, die Erziehung mit Angst erzielt, lassen diesen Weg sonst einfach zu verlockend werden. Dann nutzen wir den Nikolaus und seinen Gehilfen Knecht Ruprecht für saubere Kinderzimmer, die abendliche Heimkehr der strengeren Bezugsperson für mehr Gefügigkeit und die Angst, zurückgelassen zu werden, um schneller nach Hause zu kommen und den Konflikt zu vermeiden.

Ähnlich beunruhigend wie die Verwendung von Angst als Erziehungsmittel ist der Umstand, dass viele von uns noch mit **Liebesentzug** aufgewachsen sind und diesen manchmal in Ausnahmesituationen wieder hervorkramen. Der Stiftung Kinderschutz zufolge erfährt noch mindestens jedes vierte Kind eine „Auszeit", die nicht etwa der Regulation der Gefühle dient, sondern lediglich eines bedeutet: Wenn du dich so aufführst, will ich dich nicht in meiner Nähe haben (Stiftung Kinderschutz, 2022, 2023).

Wegschicken, ignorieren, allein lassen, all das sind fürchterliche Signale an die kleinen Menschen, die auf uns und unsere Bindung angewiesen sind. Du bist noch zu wütend, um dich nach dem Streit wieder mit deinem Kind zu verbinden? Dann sag das. Sag „Ich brauch noch einen Moment". Sag „Ich geh schnell was trinken, beruhige mich und komm dann wieder zu dir“. Zeig, dass Wut nichts sein muss, was einen Bindungsabbruch nach sich zieht, dass Konflikte nichts sind, was eure Beziehung zerbrechen lässt. Das macht euch stärker.

Nimmt die Ausgrenzung größere Dimensionen an, wird ein Kind aus seiner Familie, seiner Kindergartengruppe, seiner Schulklasse oder einer Freundesgruppe ausgeschlossen, handelt es sich um Ausschluss beziehungsweise **soziale Isolation.** Auch die immer noch verbreitete Strafe „Hausarrest“, bei der es verboten ist, seine Freunde zu sehen oder gar mit diesen Kontakt zu haben (Handyverbot und Co.) fallen unter diese Form der Gewalt. Daher gilt es, auch solche Handlungen zu reflektieren.

SCHÜTZENDE GEWALT

Man kann kein Kapitel über Gewalt schreiben, ohne die schützende Gewalt zu erwähnen. Da wir Eltern eine Fürsorgepflicht und einen Schutzauftrag haben, kann es in Ausnahmefällen notwendig sein, die körperliche Überlegenheit zu nutzen oder sein Kind zu etwas zu zwingen. Reiße ich mein Kind an einer stark befahrenen Straße zurück, weil sein Gefahrenbewusstsein noch nicht ausgeprägt genug ist, ist das Zurückreißen selbst zwar eine gewaltvolle Handlung, ohne sie wäre meinem Kind jedoch großer Schaden zugefügt worden. Gleiches kann für medizinische Maßnahmen gelten. Hier liegt es in unserer elterlichen Verantwortung, Not und Übel abzuwägen und das Kind dann entsprechend zu begleiten.

DIE VERÄNDERUNG: NEUE WEGE GEHEN

Den Weg vor Augen und die Wissenschaft auf deiner Seite, so kann Veränderung beginnen. Du hast in dir selbst bereits viel ins Rollen gebracht, als du dich für diese Erziehungsweise entschieden hast, und tust es jeden Tag, wenn du an dir arbeitest und mit deinem Kind wächst. Doch das ist dir nicht genug. Du möchtest, dass deine Partnerperson am selben Strang zieht und die Verantwortung für ein gesundes Aufwachsen mit dir trägt. Vielleicht möchtest du sogar noch mehr als das: Du möchtest die Veränderung in dein Umfeld und das System, in dem unsere Kinder aufwachsen, tragen. Und das kannst du! Ich zeige dir, wie.

Wähle deine Kämpfe weise!

Ich habe es schon mal gesagt und möchte es hier wiederholen: Wähle deine Kämpfe weise. Das gilt auf so vielen Ebenen. Zum einen gilt es in Sachen Elternschaft. Nicht jeder Kampf muss gekämpft werden und nicht jede eingeschlichene Gewohnheit wird zu einer Bedrohung. Du hast keine Ressourcen, um die super-duper Geburtstagstorte zu backen? Kauf eine! Du bist dadurch keine schlechtere Mama, kein schlechterer Papa. Aktuell schläft das Kind nur beim Tragen oder auf dir liegend ein? Dich stört das, weil dein Rücken weh tut? Zeit für Veränderung! Dich stört das eigentlich nicht, aber du hast Sorge, dass dein Kind NIE lernen wird, anders zu schlafen? Entspann dich! Wenn es jetzt gerade funktioniert und euch guttut, dann passt das auch. Die Veränderung kommt von ganz allein, wenn dein Kind so weit ist. Ihr seid alle krank und der Fernseher läuft gefühlt in einer Tour? Was soll's, es kommen wieder andere Zeiten. Kämpfe gegen das eigene innere Perfect-Mom-Monster oder Perfect Dad-Monster sind viel zu auslaugend, als dass sie dir irgendeinen Dienst erweisen würden. Ebenfalls weise wählen solltest du die Kämpfe mit deinem Kind. Auch hier kann weniger mehr sein.

Worum es aber in diesem Kapitel gehen soll, sind die „Kämpfe" mit den Menschen, die du auf deinem Weg mitnehmen möchtest und die eine wichtige Rolle im Leben deines Kindes spielen. Die fremde Frau im Café, die irgendwas über diese Eltern-Generation meckert oder sich beschwert, weil dein Kind vermeintlich „zu laut" ist, gehört nicht zu dieser Gruppe. Aller Wahrscheinlichkeit nach ist eine Auseinandersetzung mit ihr die Kraft, die du dafür aufwenden müsstest, nicht wert. Hier bedeutet selbstbewusste Bedürfnisorientierung, dass du den Fokus auf dich und dein Kind legst und alles andere an deinem Schutzschild abprallen lässt. Gleiches gilt für Inhalte auf Instagram & Co., die dir weismachen wollen, es gäbe nur EINEN Weg, dein Kind zu begleiten, und jede Abweichung davon mache dich zu einem schlechten Elternteil. Gut, zugegeben, so wortwörtlich habe ich das noch nicht gelesen, aber zwischen den Zeilen kann einem manchmal schon

Angst und Bange werden. Die sozialen Medien können eine Bereicherung sein, wenn man sich dort Inspirationen für seinen eigenen Weg sucht. Außerdem sind sie ein sprudelnder Quell an hilfreichem Wissen zur kindlichen Entwicklung. Aber sie befeuern auch mit großer Freude deinen inneren Kritiker. Also: weise wählen, abprallen lassen.

Im Kontakt mit engen Bezugspersonen deines Kindes wird dir das aber nicht möglich sein und das vollkommen zu Recht. Du fühlst dich verantwortlich für dein Kind und bist, in manchen Belangen zumindest, der Anwalt oder die Anwältin deines Kindes. Es kann noch nicht selbst für seine Rechte eintreten und sollte es in seinem Umfeld jemanden geben, der diese Rechte untergräbt oder missachtet, so ist es deine Aufgabe und, wenn vorhanden, die des zweiten Elternteils, dafür einzustehen.

Du machst einen Unterschied!

Nachdem du all das gelesen hast, was es zu überwinden gilt, möchte ich, dass du einen Moment innehältst und dir klar machst, was du bist. Du bist ein Pionier oder eine Pionierin! Du gehst einen revolutionären Weg, der die Überwindung der Vergangenheit mit all ihren Stolpersteinen beinhaltet. Wenn ich von einer Sache überzeugt bin, dann davon: Du allein machst bereits einen Unterschied. Mit jedem Tag, mit jeder Situation, in der du deinem Kind auf Augenhöhe begegnest, machst du für diesen einen kleinen Menschen einen Unterschied. Jedes Mal, wenn du seine Bedürfnisse achtest, seine Rechte wahrst oder schützt, machst du einen Unterschied. Auch für dich selbst.

Uns, die wir diesen Weg gehen, schwirrt der Kopf von all den Einflüssen, die zunichtemachen könnten, was wir unserem Kind mitgeben wollen. Die andere Bezugsperson, die sich im Ton vergreift. Die pädagogische Fachkraft, die an veralteten Erziehungsmaßnahmen wie Auszeit oder Probierzwang festhält. Der starre institutionelle Rahmen, in den dein Kind sich zwängen muss, weil es doch in den Kindergarten und die Schule gehen muss. Der ältere Herr, der deinen Sohn auslacht, weil dieser im Schwimmbad ein Sommerkleid trägt. Menschen, die noch schwarz-weiß denken und von oben herab reden. Manches davon wirst du beeinflussen und vielleicht verändern können, manches nicht. Und es ist ebenfalls Teil der selbstbewussten Bedürfnisorientierung, das zu akzeptieren. Durchzuatmen und ziehen zu lassen, was du nicht beeinflussen kannst. Auf dein Kind zu vertrauen, dass es aus sich heraus und mit deiner Unterstützung stark und sicher genug sein wird, um mit Widrigkeiten umzugehen und sich zu behaupten. Es wird kein Hälmchen im Wind, das umknickt, sobald der Wind auffrischt, sondern es trotzt stark verwurzelt auch stärkeren Stürmen.

Du machst aber nicht nur für dich, dein Kind und deine Familie einen Unterschied, sondern auch für andere Menschen in deinem Umfeld. Erinnerst du dich an die kleine Geschichte des Gefühlssturms meines Sohnes im Schwimmbad? Zwei von drei Müttern haben mich unterstützt, haben sich solidarisch gezeigt, statt diese Szene mit hochgezogenen, vielleicht sogar abwertenden Blicken zu betrachten. Sie haben sich nicht eingemischt, nein. Sie haben mir Geduld und Kraft gewünscht, mir die Schulter gedrückt. Mir gezeigt, dass sie mit mir mitfühlen. Ich wurde gesehen. Das gab mir Kraft, statt mich zusätzlich unter Druck zu setzen. Denn genau das ist es, was durch die missbilligenden Blicke und die ungebetene Einmischung manchmal passiert: Wir verlieren den Blick für unsere Beziehung zum Kind und richten unsere Aufmerksamkeit nach außen. Wir stressen uns, weil wir Sorge haben, was andere über uns denken. Und dieser Stress hemmt unsere Begleitfähigkeit und unsere Feinfühligkeit.

An dieser Stelle hört man nur zu oft den Ratschlag: „Ach, lass dir doch einfach egal sein, was andere denken!“ Ja, es wäre super, wenn Außenmeinungen von uns abprallen würden wie Wasser von Lotusblüten. Dem ist aber nicht so und es ist auch gar nicht so leicht, sich ein derartiges „Wurschtigkeitsgefühl“ anzueignen. Der Blick aufs Kind und die Konzentration auf eure Beziehung hilft dabei. Es hilft aber auch, wenn genau die Personen sich solidarisch mit uns zeigen, die in ähnlichen Lebenslagen sind wie wir selbst. Wenn sie Verständnis für uns und unsere Lage aufbringen. Und noch toller wäre es, wenn dieses Verständnis nicht so schnell wieder verloren ginge, nur weil die eigenen Kinder schon größer oder gar erwachsen sind.

Was ich damit sagen will: Du kannst einen Unterschied machen! Andere Eltern befinden sich genau wie du auf ihrer Reise zur selbstbewussten Bedürfnisorientierung und brauchen positive Bestärkung auf diesem Weg. Dafür musst du keine großen Aufmärsche organisieren oder Plakate malen, es reichen kleine Alltagsgesten wie ein mitfühlendes Zunicken im Supermarkt oder in der Schwimmbadumkleide. Biete vielleicht mal Hilfe an, wenn du eine Mutter oder einen Vater in einer überforderten Situation siehst. Und wenn du ihm oder ihr nur schnell den Einkauf abnimmst, damit er oder sie sich um das Kind kümmern kann, ohne dass sich der Inhalt der Tüten auf dem Parkplatz verteilt. Reflektiere deinen eigenen Umgang mit Bewertungen. Urteilst du vielleicht selbst manchmal vorschnell, obwohl du nur einen kleinen Alltagsausschnitt siehst? Oder tun das die anderen Mitglieder deiner sozialen Gruppe? Macht euch bewusst, dass ihr Momentaufnahmen seht und ihr meistens weder die Vorgeschichte noch den Hintergrund kennt.

Dazu erzählte mir einmal eine Kollegin, wie sie mit schreiendem Baby im Tragetuch, schlafendem Kleinkind im Wagen und Hund an der Leine auf einem Feldweg spazieren ging. Sie hatte die Uhr im Blick, weil sie sofort in der Kinderarztpraxis anrufen wollte, sobald die Sprechstunde starten würde. Ihr Handy in der Hand wurde sie von einer älteren Spaziergängerin überholt, die über die neue Generation Eltern maulte, die immer an ihren Handys hängen würden. Für meine Kollegin war das an diesem Tag ein Tröpfchen zu viel und ihr Fass lief über. Weinend vor Zorn erklärte sie der Frau ihre Lage: Das Baby ließ sich schon den ganzen Tag nicht beruhigen, das Kleinkind musste dringend schlafen und der Hund musste raus. Und weil sie am Vormittag den Kinderarzt verpasst hatte, wollte sie es jetzt noch mal versuchen. Wider Erwarten rauschte die Dame nicht beleidigt ab, sondern – und das ist das Schöne an dieser Geschichte – begleitete sie den restlichen Weg.

Diese Frau urteilte aufgrund einer Momentaufnahme und generalisierte dabei noch ganz schön. Zugutehalten muss man ihr aber, dass sie ihren Fehler einsah und dann hilfsbereit war. Eigentlich lassen sich aus dieser Geschichte gleich drei Lehren ziehen: Mit vorschnellen Urteilen tue ich anderen Unrecht, offene und authentische Kommunikation stellt eine Verbindung her und es tut nicht weh, einen Fehler auch mal einzugestehen. Und das gilt selbstverständlich auch für Partnerschaft und Elternschaft.

Ihr (er)zieht an einem Strang!

Eine große Sorge, die mir oft begegnet, ist, dass die andere nahe Bezugsperson des Kindes es ganz anders macht als man selbst und das Kind dadurch verwirrt wird oder sogar Schaden nimmt. In elterlichen Konflikten gibt es zwei Hauptstreitpunkte:

- Hausarbeit und die gerechte Verteilung der Care-Arbeit
- Kindererziehung und der Umgang mit Kindern

In den meisten Fällen sind es Mütter, die sich schon sehr intensiv mit kindlicher Entwicklung und bedürfnisorientierter Erziehung auseinandergesetzt haben, die über den autoritären oder laissez-fairen Umgang des Vaters klagen. Ich habe es aber auch schon andersherum erlebt. Was dann oft zum Einsatz kommt, ähnelt dem Missionieren: Es wird versucht, dem Gegenüber die eigenen Ansichten und Herangehensweisen überzustülpen, ohne die andere Seite zu sehen. Es entsteht ein Machtkampf darüber, wer es richtig und wer es falsch macht. Kleiner Spoiler direkt zu Beginn: So kann gemeinsame Elternschaft nicht funktionieren.

Geschlossene Front

Schauen wir uns erst mal die Sorge an, es könnte das Kind verwirren, wenn es der eine so, die andere so macht. Viele Eltern haben die Vorstellung im Kopf, sie müssten ihren Kindern gegenüber als geschlossene Front auftreten. Widerspricht eine Bezugsperson der anderen im Beisein des Kindes, kommt es im Anschluss oft zum Vorwurf: „Du untergräbst meine Autorität!" Außerdem wird oft befürchtet und ab gewissem Alter auch beobachtet, dass Kinder die unterschiedlichen Herangehensweisen zu ihrem eigenen Vorteil ausspielen. Wenn Mama zu den Süßigkeiten Nein sagt, dann frage ich eben Papa. Es erscheint also schon sinnvoll zu sein, am selben Strang zu ziehen.

Das ist es auch – in grundlegenden Dingen. Gibt es für alle geltende Familienregeln und sind sich die Eltern über grundlegende Werte und Erziehungsthemen einig, gibt das dem Kind Orientierung. Der gemeinsam abgesteckte Rahmen für die Erziehung und die Entdeckung der Welt und der eigenen Persönlichkeit gibt Sicherheit. Und für diesen Rahmen ist eine offene Kommunikation das A und O. Über diesen Rahmen hinaus ist es jedoch so, dass Kinder sehr wohl damit umgehen können, dass Papa manches anders macht oder löst als Mama und umgekehrt. Das ist sogar bereichernd. Ein Kind lernt schnell, dass Mama andere Grenzen und Fähigkeiten hat als Papa. Man darf es Kindern sehr wohl zumuten, dass sie zwei (oder mehr) authentische Bezugspersonen haben, die auf ihre ganz eigene Weise reagieren, begleiten, erziehen, spielen und so weiter. Schwierig wird es erst, wenn die Schere zu weit auseinanderklafft und sich Widersprüche auftun. Sprecht daher als Eltern offen darüber, in welchen zentralen Belangen ihr an einem Strang ziehen wollt und wie ihr diesbezüglich Orientierung spenden möchtet.

GEMEINSAME WERTE ENTDECKEN

Das, was euch auf dem Weg zur gemeinsamen bedürfnisorientierten Erziehung und einem Familienleben auf Augenhöhe unterstützt und eint, sind eure Werte. Sie geben euch Orientierung, helfen euch, eine Richtschnur für eure Konflikte zu finden und bilden die Grundlage für eure Entscheidung. Sie leiten euer Handeln und in den meisten Fällen sind sie auch maßgeblich für die Regeln, die im Zusammenleben gelten. Orientiert ihr euch an euren Werten und den Bedürfnissen der Familienmitglieder, habt ihr alles, was ihr für euer Familienleben braucht, ungeachtet dessen, wie die Erwartungen von außen aussehen. Sich seiner Werte bewusst und im Falle von Elternschaft auch einig zu sein, ist ein wichtiger Grundpfeiler selbstbewusster bedürfnisorientierter Erziehung.

Nun haben wir alle bereits Werte, die unseren Alltag gestalten, mehr oder weniger bewusst. Allerdings setzen wir uns nur selten hin und tauschen uns mit unserer Partnerperson oder der ganzen Familie dazu aus. Sie sind eigentlich allgegenwärtig, werden aber nur selten ausformuliert, auf den Punkt gebracht und mitgeteilt. Das passiert meist erst dann, wenn gegen einen Wert verstoßen wird. Wenn uns zum Beispiel jemand anlügt und wir plötzlich im Brustton der Überzeugung mitteilen, dass uns Ehrlichkeit sehr wichtig ist. Aber es ist so: Nicht jedem ist Ehrlichkeit gleich wichtig und wo Lügen beginnt definiert auch jeder etwas anders. Es ergibt also Sinn, sich über seine Werte und deren Wichtigkeit auszutauschen.

Werte, die ich für die bedürfnisorientierte Erziehung für zentral erachte, sind:

- Gleichwertigkeit,
- Vertrauen,
- Authentizität (in der ich auch die Ehrlichkeit verortet sehe)
- und Verantwortungsbewusstsein.

Darüber hinaus gibt es viele weitere Werte, die euer Familienleben mitgestalten. Ich habe euch eine Werte-Wolke mitgebracht, damit ihr für euer Gespräch ein paar Inspirationen habt. Ihr könnt als Paar oder als Familie ganz locker über die einzelnen Werte ins Gespräch kommen, euch darüber unterhalten, was ihr darunter versteht und welche Bedeutung dieser Wert in eurem Leben hat. Versucht, wenn ihr das mit der ganzen Familie macht, kindgerechte Erklärungen und Alltagsbeispiele für die meist komplexen Begriffe zu finden.

Ihr könnt euch aber auch gezielt daran machen, eure Familienwerte zu finden, indem jeder die wichtigsten für sich allein identifiziert und sie danach in die Familie einbringt. Dann wählt ihr gemeinsam diejenigen aus, die die Säulen eures Zusammenlebens bilden sollen. Aus diesen Werten werden sich ganz automatisch auch Regeln ableiten, die ihr dann besprechen könnt. Wie das funktioniert, erfährst du im Kapitel → „Familienleben auf Augenhöhe".

Werte-Wolke

So wichtig diese gemeinsame Basis ist, so wichtig ist es auch, erfahren zu dürfen, dass Menschen unterschiedliche Meinungen, Gefühle und Problemlösungsansätze haben. Mama und Papa sollten daher auf keinen Fall Klone voneinander sein. Und noch ein Aspekt ist bemerkenswert: Wir alle machen Fehler. Ist es da nicht super, wenn wir eine Partnerperson an unserer Seite haben, die unsere Fehler vielleicht ausgleichen oder unserem Kind auch mal hilfreich zu Seite stehen kann, wenn wir aus der Fassung geraten? Oder wenn wir erschöpft sind?

Wie gemein ist die geschlossene Front, wenn wir uns gerade unfair unserem Kind gegenüber verhalten? Gemein dem Kind gegenüber, dem zwei Erwachsene gegenüberstehen, die vielleicht sogar auf es herabschimpfen. Und gemein der Partnerperson gegenüber, die es womöglich als falsch empfindet, was hier gerade geschieht. So unangenehm das für mein Ego sein mag, mir ist es lieber, mein Mann stellt sich auf die Seite meines Sohnes, wenn mit mir die Pferde durchgehen, und gibt ihm das Gefühl von Sicherheit und Unterstützung, das ich gerade nicht vermitteln kann, als dass er meinen Sohn alleinlässt.

CODEWORT

Wir können nicht immer cool und geduldig bleiben. So funktioniert das Leben nicht. Je strenger du diesen Anspruch an dich stellst, umso öfter wirst du scheitern. Manchmal kommt einfach der Punkt, an dem Erschöpfung, Fremdbestimmung, Schlafmangel, Hunger oder was auch immer dich an einen Punkt bringt, an dem dein analytischer Verstand die Zügel aus der Hand gibt. Du siehst rot.

Hast du das Glück und deine Partnerperson ist in der Nähe, kann sie, wenn ihr euch vorher darauf geeinigt habt, übernehmen. Legt dafür ein Codewort oder ein Signal fest, das signalisiert: Ich übernehme, geh du dich beruhigen und wir reden später darüber. So kommt es vor dem Kind nicht zu irgendwelchen Vorwürfen bezüglich deines Verhaltens oder einer Diskussion darüber, was jetzt gerade los ist. Das hilft im Moment der Wut niemandem.

Partnerschaft auf Augenhöhe

Eure Partnerschaft bildet die Grundfeste eurer Familie, ihr seid die Basis. Eure gemeinsame Familie könnte als gemeinsames Projekt verstanden werden, bei dem es nicht darum geht, jede einzelne Ausformung bis ins kleinste Detail auszustreiten. Sondern darum, eine gemeinsame, von Respekt und Empathie geprägte Haltung zu finden, mit der ihr ein gemeinsames Ziel – glückliche und freie Kinder zu erziehen – verwirklichen könnt. In diesem „Projekt" seid ihr ein Team. Und jedes Teammitglied bringt seine oder ihre Fähigkeiten, Ansichten, Ideen und Stärken ein. Die Forschung bezeichnet das elterliche Zusammenspiel bei der Erziehung als Co-Parenting oder Erziehungsallianz. Die Hauptaufgabe dieser Erziehungsallianz ist es, sich gegenseitig Anerkennung, Respekt und Unterstützung zukommen zu lassen. Weiter spielen offene Kommunikation, Kooperation und Solidarität eine wichtige Rolle beim Co-Parenting, die sich dann wiederum positiv auf das prosoziale Verhalten der Kinder auswirken (Scrimgeour et al., 2013). Euer Miteinander bildet das Modell für euer Kind, wie Miteinander aussieht und funktioniert.

Nur geht dieser Teamgeist leider manchmal im Alltag verloren, besonders, wenn ein Kind in die Familie geboren wird. Das ist verständlich, denn der Familienzuwachs bedeutet eine Veränderung der Dynamik und die vielen neuen Aufgaben lassen Gewohntes gerne mal in den Hintergrund rücken. Nicht selten ist es so, dass eine Person gänzlich für Erziehung und Versorgung der Kinder verantwortlich ist und somit zum Coach der Mannschaft wird und die andere Person irgendwie auf die Ersatzbank degradiert wurde. Dabei spielt es erst mal weniger eine Rolle, ob sich die Person selbst auf die Ersatzbank gesetzt hat oder ob sie dorthin „verbannt" wurde. So oder so fehlt der Partnerschaft dann die Begegnung auf Augenhöhe. Dieses hehre Ziel, das wir uns für die Begleitung unserer Kinder gesetzt haben, geht in so mancher Partnerschaft verloren.

Ist dieser Bereich in eurer Partnerschaft ins Hintertreffen geraten, ist es wichtig, wieder zum Verständnis zu gelangen, dass beide Elternteile gleichermaßen in die Erziehung involviert sind. Dabei geht es nicht um die Aufgabenverteilung im Einzelnen, sondern um das Bewusstsein dafür, dass beide Elternteile ihr Kind prägen. Egal ob mit Anwesenheit oder Abwesenheit, Strenge oder Überfürsorglichkeit, Interesse oder Desinteresse, offener Kommunikation oder fehlender Kommunikation. Nicht-Handlung ist auch eine Handlung. Was ich tue oder nicht tue hat einen Einfluss. Ich kann mich also nicht aus der Verantwortung stehlen. Das bedeutet gleichzeitig, dass beide Elternteile die Verantwortung für die Entscheidungen tragen, die sie für die Familie treffen.

Diese Aussage hat zwei Seiten: Manche von uns müssen lernen, Verantwortung zu teilen, während andere lernen müssen, Verantwortung zu tragen. Außerdem ist jede Bezugsperson selbst verantwortlich für ihre Beziehung zum Kind. Das Vertrauen, das es dafür braucht, die Verantwortung dort zu lassen, wo sie hingehört, erreicht man nur auf einem Weg: mit einer offenen Kommunikation, in der beide Partnerpersonen ihre Perspektiven, Ideen und Bedenken einbringen können und bei der sie respektiert und gehört werden.

Wie du in der Aufarbeitung und bei den Bullshit-Sätzen schon gelernt hast, wurzeln viele Widerstände gegen die bedürfnisorientierte Erziehung in einer Sorge um die Zukunft des Kindes. Während du die Sorge einer dir eher fremden Person guten Gewissens in den Wind schlagen kannst, weil sie euch als Familie und deine Kinder nicht kennt, kannst du das bei der anderen Bezugsperson nicht tun. In einer Beziehung auf Augenhöhe ist es zentral, dass jeder Partner, jede Partnerin seine beziehungsweise ihre Bedenken äußern kann und damit gehört wird, selbst wenn er oder sie sich vielleicht tollpatschig ausdrückt. Außerdem wirst du deinem Partner oder deiner Partnerin nicht dabei helfen können, deinen Weg zu verstehen und ihn gemeinsam mit dir zu gehen, wenn du entsprechende Sorgen nicht zerstreust und stattdessen mit Vorwürfen und Forderungen arbeitest. In diesem Buch hast du viele Beispiele und Informationen gefunden, wie du auf Sorgen dieser Art eingehen kannst. Auch in diesen Dingen gilt: Du bist ein Vorbild, keine Lehrperson. Tauscht ihr euch gut über eure persönlichen Motive und Bedürfnisse aus, könnt ihr am gegenseitigen Beispiel viel lernen. Denn ich bin davon überzeugt, dass auch die andere Bezugsperson deines Kindes wertvolle Fähigkeiten, Gedanken und Gefühle einbringt, die eure Elternschaft und das Leben eures Kinders bereichern. Sie müssen sich vielleicht nur erst entfalten (können).

Klischeehaft stellt man es sich oft so vor: Der Vater ist der lustige Draufgänger. Ihm kommt am Wochenende der spaßige Teil der Elternschaft zu. Die Mutter hingegen ist diejenige, die dem Kind mit einer Mütze hinterherläuft, damit es ja keine kalten Ohren bekommt, und es am liebsten in Luftpolsterfolie packen würde. Ein Klischee, wie gesagt. Allerdings ist es durchaus möglich, dass sich Eltern auf entgegengesetzten Polen des Sicherheitsbedürfnisses befinden. Das ist bei mir und meinem Mann der Fall. Sind wir unterwegs, im Straßenverkehr, im Urlaub oder einfach im Kalten, ist er es, der unablässig überlegt, was alles passieren könnte. Nicht zu schnell, nicht zu weit weg, Mütze aufsetzen! Da bin ich lockerer, vertraue auf die Fähigkeiten unseres Sohnes und sein eigenes Körpergefühl. Außerdem bin ich ein ziemlich optimistischer Mensch. In anderen Dingen, wie zum Beispiel bei den Inhalten des Medienkonsums, dreht sich das bei uns um. Hier ist er lockerer, ich besorgter. Anfangs haben mich seine Worst-Case-Szenarien verrückt gemacht. Und ihn mein lockerer Umgang damit natürlich auch. Vermutlich sogar noch mehr als mich. Inzwischen haben wir uns diesbezüglich jedoch angenähert.
Ich respektiere seine Sorgen und höre sie mir an und wir suchen gemeinsam Möglichkeiten, die ihm Sicherheit geben. Gleichzeitig kommuniziere ich meine Beobachtungen zu den Kompetenzen unseres Kindes, ganz besonders zu seiner eigenen Bewältigungskraft, um auch meinem Mann diesbezüglich Rückversicherung zu geben.

Sprechen wir von Erziehung oder Begleitung, sprechen wir auch ganz oft vom kooperativen Miteinander. Wir sind uns bewusst, dass Menschen, die sich geliebt, gesehen und wertgeschätzt fühlen, viel kooperativer sind, Grenzen besser wahren und mehr Verantwortung übernehmen. Aus diesem Grund haben wir uns von falschen Vorstellungen, wie jener, wir könnten unsere Kinder mit Liebe und Zuneigung verwöhnen, abgewandt. Während wir uns aber teilweise unablässig gedanklich damit beschäftigen, wie wir in der Autonomiephase unser Kind zur Kooperation bewegen können, vergessen wir manchmal, dass auch Elternschaft etwas Kooperatives ist. Dieser Geist darf euch nicht verloren gehen.

Was also tun?

- Gebt euren Einzelkämpfermodus auf und werdet euch klar, dass ihr mit sehr großer Wahrscheinlichkeit beide das gleiche Ziel habt: ein Kind, das in dieser Welt zurechtkommt. Was euch trennt, sind die „Methoden", mit denen ihr das erreichen wollt, aber das Ziel eint euch.
- Sprecht über diese Ziele, eure Sorgen und Gedanken. Tauscht euch offen und wertfrei darüber aus, was ihr glaubt, was es braucht.
- Vergesst dabei nie: Ihr beide habt eine Vorgeschichte. Eine Kindheit, die euch geprägt hat. Das lässt sich, wie du selbst schon erfahren hast, nicht so leicht abschütteln. Hat deine Partnerperson gerade erst begonnen, eigene Muster zu hinterfragen, dann wird das Zeit brauchen.
- Bring also, genau wie bei deinem sich entwickelnden Kind, Geduld mit. Vorwürfe bringen keine Veränderung, im Gegenteil, sie erhöhen den Widerstand.

Außerdem bin ich davon überzeugt, dass du ziemlich gut einschätzen kannst, über welchen Kanal deine Partnerperson besser erreichbar ist: Ist er oder sie eher Informationsverarbeiter*in oder Praktiker*in? Hilfst du ihm oder ihr mehr mit Informationen zur kindlichen Entwicklung und zur bedürfnisorientierten Haltung oder erwächst die Haltung eher aus der Erfahrung, wie sich diese Haltung praktisch im

Alltag umsetzen lässt? Denn die praktische Umsetzung der bedürfnisorientierten Begleitung ist etwas, bei dem sehr viele Menschen Hilfe und Anleitung brauchen. Wenn das einzige Vorgehen, das ich selbst jemals kennengelernt habe, ist, dass ein Wutanfall mit Drohungen beendet wird, dann stehe ich Jahrzehnte später neben meinem tobenden Kind und habe keine Ahnung, wie dieses „Gefühle begleiten" eigentlich aussehen soll. Auch wenn ich weiß, dass das der gesündere Weg wäre. Der Weg von „Wissen" zu „Handlung" ist ein riesengroßes Beratungsfeld. Hab also Verständnis, wenn die andere Bezugsperson dich immer wieder fragt: „Ja, aber wie denn dann? Sag mir, wie!" Gib ihm oder ihr Strategien an die Hand, statt zu sagen „So nicht". Das ist frustrierend. Wenn du dich zu diesen Dingen schon belesen oder beraten lassen hast, bist du hier im Vorteil. Und wenn ihr doch mal diskutiert oder streitet – was normal ist und dazugehört –, dann tut es auf Augenhöhe und konstruktiv. Immer nach der Devise: Wir sind ein Team.

Gesunde Konfliktkultur

Familie und Partnerschaft sind nicht immer Friede, Freude, Eierkuchen. Oder Margarinewerbung, wie Inke Hummel mal sagte. Meinungsverschiedenheiten gehören dazu, wenn Menschen mit verschiedenen Ansichten, Geschichten, Temperamenten und Persönlichkeiten zusammenleben. Und Konflikte sind nichts, was vermieden oder verheimlicht gehört, sie sind Teil des Lebens. Auch deines Kindes. Übrigens ist auch das ein häufiges Missverständnis von bedürfnisorientierter Erziehung. Weder erspart einem bedürfnisorientierte Erziehung Konflikte, noch ist Konfliktscheue charakteristisch für Eltern, die diesen Weg gehen. Selbstbewusst bedürfnisorientierte Eltern wissen, dass Konflikte ein natürlicher Bestandteil des Familienlebens sind und Chancen bergen, so mühsam sie manchmal auch sein mögen.

Dafür braucht es allerdings gesunde Konfliktlösestrategien. Bevor ich also zu den Rahmenbedingungen gesunder Konflikte komme, möchte ich erst noch mit einer großen elterlichen Sorge aufräumen, die da wäre: Vor den Kindern streiten, schadet den Kindern. Daher wird dann gerne mal den ganzen Tag sauertöpfisch vor sich hin gegrummelt, damit sich die angestaute Wut dann am Abend, wenn die Kinder im Bett sind, entladen kann. Ein (Streit-)Gespräch auf einen ruhigeren Moment zu verschieben, in dem man sich besser aufeinander konzentrieren kann, ist an sich kein Fehler. Wenn man es dann auch in der Zwischenzeit gut sein lassen kann und nicht die Zähne zusammenbeißt, bis der Kiefer weh tut, nur weil man auf keinen Fall vor den Kindern streiten will. Habt ihr eine gute Konfliktkultur in eurer Familie, dann ist das nämlich auch gar nicht notwendig. In diesem Fall lernt dein Kind an eurem Beispiel, dass Konflikte in Ordnung sind, wie sie aufgelöst werden und – das ist das Wichtigste – dass man am Ende eine gemeinsame Lösung findet, sich versöhnt und ein Konflikt keinen Beziehungsbruch bedeutet. Es lernt, dass auch Mama oder Papa für sich einstehen, dabei gehört werden und dass dann gemeinsam ein Weg gefunden wird oder dass auf eine Verletzung eine Entschuldigung folgt. Könnt ihr Konflikte auf diese Weise leben, gibt es keinen Grund, sie vor euren Kindern zu verstecken.

Den gibt es allerdings, wenn ihr verletzende und destruktive Konflikte führt. Werdet ihr persönlich, verletzend, unfair und/oder beleidigend im Streit und geht ihr dann auch noch ohne Versöhnung auseinander, ist es besser, die Pausentaste zu drücken und den Streit in Abwesenheit der Kinder weiterzuführen. Zumindest, bis ihr gelernt habt, konstruktiver zu streiten. Dabei helfen euch hoffentlich die folgenden Rahmenbedingungen.

Respektvolle Kommunikation

Eine respektvolle Kommunikation ist der Schlüssel zu einer starken Eltern-Kind-Beziehung sowie zu einer starken Partnerschaft. Sprache ist mächtig und Worte können verheerenden Schaden anrichten. Ein respektvoller Gebrauch von Sprache berücksichtigt Senden und Empfangen. Das heißt, dass beim Senden auf persönliche Angriffe, Beleidigungen, Unterbrechungen, Demütigungen, Abwertung, aggressives Schreien, Drohen, Monologisieren und erdrückende Vorwürfe verzichtet wird. Jemand, der auf diese Art und Weise verbal angegriffen wird, kann den Inhalt nicht erfassen und wird sich aller Wahrscheinlichkeit nach nur noch mehr verteidigen oder dicht machen, statt irgendetwas aufzunehmen. Außerdem bedeutet respektvolle Kommunikation, beim Empfangen den Inhalt des Gegenübers aufzunehmen, mit der Absicht, das Gesagte zu verstehen, statt es als „falsch“, „empfindlich“ oder „unsinnig“ abzuschmettern. Ein gesunder Konflikt kann nur erblühen, wenn diese Basis gegeben ist.

Auf dem Weg dorthin kann es notwendig werden, Grenzen zu setzen. Habt ihr bisher keine solche Streitkultur, wird es für euch ein anstrengender Lernprozess werden, alte Streitmuster abzuschütteln. Ihr werdet immer wieder, besonders, wenn die Emotionen hochkochen, von diesem Pfad abweichen. Das ist okay und normal. Seid geduldig miteinander, besonders, wenn ein Bemühen wirklich spürbar ist. Und setzt Grenzen, um euch zu schützen, aber auch, um dem anderen zu helfen, sich weiterzuentwickeln.

Grenzen setzen

Grenzen in der Kommunikation und besonders im Streit dienen nicht dem Zweck, das Verhalten des Gegenübers zu kontrollieren oder zu reglementieren. In Wahrheit dient eine Grenze der Festlegung DEINER Reaktion auf das Verhalten anderer. Du legst fest, wie du möchtest, dass mit dir umgegangen wird UND wie du selbst damit umgehen wirst, wenn das missachtet wird. Eine gesetzte Grenze besteht daher aus zwei Botschaften:

- das grenzverletzende Verhalten
- die auf die Grenzverletzung folgende Reaktion

Der zweite Teil ist deswegen so wichtig und darf nicht vergessen werden, weil niemand anderes als du selbst dafür verantwortlich ist, dass deine Grenzen gewahrt werden. Ich will es mit einem Beispiel verdeutlichen. Du setzt die Grenze „Ich will im Streit nicht beleidigt werden“, im ersten Szenario ohne Verknüpfung mit einer Reaktion. In den kommenden Streitgesprächen kommt es immer wieder zu Beleidigungen, auf die du jedes Mal ärgerlich mit „Ich hab’ doch gesagt, ich will nicht beleidigt werden!“ reagierst. Aber deine Grenze wird nicht gewahrt. Du selbst wahrst sie ebenso wenig wie dein Gegenüber. Jetzt eine Grenzsetzung mit Reaktion: „Ich will im Streit nicht beleidigt werden. Wird das Gespräch beleidigend, beende ich das Gespräch. Wir können es dann gerne zu einem späteren Zeitpunkt, wenn wir beide uns beruhigt haben, wieder aufnehmen.“ Kommt es dann im Streit zu Beleidigungen, folgt darauf die angekündigte Reaktion, du stehst für deine Grenze ein. Nicht, um zu bestrafen. Eine gesetzte Grenze ist auch keine Drohung. Sie dient dem Selbstschutz. Und durch die Bereitschaft, das Gespräch später wieder aufzunehmen, ist sie auch kein Beziehungsabbruch.

Aktives Zuhören

Ist die Sprache respektvoll, öffnet sich der Raum für einen Dialog. Damit dieser Dialog aber mehr ist als ein Wörter-Ping-Pong, ist es wichtig, dass ihr nicht nur hört und reagiert, sondern aktiv zuhört. Der Unterschied liegt darin: Hörst du zu, um sofort eine passende Entgegnung parat zu haben, mit der du zurückfeuern kannst? Oder hörst du zu, um zu verstehen, was dein Gegenüber zum Ausdruck bringen will, und um gegebenenfalls sogar Nachfragen zu stellen? Wenn wir ganz ehrlich zu uns selbst sind, so geht es in einigen Streits mehr ums Gewinnen als ums Verstehen. Und falls du dich jetzt ertappt fühlst, lass dir gesagt sein: Damit bist du ganz und gar nicht allein.

Gründe dafür gibt es einige und wenig überraschend findet sich so mancher Grund dafür wieder in unserer Kindheit. Hast du als Kind nicht die Erfahrung gemacht, gehört zu werden, ist es gut möglich, dass du heute verbissen darum kämpfst, endlich gehört zu werden. Das zeigt wieder einmal, wie unglaublich wichtig diese Erfahrung ist, wie sie unser ganzes Leben beeinflusst. Kannst du dir vorstellen, wie sehr sich die Dynamik zwischen euch ändern könnte, wenn ihr darüber offen redet? Wenn ihr euch Zeit nehmt, wirklich zu hören, was der andere sagt, und euch um Verstehen bemüht? Wie viele Missverständnisse würden damit vermieden?

ENTSCHLEUNIGEN

So ein Konflikt kann manchmal ganz schön Fahrt aufnehmen und plötzlich reagiert ihr nur noch, statt einander zuzuhören. Eskaliert euer Streit viel zu schnell und aktives Zuhören ist nicht möglich, könntet ihr versuchen, eure Gespräche über Themen, die scheinbar Zündstoff enthalten, zu entschleunigen. Das könnt ihr erreichen, indem ihr mit einem Timer arbeitet und Redezeit vergebt oder indem ihr schriftlich über dieses Thema kommuniziert. Das Aufschreiben dauert länger, ebenso das Lesen. Außerdem bietet das Aufschreiben den Vorteil, dass man seine Formulierung viel bewusster wählt.

Die verschiedenen Botschaften

Jetzt sitzt du über diesen Seiten und denkst dir „Ja, aber ... Ich hab‘ ihm/ihr schon soooo oft gesagt ‚Du hörst mir einfach nicht zu!‘“, es ist zum Verrücktwerden! Vielleicht hat Professor Friedemann Schulz von Thun, Kommunikationspsychologe, eine Antwort für dich, warum du manchmal gegen eine Wand redest. Mir jedenfalls hat sein quadratisches Modell der vier Botschaften sehr geholfen, so wie vielen anderen auch.

Schulz von Thun geht davon aus, dass eine Äußerung (die getätigte Aussage) vier Botschaften enthält und es dadurch auch vier „Ohren“ gibt, auf die diese Äußerung treffen kann. Daher wird dieses Modell manchmal auch das „4-Ohren-Modell“ genannt. Die vier Botschaften einer Äußerung sind:

1. **Sachaspekt** Die Äußerung transportiert einen Sachverhalt. Möchte ich auf dieser Ebene kommunizieren, möchte ich einen Inhalt klar und verständlich weitergeben.
2. **Beziehungsaspekt** Über die Art und Weise, wie ich kommuniziere, lässt sich ableiten, in welcher Beziehung ich zu der Person stehe. Schätze ich diese Person oder bin ich ihr abgeneigt? Vertraue ich ihr, vertraut sie mir?

3. **Selbstoffenbarung** In jeder Äußerung gebe ich etwas über mich selbst preis. Möchte ich also etwas über meine Gefühle, Gedanken oder Bedürfnisse teilen, um vom Gegenüber gehört und verstanden zu werden, werde ich die Äußerung so gestalten müssen, dass die Selbstoffenbarung deutlich wird. Das ist der Grund, warum eine gängige Empfehlung (der ich mich anschließe) jene ist, Ich-Botschaften zu formulieren.
4. **Appellaspekt** Der Appell ist das, was ich mit meiner Äußerung bezwecken möchte. Beginnt meine Kommunikation mit diesem Aspekt, häufig in Form von Du-Botschaften, die als Vorwurf verstanden werden, gehen die anderen Ebenen der Äußerung gern verloren.

Je nachdem, wie die Äußerung vorgebracht wird, stellt sie einen bestimmten Aspekt in den Vordergrund, transportiert werden aber in der Regel alle vier Ebenen. Grob vereinfacht könnte man sagen, der Beginn unserer Äußerung steuert den vordergründigen Aspekt. Beginnt die Äußerung mit einer Ich-Botschaft, ist es wahrscheinlich, dass eine Äußerung mit Fokus auf Selbstoffenbarung beginnt. Starte ich mit Informationen oder damit, wie sehr ich es beispielsweise schätze, dass wir in Sachen Erziehung am gleichen Strang ziehen, dann bediene ich die Sachebene oder die Beziehungsebene. Die Appellebene ist jene, die mit größter Wahrscheinlichkeit zum Streit führt, wenn die anderen zu kurz gekommen sind.

Gleichzeitig haben wir als Sender*innen einer Äußerung nicht vollkommen im Griff, welche Botschaft beim Gegenüber ankommt. Trifft sie auf das Sach-Ohr? Hört die Person etwas über unsere Beziehung heraus? Lernt sie durch diese Äußerung etwas über uns oder hört sie einen Appell, vielleicht sogar einen Vorwurf? Kommunikation ist ein stetes feines Nachjustieren, mit der Bemühung, gehört und verstanden zu werden sowie zu hören und zu verstehen. Habt ihr sehr lange sehr vorwurfsvoll kommuniziert, ist es denkbar, dass das „Vorwurfs-Ohr“ jetzt besonders groß ist. Nahezu alles, was gesagt wird, landet darin und aktiviert die eigene Verteidigung. Habt ihr euch beide mit diesem Modell vertraut gemacht, gibt es euch auch ein Werkzeug an die Hand, über diese Fehldeutungen zu sprechen. „Du hast das jetzt mit dem Vorwurfsohr gehört, stimmt's?" Das kann helfen, die Botschaft umzulenken.

Schauen wir uns ein Beispiel an. Hediye sagt zu ihrem Mann Felix, nachdem er ihre gemeinsame Tochter auf ihr Zimmer geschickt hat: „Immer bist du so streng!" Das sind Hediyes vier Botschaften:

1. Die Handlung „Aufs Zimmer schicken" ist streng. (Sachebene)
2. Du stehst mir nahe genug, dass ich dir das mitteilen möchte. (Beziehungsebene)
3. Ich bin nicht einverstanden damit, dass du zu unserer Tochter so streng bist. Ich sorge mich um eure Beziehung. (Selbstoffenbarung)
4. Ich möchte, dass du es anders machst. (Appell)

Das hört Felix:

1. Ich bin streng. (Sachebene)
2. Sie kennt mich gar nicht richtig und vertraut mir nicht. Ich bin gar nicht immer streng, nur, wenn ich mir nicht mehr zu helfen weiß. Aber das sieht sie gar nicht. (Beziehungsebene)
3. Sie ist mal wieder unzufrieden mit mir. (Selbstoffenbarung von Hediye)
4. Ich muss mich ändern. (Appell)

Auf drei von vier Ebenen ist die Botschaft fast so angekommen, wie sie gesendet wurde. Wobei Felix die Botschaften auf sich selbst als Person bezieht, während Hediye eigentlich nur über das gezeigte Verhalten sprechen wollte. Aber das kommt nicht so an und schädigt dadurch Felix' Selbstwert und ihre Beziehung in diesem Moment. Richtig deutlich wird das auf der Beziehungsebene. Während Hediye sich nur deshalb so über das strenge Verhalten ärgert, weil ihr ihre Familie sehr wichtig ist und sie sich um die Beziehung ihres Mannes und ihrer Tochter sorgt, kommt bei Felix an, dass sie ihn falsch einschätzt (die Generalisierung „immer" ist hier maßgeblich) und dass sie ihm nicht vertraut. Ich denke, ich muss nicht erklären, wie schädlich sich das auf Dauer auf eine Beziehung auswirken kann.

Wir sind uns in der Regel nicht darüber im Klaren, welche Botschaften wir mitschicken. Hediye hat nur fünf Wörter und doch so viel mehr gesagt. Und bei Felix kam auch viel mehr an als nur diese fünf Wörter. Die Äußerung ist in einen Kontext, eine Beziehung und einen Ausdruck (Stimme, Mimik, Gestik) eingebettet. Jeder von uns hat im Laufe der Zeit gelernt, zwischen den Zeilen zu lesen, nur leider nicht immer richtig und zutreffend. Ebenso hat sich für jeden von uns mit der Zeit eine bevorzugte Ebene herausgebildet, auf der wir kommunizieren, sowie ein bevorzugtes Ohr, mit dem wir empfangen. Diese Muster müsst ihr reflektieren und bewusst anpacken.

Das wird euch zu Beginn vermutlich etwas umständlich vorkommen, vielleicht sogar gekünstelt. Es kann sich merkwürdig anfühlen, seine eigenen Botschaften so zu zerlegen und nach Stellen zu suchen, die missverstanden werden können. Es kann dir vielleicht auch schwerfallen, die Beziehungsebene oder die Selbstoffenbarungsebene explizit auszuformulieren. Wenn das so ist, mach dir keinen Kopf. Es ist wie mit allem, was man ändern oder erlernen möchte: Es braucht Übung. Mit der Zeit wird es dir leichter fallen, diese Seiten deiner Äußerung zu bedenken und mitzusenden, damit die Empfängerseite nicht darüber mutmaßen muss. Es ist, wie es ist: Niemand kann Gedanken lesen, aber jede*r versucht es. Sich dessen stets bewusst zu sein, wird eure Kommunikation erheblich verbessern.

Lösungsfindung

Was wir nicht aus den Augen verlieren dürfen, ist, dass wir ja nicht nur um des Austauschs willen kommunizieren, sondern um eine Lösung zu finden. Zumindest, wenn es um Konflikte geht. Nachdem wir also das Problem kommuniziert und aktiv zugehört haben, wie es dem Gegenüber damit geht, sollte es vor allem um eines gehen: eine gemeinsame Lösung. Nicht um richtig oder falsch, Recht haben oder gewinnen. Auch wenn wir davon überzeugt sind, dass unser bedürfnisorientierter Weg der beste für unser Kind ist, sollte es im Konflikt in der Familie und mit der Partnerperson darum gehen, gemeinsame Lösungen für diesen Weg zu finden. Die gesunde Konfliktkultur zielt also auf eine gemeinsame Suche nach Lösungen ab. In eurer Partnerschaft ermutigt ihr euch gegenseitig, Ideen einzubringen und Kompromisse zu finden, die alle Bedürfnisse berücksichtigen. Das ist eure Verantwortung als Eltern.

PAUSENTASTE

Sind die Gemüter zu erhitzt, ist es nicht möglich, Lösungen zu finden. Das lässt sich sogar neurologisch begründen, denn unsere analytischen Fähigkeiten sind bei starken Emotionen stark gehemmt. So mancher Streit löst körperlich eine Kampf- oder Fluchtreaktion aus, in der unser Körper mehr funktioniert als denkt. Dann kann es sinnvoll sein, eine Pause einzulegen, um das System wieder herunterfahren zu lassen. Das ermöglicht, in Ruhe über die Situation nachzudenken, um dann mit klarem Kopf weiterzumachen.

Wichtig ist dabei, dass die Pause weder dafür genutzt wird, noch mehr Munition gegen den anderen zu sammeln, noch dafür, den Streit einfach unter den Teppich zu kehren. Eine „Pause" ist eine Vereinbarung zwischen zwei Menschen, die abmachen, dass sie sich Zeit nehmen, sich zu beruhigen, um dann zu einer guten Lösung zu finden. Einigt ihr euch darauf, eine Pause zu machen, einigt ihr euch auch darauf, dass das Thema nur pausiert und nicht beendet ist. Sich daran dann auch zu halten, stärkt euer Vertrauen in euch als Paar und in die Methode.

Es ist mir wichtig, zu erwähnen, dass Kommunikation auf Augenhöhe ein Prozess ist, der je nach eurem Startpunkt auch länger dauern kann. Verliert dabei bitte nicht die Geduld oder das Ziel aus den Augen. Macht kleine Schritte und erwartet weder zu viel von euch selbst noch von eurem Gegenüber, der Partnerperson oder dem Kind. Perfektion ist nicht das Ziel, ein spürbarer guter Wille hingegen schon. Und nicht vergessen: Es gibt Hilfe. Sie in Anspruch zu nehmen, ist okay. Besonders, wenn die Fronten vielleicht schon verhärtet sind.

Familienleben auf Augenhöhe

Selbstbewusste Bedürfnisorientierung weiß darum, dass es eine große Herausforderung ist, die Bedürfnisse der einzelnen Familienmitglieder in Einklang zu bringen und dass es dafür eine offene und respektvolle Kommunikation braucht. Weil jede Familie eine einzigartige Mischung aus verschiedenen Menschen und entsprechend deren Bedürfnissen ist, sind auch die einzelnen Wege und Lösungen, die diese Familien finden, einzigartig. Es geht also nicht darum, was bei Familie Mustermann funktioniert, sondern darum, was ihr als Individuen und als Familie braucht, um im Einklang miteinander zu leben. Musterlösungen führen euch nicht zum Erfolg, sie lassen euch einem Ideal hinterherjagen, das möglicherweise für euch gar nicht erreichbar oder schlicht und ergreifend unpassend ist. Auch hier ist wieder die Haltung entscheidend. Glaube ich, dass ich besser weiß, was gut für andere ist und was sie brauchen, oder öffne ich ihnen einen Raum dafür, sich zu zeigen und gesehen zu werden? Der offene Austausch darüber, wie es euch geht und was ihr braucht, fördert ein Verständnis aller für die aktuellen Bedürfnisse aller. Daraus erwachsen die Fähigkeiten Perspektivenübernahme und Empathie, die wiederum die Grundlage für eine harmonische, unterstützende und rücksichtvolle Familienkultur bilden. Für euren Weg.

Aus der Arbeitswelt und Unternehmensführung weiß man inzwischen, dass Mitarbeiter*innen mehr Engagement und Kooperationswillen zeigen, sich im Unternehmen wohler fühlen und die Regeln eher einhalten oder sogar vor anderen durchsetzen und verteidigen, wenn sie das Gefühl haben, dass sie nicht irgendeine Nummer oder ein unwichtiges Rädchen im Getriebe sind, sondern gehört und in Entscheidungen einbezogen werden. Wird nur von oben nach unten diktiert, kann sich der oder die Angestellte nicht mit den Firmenzielen oder -werten identifizieren, macht „Dienst nach Vorschrift“ oder wehrt sich sogar mit Kleinigkeiten gegen das Unternehmen. Studien konnten zeigen, dass Mitarbeiter*innen, die sich im Unternehmen nicht gerecht behandelt fühlen und sich nicht mit der Firma identifizieren können, eher zu kleinen „Diebstählen“ (wie Büromaterial) neigen und mehr Fehlzeiten aufweisen (vgl. dazu u. a. Schöpf & Liebig, 2006).

Warum ich das erzähle? Weil das auch für „Familienführung“ gilt. Nicht das mit den Diebstählen und den Fehlzeiten, nein, sondern der Teil mit dem Kooperationswillen und dem Zusammengehörigkeitsgefühl. Führung auf Augenhöhe führt zu mehr Zufriedenheit, kreativeren Lösungen und mehr Identifikation mit den eingeschlagenen Wegen. Für die kindliche Kooperationsbereitschaft ist ein Erziehungsverhalten förderlich, das durch ein hohes Maß an adäquaten, kindgerechten Reaktionen und Wärme gekennzeichnet ist (Barkley, 2011). Und das lässt sich wunderbar auf die Führung von Familienkonflikten übertragen.

Eine große Schwierigkeit ist, dass wir im Kopf oftmals in einem Schwarz-Weiß-Denken verhaftet sind, was Konflikte anbelangt. Es geht um Sieg oder Niederlage. Entweder gewinne ich oder mein Kind. Gewinne ich (durch Machtausübung), steckt mein Kind zurück oder empfindet darüber sehr wahrscheinlich Wut mir gegenüber, die sich mit der Zeit zu einem Groll entwickelt. Groll ist pures Gift für Beziehungen. Gewinnt mein Kind, zum Beispiel, weil ich konfliktscheu oder konfliktmüde geworden bin, entsteht auf meiner Seite über kurz oder lang ein Groll. Gleichzeitig fühlt sich die jeweils unterlegene Seite nicht gehört, gesehen und wertgeschätzt. Der Graben wird immer tiefer.

Diese Art und Weise zu denken und Konflikte zu lösen entsteht aus dem der Eltern-Kind-Beziehung innewohnenden Machtgefälle. Von Konflikten unter Personen mit ausgewogenen „Machtverhältnissen“, wie zum Beispiel Partnerpersonen, wissen wir, dass Konflikte nicht gesund gelöst werden können, wenn eine Person Macht ausübt und die andere sich unterwirft. Kurzfristig, genau wie bei autoritären Erziehungsmethoden, mag es funktionieren und eine Person bekommt ihren Willen. Langfristig aber leidet die Beziehung. Dieses Wissen um Konfliktlösungen auf Augenhöhe lässt sich auch auf die Familie und die Eltern-Kind-Interaktion übertragen, damit ihr Familie auf Augenhöhe leben könnt.

Das bedeutet einen Abschied vom Machtkampf, vom Denken in Sieg oder Niederlage. Überhaupt sollte es ein Abschied vom Kämpfen sein, hin zu einer Konfliktkultur mit für alle Seiten annehmbaren und tragbaren Lösungen. Und das beginnt schon bei der Konfliktdefinition.

Wo liegt eigentlich das Problem?
Herrscht zwischen zwei Menschen ein Konflikt, dann gibt es mindestens zwei Sichtweisen darauf. Sind wir in einer adultistischen Haltung verhaftet, verlieren wir die zweite Sichtweise aus dem Blick – denn wir wissen es besser, wir sind die Erwachsenen. Dabei lassen wir außer Acht, dass es durchaus Dinge gibt, die unser Kind besser weiß als wir. Es weiß mit großer Sicherheit besser als wir, was es spürt, was es fühlt, was ihm Angst macht, was ihm Freude bereitet, womit es Probleme hat, was ihm schwer oder leicht fällt, ob ihm kalt oder heiß ist, ob es Hunger hat oder dringend aufs Klo muss. Erzählt es davon, dass es sich von einer anderen Person, einer Lehrperson beispielsweise, ungerecht behandelt gefühlt hat, wird es das besser wissen als wir (Vor allem, da es ist erster Linie nicht um die objektive Beweisführung geht, ob wirklich eine ungerechte Behandlung vorlag, sondern erst mal darum, dass das Kind sich so gefühlt hat). Du siehst also, es gibt sehr viele Dinge, die dein Kind besser weiß als du, weil du weder in seinem Körper noch in seinem Kopf steckst und Mama oder Papa eben doch nicht immer „alles besser wissen". Lebenserfahrung ist eine wertvolle Ressource, keine Frage. Aber sie befähigt niemanden, einem anderen seine Empfindungen abzusprechen.

Was heißt das jetzt für Konflikte innerhalb der Familie? Dass wir im Falle eines Konflikts erst mal einen Schritt zurück machen sollten, um den Konflikt genauer zu betrachten. Wo kommt er her? Was ist hier los? Was verbirgt sich hinter der Kooperationsverweigerung meines Kindes? Was stört mich? Was stört mein Kind? Was brauche ich gerade? Und was braucht mein Kind?

Diesen Punkt überspringen wir manchmal und verpassen so die Chance, mehr über unser Kind zu erfahren. Es wird mir nur schwer möglich sein, für alle annehmbare Lösungen zu finden, wenn ich die Konfliktanteile der anderen Seite gar nicht kenne oder respektiere. Wenn ich gar nicht weiß, dass mein Kind die Mütze nicht anziehen will, weil sie kratzt, weil ich bestimmt habe, dass die Mütze drauf bleibt. „Keine Wiederrede." Wenn ich vom Streit unter Freunden nichts erfahre, weil ich direkt nach dem „Ich will nicht in die Schule!" meines Kindes sofort kontere, dass Schule wichtig ist. „Diskussion beendet." Wenn ich nichts von der Angst meines Kindes vor den neuen Statuen am Dorfplatz erfahre, weil ich das „Ich will nicht in den Kindergarten laufen!" meines Kindes mit „Ich trag dich sicher nicht!" abschmettere. So viele verpasste Möglichkeiten. Verpasste Chancen, sich besser kennenzulernen, sich nahe zu sein und gemeinsam Lösungen zu finden. Füreinander dazu zu sein.

Und wer jetzt denkt „Wer hat denn schon die Zeit, immer Detektiv zu spielen und herauszufinden, worum es eigentlich geht?", der frage sich: Wie lange dauert so ein Streit? Ein kleinkindlicher Wutausbruch? Oder die abgekühlte Stimmung danach, der Rückzug, die Wut? Oder wie lange belastet euch schon ein wiederkehrender Konflikt in ähnlichen Situationen? Wie viele Konflikte könnt ihr womöglich bereits dadurch vermeiden, dass ihr offen miteinander kommuniziert? Weil ihr einen Raum geschaffen habt, durch euer wertschätzendes Interesse an der Sichtweise eure Kindes, sodass ihr gar nicht mehr Detektiv spielen müsst? Klingt gut, oder? Schön, denn ab hier wird's einfach!

Was sind eure Möglichkeiten?

Herauszufinden, wo das Problem liegt, ist die halbe Miete. Ich weiß, was ich will und warum ich es will (im Beispiel mit der Mütze will ich, dass diese aus Sorge um eine Erkrankung getragen wird) und ich habe erfahren, was mein Kind warum will oder nicht will (es will diese Mütze nicht tragen, weil sie kratzt). Aus diesem Wissen ergeben sich nun Lösungsmöglichkeiten, in diesem Beispiel sogar sehr einfache.

Statt Macht auszuüben und das Kind zu zwingen, diese Mütze zu tragen, können jetzt Alternativen gefunden werden: eine andere Mütze, ein Stirnband, Ohrenschützer, eine Kapuze? So simpel dieses Beispiel erscheinen mag, so oft sehe und höre ich Eltern wegen Kleidungsstücken mit ihren Kindern streiten und über das „Ich will nicht!" hinaus wird nur wenig darüber in Erfahrung gebracht, warum es nicht will. Kratzt die Mütze? Hat ein anderes Kind wegen dem Muster der Jacke gelacht? Stört der Zettel in diesem Pulli ganz besonders? Zwickt die Hose im Schritt? Sind die Socken zu warm? Haben wir erst mal verstanden, dass Kinder nicht einfach ohne Grund etwas verweigern, werden wir neugierig für ihre Gründe. Und die liefern uns, wenn wir Glück haben, auch schon sehr gute Lösungsmöglichkeiten.

Ist das nicht so, ist es an dir, dein Kind einzuladen, seine Lösungsideen einzubringen. Du wirst überrascht sein, wie kreativ Kinderlösungen sein können und dass Kinder, wenn man sie lässt, auch tatsächlich nicht nur Lösungen für ihre eigene Bedürfniserfüllung vorschlagen, sondern wirklich tolle Kompromissideen haben. Sie wünschen sich ja genau wie wir ein gutes Miteinander. Lasst im ersten Schritt einfach mal jede Idee für sich stehen, ganz ohne Machbarkeitsbewertung. Das fördert den Denkfluss und die Kreativität. Habt ihr Konflikte bisher nicht so gehandhabt, kann es sein, dass du an dieser Stelle etwas Geduld mitbringen und dein Kind darin bestärken musst, dass es frei von der Leber weg Vorschläge machen kann.

Worauf einigt ihr euch?

Habt ihr Lösungsvorschläge gesammelt – das kann bei kleinen Konflikten ganz schnell gehen und bei wiederkehrenden, größeren Konflikten eine richtige „Sitzung" benötigen –, dann schaut, ob sie denn umsetzbar sind und wie sich die einzelnen Parteien mit den jeweiligen Lösungen fühlen. Euer Ziel ist es nun, die für alle annehmbarste Lösung zu finden. Eine Lösung, bei der es weder Verlierer*in noch Sieger*in gibt. Niemanden, der komplett seinen Willen bekommt. Niemanden, der sich gänzlich unterordnen und seine Bedürfnisse zurückstellen muss. Das Ziel ist ein kooperatives Miteinander, mit einer

Lösung, für deren Umsetzung auch alle Beteiligten Verantwortung übernehmen. Ein Umgang mit Konflikten, hinter dem jedes Familienmitglied steht, bei dem sich jede*r gesehen und gehört fühlt. Und genau an dieser Stelle sind wir wieder bei der selbstbewussten bedürfnisorientierten Erziehung angekommen.

Denn was an dieser Stelle zählt, sind EURE Bedürfnisse, keine Musterlösungen und auch nicht, was die Nachbarin oder der Onkel von eurer Lösung halten mag. Eure Handlungsmöglichkeiten werden auf Passung zu eurer Familie geprüft. Selbstverständlich lassen wir Eltern uns bei unseren eigenen Vorschlägen vom Erfahrungsschatz anderer inspirieren – es gibt super kreative Strategien für verschiedene Konfliktfelder da draußen. In Ratgebern, Blogs, auf Social Media. Gleichzeitig gibt es keine Garantie, dass das, was bei Familie Maier funktioniert hat, auch bei Familie Giuliani passt. Und das ist okay. Selbstbewusst, wie ihr als bedürfnisorientierte Familie jetzt seid, könnt ihr euch inspirieren lassen, ohne euch zu vergleichen.

FAMILIENREGELN ERARBEITEN

Das Zusammenleben von Menschen braucht Regeln, damit sich alle wohlfühlen und sich entfalten können. Die oben beschriebenen Schritte zur Konfliktlösung eignen sich hervorragend dafür, gemeinsam die wichtigsten Regeln für euer familiäres Miteinander zu erarbeiten. Das geht besonders gut, wenn ihr schon eure Familienwerte gefunden, also die Säulen eures Zusammenlebens definiert habt. Versucht aber bitte nicht, an einem Abend die Welt aus den Angeln zu heben. Sammelt erst mal gemeinsam, wo es im Alltag immer wieder zu Konflikten kommt und wofür es eine (neue) Regelung braucht. Weil es bisher gar keine Regelung gibt oder weil die alte ständig gebrochen wird oder nicht mehr zeitgemäß ist und angepasst werden muss. Letzteres ist ein wichtiger Punkt, denn Familie ist immer im Wandel, unsere Kinder entwickeln sich stetig weiter. Das sollte sich in den Regeln widerspiegeln.

Und dann geht vor, wie weiter vorne beschrieben. Diskutiert:

1. Was ist das Problem? Welche Bedürfnisse prallen an dieser Stelle aufeinander? Wer will/braucht was und was nicht? Was hat sich geändert?
2. Wie könnten Lösungen aussehen? Welche Ideen haben ALLE Familienmitglieder? Welche Regelvorschläge gibt es?
3. Welche wählen wir als Familie aus? Ist sie machbar? Sind alle einverstanden? Für welche Situationen gilt sie, gibt es Ausnahmen? Was geschieht, wenn die Regel verletzt wird?

Und gönnt euch etwas! Macht daraus keine trockenen Sitzungen, lasst es euch dabei gut gehen. Fühlt euch wohl miteinander! Eine leckere Familienpizza, ein großer Snackteller und/oder ein anschließender Spieleabend. Ihr müsst nicht zum Direktor, weil ihr im Unterricht gestört habt. Ihr lebt Familie auf Augenhöhe. Lasst es ein liebgewonnenes Ritual statt einer Strafarbeit werden. Das funktioniert übrigens auch super, um gemeinsame Erziehungsleitlinien zu erarbeiten.

Und was, wenn die Regeln gebrochen werden? Wenn sie nicht eingehalten werden? Muss man dann nicht, nachdem sich schon alle darauf geeinigt haben, Konsequenzen setzen? Dazu noch ein paar abschließende Gedanken. Zum einen müssten die Konsequenzen für das Übertreten von Familienregeln dann für alle Familienmitglieder gleich gelten und bei der Festlegung der Regel bereits berücksichtigt werden. Das ist dann denkbar, wenn es darum geht, wer einen entstandenen „Schaden" wiedergutmacht, nicht von Strafen. Wie könnte denn eine Wiedergutmachung aussehen? Darüber solltet ihr sprechen. Habt ihr Möglichkeiten festgelegt, wie ein Familienmitglied an die Einhaltung einer Regel erinnert werden kann, wenn es dabei ist, sie zu brechen oder gegen einen Familienwert zu verstoßen?

Allem voran sehe ich einen Regelbruch jedoch eher als Einladung zur Reflexion. War die Regel noch zu frisch und muss sich erst etablieren? Ist sie alt und passt nicht mehr? War sie zu herausfordernd? Manchmal können Kinder ziemlich ambitioniert sein und dann feststellen, dass es über ihre Fähigkeiten hinausgeht. Gab es besondere Umstände? Wie reagiert das Kind, wenn ich es offen und nicht anklagend darauf anspreche? Das Nichteinhalten einer Regel ist ein neuer Konflikt und kann daher eine neue Konfliktlösekette auslösen. Und ich werde nicht müde zu betonen, dass Verhalten immer Konsequenzen hat, ich muss diese als Eltern nicht künstlich erschaffen.

Beziehungsstärkung durch Konflikte

Diese Überschrift klingt irgendwie widersinnig, nicht? Wir nehmen Konflikte eher als etwas Beziehungsschädigendes wahr, sicher nicht als etwas, das unsere Beziehungen sogar noch stärkt. Oder gar noch weitere positive Auswirkungen mit sich bringt. Und doch ist das möglich. Eine Konfliktkultur auf Augenhöhe kann genau das leisten. Sie kann euch einander näherbringen, euer Familienleben harmonischer werden lassen. Wir haben weiter oben gesehen, wie viel Groll Konflikte hervorbringen können, die sich nur darum drehen, wer am Ende gewinnt. Wer sich durchsetzt. Wer seinen Willen bekommt. Dieser Groll entsteht aus einem Ungleichgewicht und zerfrisst deine Beziehungen. Als selbstbewusst bedürfnisorientierte Familie vertreibt ihr diesen ungebetenen Gast aus eurer Familie, indem ihr gemeinsame Lösungen sucht. Es ist wie Magie. Ihr werdet es in dem Moment spüren, in dem ihr euch auf eine für alle (!) passende Lösung geeinigt habt: Der Stress und die Anspannung fallen ab und es macht sich Freude breit. Dein Kind strahlt, weil es gehört, gesehen und ernst genommen wurde. Du freust dich mit, bist vielleicht sogar ganz angetan von der kreativen Idee deines Kindes und lässt dich von seinem Stolz anstecken. Und statt auseinanderzugehen und einander zu grollen, geht ihr gemeinsam los und packt das Problem an.

Das ist nämlich ein weiterer Vorteil von einem Leben mit Kindern auf Augenhöhe: Dein Kind wird viel motivierter sein, eine Lösung umzusetzen oder eine Regel zu befolgen, an deren Ausformung es beteiligt war, statt eine diktierte Regel unhinterfragt anzuwenden. Es entlastet dich in deiner Rolle als „Antreiber*in", von der mir sehr viele Eltern berichten und die sie hassen. Ständig anzutreiben, zu erinnern, zu ermahnen, zu nörgeln, zu kontrollieren – so haben sich die meisten das Leben mit Kind nicht vorgestellt. Das wird viel weniger, denn dein Kind wird sich der Regel verpflichteter fühlen, wenn es sie mitgestaltet hat. Immerhin besteht sie zu einem Teil aus einem Vorschlag von ihm.

Was mich gleich zum nächsten Vorteil bringt (hier geht's Schlag auf Schlag): Lösungen können kreativer werden, da Kinder noch nicht in Schubladen denken, so wie wir das tun. „Das macht man aber nicht..." hält sie noch nicht vom Denken ab. Sehr beneidenswert, wenn du mich fragst. Geben wir ihnen die Chance, sich einzubringen, schult das ihre Problemlösefähigkeit ungemein und wenn das keine wertvolle Kompetenz für die Zukunft ist, dann weiß ich auch nicht. Gleichzeitig reichern wir damit ihren Empathieschatz an, denn für alle mittragbare Lösungen benötigen logischerweise den Blick auf die Bedürfnisse aller. Was mir selbst jedoch mit am besten gefällt, ist Folgendes: Ich erfahre so viel mehr über mein Kind, sein Innenleben, seine Lebenswelt, seine Gedanken und Gefühle und seine Vorstellungen, wenn ich im Dialog mit ihm dem Konflikt auf den Grund gehe. Gleiches gilt für meine Partnerperson. Wobei man sagen muss, dass es uns leichter gelingt, mit einer erwachsenen Person auf Augenhöhe Kompromisse zu finden als mit Kindern, denen wir eben oft noch zu wenig zutrauen und die wir manchmal immer noch nicht ernst genug nehmen.

Ihr gegen den Rest der Welt!

Im Leben eines Kindes gibt es noch viele andere Menschen, die eine Rolle spielen. Mit den Jahren werden es immer mehr, während der eigene „Einfluss" immer weiter schwindet. Da sind die Großeltern, andere Eltern, pädagogische Fachkräfte, Lehrer und Lehrerinnen, die Fußballtrainerin oder der Volleyballtrainer. Andere Erwachsene, die in irgendeiner Weise an der Erziehung und Prägung deines Kindes beteiligt sind. Das kann sehr bereichernd für dich und dein Kind sein, euch aber auch mit großer Sorge erfüllen. Während wir uns selbst mühsam mit unserer Vergangenheit und unseren adultistischen Anteilen auseinandersetzen, um unser Kind großzulieben statt zu erziehen, kommt unser Kind womöglich auch mit Menschen in Kontakt, die das nicht tun. Vorurteile und Widerstände gegenüber einer Begleitung auf Augenhöhe und gegenüber Kindern als gleichwertige Mitbürger*innen finden sich leider überall, auch im direkten kindlichen Umfeld. Jetzt können wir aber unsere Kinder schlecht von den Großeltern fernhalten oder von der Schule abmelden. Wir werden uns wohl eher selbstbewusst vor oder neben unser Kind stellen und es verteidigen müssen.

Bedürfnisorientierte Erziehung in Kindergarten und Schule

Während ich für Konflikte mit den Großeltern die Inhalte aus diesem Buch sowie den Konfliktlöseweg aus dem Kapitel → „Familienleben auf Augenhöhe“ empfehle, ist das in den meisten Fällen für den institutionellen Rahmen nicht so umsetzbar. Zumindest nicht zur Gänze.

Tatsache ist, dass deinem Kind mit sehr großer Wahrscheinlichkeit auch heute noch Erwachsene in pädagogischen Berufen begegnen werden, die ihm viele Fähigkeiten absprechen, es nicht ernst nehmen, ihm keine Teilhabe und kein Mitbestimmungsrecht einräumen und die über seinen Kopf hinweg entscheiden. Euch werden verhaltensbeeinflussende Maßnahmen wie Belohnung und Bestrafung begegnen und sehr wahrscheinlich auch Formen von Gewalt, wie ich sie in diesem Buch beschrieben habe. Ich schreibe das nicht, um dir Angst zu machen, sondern um dich darauf vorzubereiten. Autoritäre Gedanken und Adultismus sind noch nicht aus der Lebenswelt unserer Kinder verbannt und dessen müssen wir uns bewusst sein. Es gibt sie noch, die Fachkräfte, die ein Kind in die Garderobe oder auf den Gang schicken, „weil es stört“, es vom Morgenkreis ausschließen, weil es sich „ständig bewegt“, die Vesperdose wegpacken, weil es während der gemeinsamen Vesperpause mit dem Sitznachbar geredet hat und vieles mehr. Und im institutionellen Rahmen sind immer noch die allermeisten Regeln, Gebote und Verbote von oben diktiert und nicht mit Kindern gemeinsam ausgehandelt.

Dabei hätten Kinder das Recht, in Dingen, die sie betreffen, gehört und ernst genommen zu werden. Zwei der zentralen Prinzipien der UN-Kinderrechtskonvention sind: Das Wohl des Kindes hat Vorrang und die Meinung von Kindern muss geachtet werden. Das bedeutet, dass wann immer Entscheidungen getroffen werden, die sich auf Kinder auswirken, ihr Wohl vorrangig berücksichtigt werden muss und dass sie bei der Entscheidungsfindung ernst genommen, respektiert und einbezogen werden müssen. Diese Prinzipien finden sich jedoch im Alltag unserer Kinder noch kaum. Davor dürfen wir die Augen nicht verschließen. Im Gegenteil: Selbstbewusste bedürfnisorientierte Erziehung bedeutet auch, auf Missstände hinzuweisen und dafür einzutreten, dass die Welt, in der das eigene Kind aufwächst, ein bisschen besser wird.

Bevor wir jetzt aber Plakate gegen „Stille Treppe" und Co. malen, fangen wir ganz klein an, und zwar bei der Bindungs- und Bildungspartnerschaft zwischen Eltern und Erzieher*innen oder Lehrer*innen. Diese Partnerschaft lebt vom Austausch, vom gegenseitigen Interesse. Dieser Austausch schafft eine Verbindung zwischen dem Leben zu Hause und dem Leben im Kindergarten oder in der Schule. Das müssen keine getrennten Bereiche sein, denn dort gibt es ebenfalls Menschen, die viele Stunden am Tag mit unserem Kind verbringen, die ihrerseits eine Bindung mit unserem Kind eingehen. Sie „verwahren" sie nicht, sie interagieren, trösten, maßregeln, fördern und bilden sie. Kindergarten und Schule sollten, ähnlich wie die Familie, ein Schutzraum für ihre Entwicklung sein. Ein Raum, in dem ihre Bedürfnisse Beachtung finden und das Miteinander von Respekt und Empathie geprägt ist. Und auch wenn wir wissen, dass das leider noch nicht so der Fall ist, wie wir uns das wünschen, liegt doch in der Partnerschaft mit diesen Menschen viel Potenzial für Veränderung in genau diese Richtung.

Der Begriff „Partnerschaft" zeigt auch schon den Weg dafür auf: das offene Gespräch. Tausche dich mit den Menschen, die dein Kind betreuen und begleiten, immer wieder aus. Beim Anmelden und Kennenlernen, beim Eingewöhnen, beim Bringen und Abholen, bei Entwicklungsgesprächen und Elternabenden. Erfahre etwas über ihren Alltag mit deinem Kind und teile deine Erfahrungen mit deinem Kind mit. Sei die selbstbewusste Mama, der selbstbewusste Papa, der nachfragt – beim Kind und bei den Fachkräften –, wie der Kindergarten- oder Schultag war. Was erlebt wurde und ob es Konflikte gab. Gibt es wiederkehrende Konflikte, biete deine Unterstützung an, immerhin hast du Expertenstatus, was dein Kind angeht. Höre deinem Kind zu, wovon es erzählt, und nimm es dabei ernst. Allzu schnell verfallen wir in ein „Na, du wirst schon was angestellt haben, dass dies oder jenes passiert ist", statt hinzuhören, wie unser Kind die Situation schildert und wie es sich dabei und danach gefühlt hat. Frage nach und kläre bei Bedarf auch die andere Seite ab oder unterstütze dein Kind dabei, das zu tun. Und lass dich nicht von Gedanken wie „Dann halten mich alle für eine übereifrige Glucke oder einen Helikoptervater" abschrecken. Du nimmst deine Verantwortung als der Mensch wahr, der sein Kind ins Leben begleitet. Wer, wenn nicht du, soll für dein Kind eintreten, wenn es unfair behandelt wird? Wenn seine Rechte nicht geachtet werden?

Und ja, es wird sie geben, die anderen Eltern, die die Augen verdrehen, und auch die Fachkräfte, die sich etwas weniger Elternaustausch wünschen. Aber es wird auch die geben, die sich darüber freuen, dass ein Elternteil Interesse zeigt und mit ihnen im Dialog ist. Der ihnen vielleicht auch mal hilfreiche Ideen dazu mitbringt, wie man einem Kind bei großen Emotionen helfen kann. Du möchtest, dass die Bezugspersonen deines Kindes mit ihm auf Augenhöhe agieren? Dann hilf ihnen dabei und lass sie an deinem reichen Erfahrungsschatz teilhaben. Davon profitiert nicht nur dein Kind.

Hast du etwas mehr Ressourcen, ergeben sich weitere Möglichkeiten, Einfluss auf die Gestaltung dieser Entwicklungsräume zu nehmen, wie zum Beispiel die Teilhabe an der Entwicklung von Kinderschutzkonzepten im Kindergarten, die Beteiligung am Elternbeirat oder dessen Gründung, wenn keiner vorhanden ist. Der Zusammenschluss mit anderen gleichgesinnten Eltern kann sehr hilfreich sein, wenn ihr auf einen Missstand hinweisen und Ideen zu dessen Beseitigung einbringen wollt. Spricht man ein Problem an und hat bereits einen Lösungsvorschlag im Gepäck, den man zur Diskussion bringen will, liegt der Fokus weniger auf dem „Vorwurf" als vielmehr auf der gemeinsamen Lösungsfindung. Der Elternbeirat und/oder die Leitung einer Betreuungseinrichtung sind gute Gesprächspartner, sollte gegen einen eurer Werte oder gegen eines der Kinderrechte verstoßen worden sein. Auch hierfür ist es wieder essenziell, dass du und bestenfalls auch deine Partnerperson eine klare Haltung hat, für die ihr selbstbewusst eintreten könnt und wollt. Und um auch die schüchternen Löwenmütter und Löwenväter nicht zu vergessen: Die Elternvertretungen zu unterstützen und nicht an vorderster Front zu „kämpfen" ist auch ein Weg, um dein Kind zu unterstützen. Außerdem gibt es, wenn es hart auf hart kommt, Beratungsstellen, die Eltern unterstützen.

Zu Ferienbeginn immer das gleiche Bild: viele Tränen und herzzerreißendes Klammern in der Kindergartengarderobe. Warum? Weil sich auf einen Schlag alles geändert hat. Die Ferienbetreuung ist mit einer anderen Betreuerin, in einem anderen Raum, in einer Sammelgruppe. Vom vergangenen Freitag auf den Montagmorgen ist alles anders. Ganz ohne Vorwarnung. Für viele Kinder ein Albtraum. Für viele Eltern auch, denn so wollen sie ihr Kind eigentlich nicht abgeben. Aber das Kind hat mehr Wochen Ferien, als die Eltern Urlaub nehmen können und die Arbeit wartet schon.

*Aber auch der Kindergarten hat seine Gründe für diese Gestaltung der Ferienbetreuung. Andere Räume werden in dieser Zeit gereinigt, einige Mitarbeiter*innen haben Urlaub und die Anmeldezahlen rechtfertigen es nicht, dass alle Gruppen in Normalbesetzung geöffnet sind. Ein Problem ohne Lösung, wie es scheint. Falsch. Denn wenn man sich genauer mit dem Kindergartenalltag auseinandersetzt, erfährt man, dass auch in der Nachmittagsbetreuung, die aber nicht alle Kinder besuchen, die Gruppen oft zusammengelegt werden und sich die Betreuer*innen abwechseln. Wissen Eltern das und darum, dass ihre Kinder sich mit der Ferienbetreuung schwertun, können*

*sie ihrem Kind dabei helfen, die anderen Betreuer*innen und Kinder kennenzulernen, in dem sie hin und wieder die Nachmittagsbetreuung nutzen. Als Vorbereitung auf die Ferienbetreuung.*
Entstanden ist diese Idee in einem Kindergarten in meiner Nähe aus dem Dialog von Eltern und Fachkräften, die ihre jeweiligen Bedürfnisse zum Ausdruck gebracht haben, viele Eltern davon stellvertretend für ihre Kinder, denen beim Übergang in die Ferienbetreuung die Sicherheit des Bekannten fehlte. Erwägungen, die in der Planung der Ferienbetreuung anderen Anforderungen untergeordnet waren, für alle Beteiligten aber eigentlich leicht umzusetzen sind.

Fassen wir also noch mal zusammen, was du tun kannst, wenn es deinem Kind mit der Betreuungssituation nicht gut geht oder du dir in bestimmten Situationen einen anderen Umgang wünschst. Wie kannst du Probleme oder Missstände ansprechen und für ein gutes Bindungsdreieck zwischen euch als Eltern, den Fachkräften und deinem Kind sorgen?

- Nimm eine konstruktive und kooperative Haltung ein. Es geht auch hier um ein Miteinander und kein Gegeneinander.
- Suche das offene Gespräch, in dem du deinen Standpunkt respektvoll und einfühlsam mitteilst, dabei jedoch betonst, dass du eine partnerschaftliche Zusammenarbeit anstrebst.
- Strebe gegenseitiges Verständnis an. Biete deine Perspektive, deine Werte und deine Kenntnisse über die Bedürfnisse deines Kindes an und sei gleichzeitig offen für die Sichtweise der Fachkraft. Das schafft Verständnis, öffnet den Lösungsraum und bildet die Grundlage für eine wertschöpfende Zusammenarbeit.
- Lade dein Kind zum Gespräch mit der Fachkraft ein und tritt dafür ein, dass auch seine Perspektiven und Lösungsvorschläge gehört werden.
- Arbeitet im Gespräch mit konkreten Situationen, Beispielen und Handlungsmöglichkeiten, statt allgemeine Unzufriedenheit in den Raum zu werfen. Das bindet dem Gegenüber die Hände für eine Perspektivenübernahme und die Entwicklung von alternativen Lösungen.

- Bleibt regelmäßig in Austausch, um das gegenseitige Verständnis auszubauen und auch Veränderungen gut beobachten zu können.
- Nutze die Möglichkeiten von Initiativen, Elternbeiräten, Elternvertretungen oder Fortbildungen, die für Eltern und Fachkräfte angeboten werden.
- Hast du Ressourcen und einen unbändigen Veränderungswillen, kannst du auch selbst Initiativen starten, Fortbildungen anregen, andere Eltern mobilisieren. In vielen Städten oder Gemeinden gibt es Stellen, die dabei unterstützen.
- Ziehe professionelle Hilfe in Betracht, sollte die Situation sehr verfahren sein.
- Schütze dein Kind. Sollte sich die Situation nicht ändern lassen und sich auf Seiten deines Kindes ein Leidensdruck bemerkbar machen, dann prüfe, ob ein Wechsel der Einrichtung möglich ist.

Teilhabe und Rechte für Kinder

Wann immer ich mit bedürfnisorientierten Eltern spreche, habe ich den Eindruck, dass sie nicht nur die Haltung eint, sondern auch ein leuchtender Funke, der ihre Motivation, etwas zu verändern, befeuert. Selbst, wenn der Alltagsstruggle zwischen Eltern-Sein, Care-Arbeit und Lohnarbeit sie manchmal auffrisst, wünschen sie sich, dass sie etwas verändern können. Es ist spürbar, dass selbstbewusste bedürfnisorientierte Erziehung einen tiefgreifenden Einfluss auf alle Lebenswelten von Kindern bedeuten soll. Ein Einfluss, der sich nicht nur auf die Familie, sondern auch auf Kindergarten, Schule, Gemeinwesen und Politik erstecken soll. Wie Eltern diesen Einfluss ausüben, reicht von Einzelgesprächen mit Fachkräften oder politischen Vertreter*innen in der Gemeinde über die aktive Teilnahme an Initiativen und sozialen Projekten bis hin zum eigenen politischen Engagement. Und jeder noch so kleine Beitrag zu einer bedürfnisorientierten Umwelt, die die Kinderrechte achtet, ist wertvoll! Mach dir jetzt bitte keinen Druck, eine eigene Partei gründen zu müssen. Es gibt so viele kleine Momente, in denen du bereits etwas veränderst und so viele kleine Stellschrauben, auf die du aufmerksam machen kannst, ohne dafür Stunden um Stunden in Kampagnen zu investieren. Jeder kleine Denkanstoß, in welche Ohren auch immer, kann etwas bewirken.

Es ist Weihnachtsmarkt und an diesem Abend ist ein Auftritt des Grundschulchors geplant. Dementsprechend tummeln sich an diesem Abend sehr viele Familien dort, die ihren Grundschulkindern beim Singen zuhören wollen und die ihre kleineren Kinder dabeihaben.
Mein Sohn zupft an meiner Jacke und bittet mich, ihm seine Punschtasse vom Stehtisch herunterzugeben, er kommt nicht dran. „Warum sind hier alle Sachen so hoch, Mama?", fragt er mich und ich sehe mich um. Er hat recht. Eigentlich ist das hier heute eine Familienveranstaltung, aber es gibt nicht einen einzigen Tisch, der auf Kinderhöhe wäre, nicht einen Stand, an dem Schulkinder sich einen Kinderpunsch holen könnten. Die Theken der Stände sind so hoch, dass sogar ich als Frau mit 1,66 m das Geld nach oben reichen muss. „Ich glaube, dass die Erwachsenen, die den Weihnachtsmarkt geplant haben, nicht daran gedacht haben, was Kinder brauchen würden.", antworte ich ihm, was er gleich mit „Das ist gemein." kommentiert. Ich gebe ihm Recht und schreibe innerlich bereits einen Brief an die Veranstalter. Fürs nächste Jahr.

Im vorherigen Kapitel ist es schon angeklungen, hier will ich es aber noch mal ganz deutlich machen: Kinder haben Rechte. Einige davon sind Schutzrechte, zum Beispiel das kindliche Recht auf Schutz vor Gewalt, sexuellem Missbrauch oder Suchtmitteln. Andere sind Rechte AUF etwas, wie das Recht auf Bildung, Versorgung, freie Meinungsäußerung oder Privatsphäre. Und da sie nicht vollumfänglich selbst dafür eintreten können, ist es unsere Verantwortung, das zu tun. Das heißt zum einen, dass wir unsere Kinder schützen, wenn ihre Rechte aktiv verletzt werden, aber zum anderen auch, dass wir darauf aufmerksam machen, wenn wir Bereiche entdecken, in welchen diese Rechte noch nicht zur Geltung kommen. Ersteres ist der Fall, wenn wir auf ein Elterngespräch bestehen, weil die Lehrperson das Recht unseres Kindes auf Privatsphäre untergraben hat, als sie Nachrichten aus dem Handy des Kindes vor der Klasse vorgelesen hat. Zweiteres könnte der Fall sein, wenn wir die Gemeinde, die einen neuen Spielplatz plant, darauf hinweisen, dass Kinder das Recht haben, in Angelegenheiten, die sie betreffen, gehört und ernst genommen zu werden.

Die 10 wichtigsten Kinderrechte

Auf der Seite von Unicef findest du tolle Infomaterialien rund um das Thema Kinderrechte. Dort gibt es ein Plakat, auf dem alle Kinderrechte aufgelistet sind und erklärt werden. Es gibt Postkarten und eine Kinderrechtefibel – alles gratis bestellbar. Das wäre doch mal ein Geschenk für den Kindergarten, die Schule und die Gemeinde. Kleiner Wink mit dem Zaunpfahl.

Kinderrechte

1. *Recht auf freie Meinungsäußerung und Beteiligung*
2. *Recht auf Gesundheit*
3. *Recht auf elterliche Fürsorge*
4. *Recht auf gewaltfreie Erziehung*
5. *Recht auf besondere Fürsorge und Förderung bei Behinderung*
6. *Recht auf Spiel und Freizeit*
7. *Recht auf Gleichheit*
8. *Recht auf Bildung*
9. *Recht auf Schutz im Krieg und auf der Flucht*
10. *Recht auf Schutz vor wirtschaftlicher und sexueller Ausbeutung*

Die UN-Kinderrechtskonvention ist in Deutschland seit 1992 ratifiziert, aber ich denke, dir ist bereits aufgefallen, dass in Sachen Umsetzung noch viel Luft nach oben ist. Ich bin davon überzeugt, dass wir hier einen Unterschied machen können, indem wir selbst auf die Rechte unserer Kinder achten, sie wahren und für sie eintreten. Indem wir andere darauf aufmerksam machen, wo die Rechte von Kindern noch nicht (mit-)beachtet werden und Ideen einbringen, wie sie Eingang in die Gemeinschaft finden können.

Du bist ein Vorbild!

Wenn du auf den letzten Seiten geschluckt und dir gedacht hast „Oh je, es gibt noch so viel zu tun!", dann denk bitte immer daran: Du bist ein Vorbild. Schon der Umstand, dass du heute mit deiner Familie und deinem Kind einen anderen Weg einschlägst, als es noch unsere Vorgängergenerationen getan haben, ist bedeutsam. Denn auch daraus erwächst ein Wandel, der sich nachhaltig auf die gesamte Gesellschaft auswirken wird. Bedürfnisorientierte Erziehung fördert die Entwicklung von Respekt und Wertschätzung, dein Kind lernt von Anfang an, dass Unterschiede zwischen den Menschen nichts sind, wovor es Angst haben muss. Es wird die Vielfalt von Meinungen, Hintergründen und Lebensstilen als normal und bereichernd empfinden und damit dazu beitragen, Vorurteile abzubauen und eine inklusive Gesellschaft zu gestalten.

Dein Kind wird eure Werte weiter in die Welt hinaustragen und es als Erwachsene*r anders machen. Es wird achtsamer und toleranter für seine Mitmenschen sein, die Ressourcen der Erde schätzen und ebenfalls etwas bewirken wollen. Weil es gelernt hat, dass es eine Stimme hat und etwas bewegen kann. Weil es gelernt hat, seine Stimme kooperativ und gewaltfrei zu nutzen, wird es später imstande sein, Konflikte auf konstruktive Weise zu lösen und dann auch auf gesellschaftlicher Ebene auf den Dialog und die Zusammenarbeit zu setzen. Mit deiner Begleitung stößt du eine Veränderung an, die sich langfristig ihren Weg in die Grundfeste unserer Gesellschaft bahnt.

Dein Blick auf Kinder als gleichwürdige und gleichwertige Personen wird andere inspirieren, auch ganz ohne große Kundgebung oder Flyeraktion. Durch dich werden andere Menschen neue Perspektiven bekommen und vielleicht auch den Mut, selbst etwas zu verändern. Du wirst andere mitreißen, wenn du Missstände ansprichst, wirst Verbündete finden. Oder einfach nur dadurch neue Wege aufzeigen, dass andere dich in deinem Umgang mit deinem Kind beobachten können. Gegen die Vorurteile, Erziehungsmythen und Widerstände anzutreten, über die ich in diesem Buch geschrieben habe, kann zeitweise unbequem sein. Und es wird auch Momente geben, in denen du verunsichert bist. Erinnere dich dann an dieses Buch zurück, finde deine Haltung wieder und besinne dich, gemeinsam mit den anderen wichtigen Bezugspersonen deines Kindes, auf eure Werte. Sie geben euch das Selbstbewusstsein, das ihr brauchen werdet, wenn dieser Weg mal steinig wird. Ihr habt als Familie alles, was ihr braucht, in euch. Darauf kommt es an.

Meine allerletzte Bitte: Sei nachsichtig mit dir. Du musst die Welt nicht aus den Angeln heben und schon gar nicht allein. Dieses Buch ist keine To-do-Liste, was du alles anpacken musst. Es ist ein Quell an Inspirationen, die dich auf deinem Weg sicher und selbstbewusst machen sollen. Es soll dir die Sicherheit geben, frei von Vorurteilen, Erziehungsmythen und Widerständen den Weg zu finden, der für dich und deine Familie passt. Ich würde mich freuen, wenn es dazu beigetragen hat, dass du deine bedürfnisorientierte Haltung wie einen Schutzschild selbstbewusst vor dir tragen und gestärkt für dich und dein Kind einstehen kannst.

Alles Liebe für dich und deine Familie!

Deine

Michèle

ANHANG

Ein besonderer Dank

… gebührt der Historikerin und Expertin für Generationenkonflikte und die Geschichte der Säuglingspflege Karin Bergstermann, die ich für mein Buch zu diesem Thema befragen durfte.

Mehr zu ihr und ihrer Arbeit findest du unter
https://familie-historisch.de/

Literatur

Ahnert, Lieselotte: Wieviel Mutter braucht ein Kind? Über Bindung, Bildung und Betreuung in den ersten Lebensjahren. Beltz 2020

Ahnert, Lieselotte (Hrsg.): Frühe Bindung. Entstehung und Entwicklung. München/Basel 2008

Andresen, Sabine, Hunner-Kreisel, Christine & Fries, Stefan (Hrsg.): Erziehung. Ein interdisziplinäres Handbuch. J.B. Metzler 2013

Bergstermann, Karin & Hofer, Anna: Bei meinem Kind mache ich das anders. Beltz 2022

Bodenmann, Guy: Lehrbuch Klinische Paar- und Familienpsychologie (2. überarbeitete Auflage). Hogrefe 2016

Brazelton, Berry & Greespan, Stanley: Die sieben Grundbedürfnisse von Kindern. Beltz 2002

Brezinka, Wolfgang: Erziehung in einer werteunsicheren Gesellschaft. München, Basel 1993

Brisch, Karl-Heinz: Bindungsstörungen. Von der Bindungstheorie zur Therapie. Klett-Cotta 2015

Bründel, Heidrun & Hurrelmann, Klaus: Kindheit heute. Beltz 2017

Doucleff, Michaeleen: Hunt, Gather, Parent. HarperCollins 2021

End, Christopher: Elternsein als Weg. Claus 2023

Ferrie, Chris: Baby-Universität. Quantenphysik für Babys. Loewe, 2019

Firus, Christian: Der lange Schatten der Kindheit. Patmos, 2023
Gordon, Thomas: Familienkonferenz. Heyne 2022
Gottman, John & Gottman, Julie: The Science of Couples and Family Therapy. W. W. Norton & Company 2018
Grossmann, Klaus E. & Grossmann, Karin: Bindung und menschliche Entwicklung. Klett-Cotta 2015
Grossmann, Karin & Grossmann, Klaus E.: Bindungen – das Gefüge psychischer Sicherheit. Klett-Cotta 2012
Haarer, Johanna: Die deutsche Mutter und ihr erstes Kind. Lehmanns 1934
Hohmann, Kathrin & Wedewardt, Lea: Kita (R)Evolution. Herder 2023
Hummel, Inke: Nicht zu streng, nicht zu eng. humboldt 2022
Hurrelmann, Klaus & Bauer, Ulrich: Einführung in die Sozialisationstheorie. Beltz 2015
Imlau, Nora: Bindung ohne Burnout. Beltz 2024
Klüver, Nathalie: Deutschland, ein kinderfeindliches Land? Worunter Familien leiden und was sich ändern muss. Kösel 2022
Konrad, Sandra: Das bleibt in der Familie. Piper, 2014
Kracke, Bärbel & Noack, Peter: Handbuch Entwicklungs- und Erziehungspsychologie. Springer 2019
Krämer, Svenja & Meyer, Hanna: Muttertät. mvg Verlag 2022
Langmeyer, Alexandra: Sorgerecht, Coparenting und Kindeswohl. Springer 2012
Largo, Remo: Babyjahre. Piper 2019
Largo, Remo: Kinderjahre. Piper 2021
Mierau, Susanne: Frei und unverbogen. Beltz 2021
Perry, Philippa: Das Buch, von dem du dir wünschst, deine Eltern hätten es gelesen. Ullstein 2021
Pickert, Nils: Prinzessinnenjungs. Beltz 2020
Powell, Bert, Cooper, Glen, Hoffman, Kent & Marvin, Bob: Der Kreis der Sicherheit. G.P. Probst 2015
Renz-Polster, Herbert: Menschenkinder. Kösel 2016
Renz-Polster, Herbert: Erziehung prägt Gesinnung. Kösel 2019
Renz-Polster, Herbert: Kinder verstehen. Kösel 2022

Retz, Eliane & Bongertz, Christiane Stella: Wild Child. Piper Paperback 2021

Schmidt, Nicola: Der Elternkompass. Gräfe und Unzer 2020

Schneewind, Klaus: Familienpsychologie (3.Aufl.). Kohlhammer 2010

Schulz von Thun, Friedrich: Miteinander reden. Rowohlt Taschenbuch 2023

Sears, William & Sears, Martha: The Attachment Parenting Book: A Commonsense Guide to Understanding and Nurturing Your Baby. Little, Brown and Company 2001

Wetzels, Peter: Gewalterfahrungen in der Kindheit. Nomos (1997)

Winter, Romy: Krisenfest. Kösel 2021

Studien und Artikel

Ahnert, L., & Spangler, G. (2014). Die Bindungstheorie. In: Ahnert, L. (Hrsg.): Theorien in der Entwicklungspsychologie. Springer, S. 404–435

Baader, M.S. (2014). Die reflexive Kindheit. In: Baader, M.S., Eßer, E. & Schöer, W. (Hrsg.): Kindheiten in der Moderne. Eine Geschichte der Sorge. Frankfurt a. M.: Campus, S. 414–455

Bandura, A. (1986). Social foundation of thoughts and action: A social cognitive theory. Englewood Cliffs: Prentice-Hall

Barkley, R.A. (2011). Attention-deficit/hyperactivity disorder, self-regulation and executive functioning. In: Vohs, K.D. & Baumeister, R.F. (Hrsg.), Handbook of self-regulation. Research, theory and applications. New York: Guildford Press, 2. Aufl. S. 551–563

Bartelsen, A. (2017). Wirbelsturm erstmaliger Elternschaft – Wie werdende Väter und werdende Mütter ihre erstmalige Elternschaft entwerfen und wie sie den antizipierten Veränderungen ihres Lebens begegnen wollen. Universität Zürich

Baumrind, D. (1966). Effects of authoritative parental control on child behavior. Child Development, 37(4):887–907

Baumrind, D. (1971). Current patterns of parental authority. Developmental psychology, 4:1–103

Baumrind, D. (1989). Rearing Competent Child. In: Damon, W. (Hrsg.). Child Development Today and Tomorrow. San Francisco, 349–378

Baumrind, D. (1991). Effecting parenting during early adolescence transistion. In: Cowan, P.A., & Hetherington, E.M. (Hrsg.). Family Transitions. New York, 111–163

Baumrind, D. (2008). Authoritative parenting for character and competence. In: Streight, D., Parenting for Character: Five Experts, Five Practices. CSEE, S. 17–32

Bensel, J. (2005). Der Übergang zur Elternschaft in westlichen und traditionalen Kulturen. Die Hebamme, 18(4):212–219

Bernier, A., Carlson, S.M., & Whipple, N. (2010). From external regulation to self-regulation: Early parenting precursors of young children's executive functioning. Child Development, 81: 326–339

Brigitte Magazin (16.08.2023). https://www.brigitte.de/familie/mit-fuehlen/erziehungsfehler—5-zeichen—dass-du-dein-kind-vielleicht-zu-sehr-verwoehnst-13056312.html

Bundeskanzleramt, Abteilung Kinderrechte (Pargfrieder, 2021;2023). Elternbefragung: Recht auf gewaltfreie Erziehung. https://www.bundeskanzleramt.gv.at/agenda/familie/kinder-rechte/kinderrechtspolitik.html

Bussmann, K.D. (1995): Changes in family sanctioning styles and the impact of abolishing corporal punishment. In Frehsee, D., Horn, W. and Bussmann, K.D.: Family violence against children (S. 39–61). Berlin, New York: de Gruyter

Bussmann, K.D. (2007). Gewalt in der Familie. In: Ecarius, J. (Eds.) Handbuch der Familie. VS Verlag für Sozialwissenschaften

Carlson, S.M. (2003). Executive function in context: Development, measurement, theory and experience. Monographs of the Society for Research in Child Development, Serial No.274, 68:138–151

Charlotte, A.M., Barker, E.D., Jaffee, S.R., & Viding, E. (2012). Association between maladaptive parenting and child self-control over time: cross-lagged study using a monozygotic twin difference design. The British Journal of Psychiatry, 201:291–297

Clemens, V., Sachser, C., Weilemann, M. & Fegert, J.M. (2020). Aktuelle Einstellungen zu Körperstrafen und elterliches Erziehungsverhalten in Deutschland.

Cowan, C.P., & Cowan, P.A. (1995). Interventions to ease the transition to parenthood. Family Relations, 44:412–423

Delvecchio, E. Germani, A. Raspa, V. et al. (2020). Parenting styles and child's well-being: the mediating role of the perceived parental stress. Europe's Journal of Psychology, 16(3):514–531

Dette-Hagenmeyer, D., & Reichle, B. (2019). Auf den Anfang kommt es an: Entwicklungsförderung für Eltern und Kinder. In: Kracke, B. & Noack, P. (Hrsg.). Handbuch Entwicklungs- und Erziehungspsychologie. Springer Verlag

Dwairy, M., & Achoui, M. (2006). Introduction to three cross-regional research on parenting styles, individuation and mental health in Arab Societies. Sage Publications, S. 221–229

Dweck, C., Blackwell, L., & Trzesniewski, K.H. (2007). Implicit theories of intelligence predict achievement across an adolescent transition: A longitudinal study and an intervention. Child Development, 78(1):246–263

Egle, U.T., Hoffmann, S.O., & Steffens, M. (1997). Psychosoziale Risiko- und Schutzfaktoren in Kindheit und Jugend als Prädisposition für psychische Störungen im Erwachsenenalter. Nervenarzt, 68:683–695

Elsner, B. & Pauen, S. (2012). Vorgeburtliche Entwicklung und früheste Kindheit (0–2 Jahre). In: Schneider, W., Lindenberger, U. (Hrsg.): Entwicklungspsychologie. (7. vollständig überarbeitete Auflage). Weinheim, Basel: Beltz, S. 159–186

Fan, H., Li, D., Zhou, W. et al. (2023). Parents personality traits and children's subjective well-being: a chain mediating model. Current Psychology, 42:16049–16060

Fthenakis, W. (2011). Das kompetente Kind. Eine überfällige Debatte für die Elementarpädagogik. In: Wittmann, S., Rauschenbach, T. & Leu, H.R.(Hrsg.): Kinder in Deutschland. Eine Bilanz empirischer Studien. Juventa, S. 198–211

Garcia, O.F., Serra Desfilis, E., Zacares Gonzales, J.J., & Garcia, F. (2018). Parenting styles and short- and long-term socializations outcomes: A study among Spanish adolescents and older adults. Psychological Interventions, 27:153–161

Glüer, M. (2012). Beziehungsqualität und kindliche Kooperations- und Bildungsbereitschaft. Eine Studie in Kindergarten und Grundschule. Wiesbaden: VS Verlag für Sozialwissenschaften

Gold, C.M. (2023). Child protection and infant mental health: an essential partnership. West Virginia University The Research Repository, 125(3)

Goldberg, W.A., & Keller, M.A. (2007). Co-sleeping during infancy and early childhood: key findings and future directions. Infant and Child Development, 16(4):457–469

Grolnik, W.S., & Ryan, R.M. (1989). Parenting styles associated with children's self-regulation and competence in school. Journal of educational psychology, 81:143–154

Gunnar, M.R., & Donzella, B. (2002). Social regulation of the cortisol levels in early human development. Psychoneuroendocrinology, 27:199–220

Hart, C.H., Newell, L.D. & Olsen, S.F. (2002). Parenting skilly and social/communicative competence in childhood. In J.O. Greene & B.R. Burleson (Eds.): Handbook of communication and social interaction skills. Hillsdale, NJ: Erlbaum

Helmke, A., & Schrader, F.-W. (2010). Determinanten der Schulleistung. In Rost, D.H. (Hrsg.). Handwörterbuch Pädagogische Psychologie. Beltz PVU, S. 90–102

Huver, R.M.E., Otten, R., de Vries, H., Engels, R.C.M.E. (2010). Personality and parenting style in parents of adolescents. Journal of Adolescence, 33(3):395–402

Jenni, O., Fuhrer, H.Z., Iglowstein, I., Molinari, L., & Largo, R.H. (2005). A longitudinal study of bed sharing and sleep problems among swiss children in the first 10 years of life. Pediatrics, 115:233–240

Keller, M.A., & Goldberg, W.A. (2004). Co-sleeping: Help or hindrance for young children's independence? Infant and Child Development, 13(5):369–388

Köhne, C.I. (2003). Familiale Strukturen und Erziehungsziele zu Beginn des 21. Jahrhunderts. Dissertation, Universität Duisburg-Essen

Lamborn, S.D., Mounts, N.S., Steinberg, L., & Dornbusch, S.M. (1991). Patterns of competence and adjustment among adolescents from authoritative, authoritarian, indulgent and neglectful families. Child Development, 62:1049–1065

Lauterbour-Rohla, C. (2001). Vorbereitung auf Geburt und Elternschaft. Initiativ Liewensufank, 209:40–42

Levinson, A.R., Speed, B.C., et al. (2017). Authoritarian parenting predicts reduced electrocortical response to observed adolescent offspring rewards. Social, Cognitive and Affective Neuroscience, 12(3):363–371

Liebenwein, S. (2020). Familie, Erziehung und soziale Reproduktion. In: Ecarius, J., Schierbaum, A. (Eds): Handbuch Familie. Wiesbaden, Springer VS

Marshall, S. (2024). Sleep Statistics and Facts. National Council on Aging www.ncoa.org. https://bit.ly/3wYgSAn (zuletzt abgerufen: 17.03.2024)

McKenna, J.J., & McDade, T. (2005). Why babies should never sleep alone: A review of the co-sleeping controversy in relation to SIDS, bedsharing and breast feeding. Paediatric Respiratory Reviews, 6(2):134–152

Middlemiss, W., Granger, D.A., Goldberg, W.A. & Nathans, L. (2012). Asynchrony of mother-infant hypothalamic-pituitary adrenal axis activity following extinction of infant crying responses induced during the transition to sleep. Early Human Development, 88(4):227–232

Moberg, K. (2016). Oxytocin und Eltern-Kind-Bindung. In: Streit, U., Jansen, F. (eds.). Oxytocin, das Hormon der Nähe. Springer Spektrum

Morris, A.S., Silk, J.S. et al. (2007). The role of the family context in the development of emotion regulation. Social Development, 16:362–388

Moffitt, T.E., Arseneault, L., Belsky, D. et al. (2011). A gradient of childhood self-control predicts health, wealth, and public safety. Proceedings of the National Academy of Sciences, 108: 2693–2698

Oelkers, J. (2013). Geschichte der Erziehung. In: Andresen, S., Hunner-Kreisel, C. & Fries, S. (Hrsg.). Erziehung. Ein interdisziplinäres Handbuch. J.B. Metzler

Oelkers, J. (2021). Der Einfluss christlicher Lehren auf das Erziehungswissen. Zeitschrift für Pädagogik, 67(1):60–74

Öffentliches Gesundheitsportal Österreich: „Gut vorbereitet zur Geburt" (19.12.2019) https://www.gesundheit.gv.at/leben/eltern/geburt/geburtsvorbereitung/geburtsvorbereitungskurs.html (zuletzt abgerufen: 22.03.2024)

Patterson, G.R., Dishion, T.J., & Yoerger, K. (2000). Adolescent growth in new forms of problem behavior: Macro- and micro-peer dynamics. Prevention Science, 1:3–13

Pawluski J.L., Lambert K.G., & Kinsley C.H. (2016). Neuroplasticity in the maternal hippocampus: Relation to cognition and effects of repeated stress. Hormones and Behavior, 77:86–97

Pinquart, M., & Teubert, D. (2010). A meta-analytic study of couple interventions during the transition to parenthood. Family Relations, 59:221–231

Pinquart, M., & Teubert, D. (2010). Effects of parenting education with expectant and new parents: a meta-analysis. Journal of Family Psychology, 24:316–327

Polz, J. (2018). Wenn Kinder zu Eltern werden. Zeitschrift für freie psychoanalytische Forschung und Individualpsychologie

Pomerantz, E.M., & Eaton, M.M. (2000). Developmental differences in children's conceptions of parental control: "They love me, but they make me feel incompetent." Merrill-Palmer Quaterly, 46:140–167

Pratt, T.C., Cullen, F.T., Sellers, C.S., Winfree, L.T. et al. (2010). The empirical status of social learning theory: A meta-analysis. Justice Quarterly, 27(6):765–802

Reichle, B., & Franiek, S. (2009). Erziehungsstil aus Elternsicht – Deutsche erweiterte Version des Alabama Parenting Questionnaire für Grundschulkinder (DEAPQ-EL-GS). Zeitschrift für Entwicklungspsychologie und Pädagogische Psychologie, 41(1):12–25

Rhee, K.E., Lumeng, J.C., et al. (2006). Parenting styles and overweight status in first grade. Pediatrics, 117: 2047–2054

Riecher-Rössler, A. (2008). Geschlechtsspezifische Unterschiede in der Häufigkeit psychischer Störungen. Neurologie & Psychiatrie, Vol. 6, Nr. 3

Sadeghi, S., Ayoubi, S. & Brand, S. (2022). Parenting styles predict future-oriented cognition in children: a cross-sectional study. Children, 9(10):1589

Scrimgeour, M.B., Blandon, A.Y., Stifter; C.A., & Buss, K.A. (2013). Cooperative coparenting moderates the association between parenting practices and children's prosocial behavior. Journal of Family Psychology, 27:506–511

Schneewind, K.A. (1995). Familienentwicklung. In: Oerter, R., Montada, L. (Hrsg.): Entwicklungspsychologie. Psychologie Verlags-Union, 128–166

Schneewind, K.A. (2012). Erziehungsstile. In Stange, W., Krüger, R., Henschel, A. & Schmitt, C. (Eds.): Erziehungs- und Bildungspartnerschaften. VS Verlag für Sozialwissenschaften.

Schöpf, A. & Liebig, C. (2006). Der Einfluss organisationaler Gerechtigkeit und Commitment auf deviantes Verhalten von Mitarbeitern.

Shahsavari, M. (2012). A general overview on parenting styles and its effective factors. Australian Journal of Basic and Applied Sciences, 6(8):139–142

Sniekers, S., Stringer, S.,Watanabe, K. et al. (2017). Genome-wide association meta-analysis of 78.308 individuals identifies new loci and genes influencing human intelligence. Nature Genetics, 49:1107–1112

Standop, J. (2017). Werte. In: Andresen, S., Hunner-Kreisel, C. &, Fries, S. (Hrsg.): Erziehung. Ein interdisziplinäres Handbuch. J.B. Metzler

Statista (2019). Umfrage zur Nutzung ausgewählter Geburtsvorbereitungsmaßnahmen nach Geschlecht 2017. https://de.statista.com/statistik/daten/studie/727191/umfrage/umfrage-zur-nutzung-ausgewaehlter-geburtsvorbereitungsmassnahmen-nach-geschlecht/ (Zuletzt abgerufen am: 17.03.2024).

Stiftung Kinderschutz (2022,2023). https://www.kinderschutz.ch/engagement/praeventionskampagne/starke-ideen-studie-bestrafungsverhalten (zuletzt abgerufen: 23.03.2024)

Strathearn, L., Fonagy, P., Amico, J. et al. (2009). Adult Attachment Predicts Maternal Brain and Oxytocin Response to Infant Cues. Neuropsychopharmacol, 34:2655–2666

Uhlendorff, H. (2001). Elterlicher Erziehungsstil. In: Erziehung im sozialen Umfeld. VS Verlag für Sozialwissenschaften, S. 21–29

Unicef (2017). https://www.unicef.de/informieren/aktuelles/gewalt-gegen-kinder-beenden/was-ist-gewalt-fragen-und-antworten (22.03.2024)

Uslucan, H. (2013). Erziehungsstile und ihre kulturelle Überformung. In: Andresen, S., Hunner-Kreisel, C., & Fries, S. (Hrsg.). Erziehung. Ein interdisziplinäres Handbuch. J.B. Metzler

Van Ijzendoorn, M. et al. (1999). Disorganized attachment in early childhood: Meta.analysis of precursors, condomitants and sequelae. Development and Psychopathology, 11:225–249

Weiss, M., Schmucker, M., & Lösel, F. (2015). Meta-Analyse zur Wirkung familienbezogener Präventionsmaßnahmen in Deutschland. Zeitschrift für Klinische Psychologie und Psychotherapie: Forschung und Praxis, 44:27–44

Wolfradt, U., Hempel, S., & Miles, J.N. (2003). Perceived parenting styles, depersonalization, anxiety and coping behavior in adolescents. Personality and individual differences, 34:521–532

Zemp, M. (2018). Die Bedeutung der Bindung für die kindliche Resilienz. Schweizerische Zeitung für Heilpädagogik, 24(4):38–44

Starke Kommunikation = starke Bindung

- Der Ratgeber liefert alltagstaugliche Impulse, damit Eltern mit ihrem Kind spielerisch und ohne Druck ins Gespräch kommen, die Bindung vertiefen und Konflikte lösen können
- Die besten Tipps für mehr Leichtigkeit im Familienalltag von einer erfahrenen Familienberaterin – für Eltern von 2–6-jährigen Kindern

Michèle Liussi
Kinderleicht ins Gespräch kommen
184 Seiten
14,5 x 21,5 cm, Softcover
ISBN 978-3-8426-1720-9
€ 22,00 [D] · € 22,70 [A]
Der Ratgeber ist auch als eBook erhältlich.

humboldt
... bringt es auf den Punkt.

Bibliografische Information der Deutschen Nationalbibliothek
Die Deutsche Nationalbibliothek verzeichnet diese Publikation in der deutschen Nationalbibliografie; detaillierte bibliografische Daten sind im Internet über https://dnb.de abrufbar.

ISBN 978-3-8426-1747-6 (Print)
ISBN 978-3-8426-1748-3 (PDF)
ISBN 978-3-8426-1749-0 (EPUB)

Abbildungen:
stock.adobe.com: Yana: 10, 19, 48, 72, 83, 91, 98, 110, 115, 123, 129, 132, 168;
topvectors: 139
PER MEDIEN & MARKETING GmbH: 207

Originalausgabe

Die Ratgebermarke der Schlütersche Fachmedien GmbH
Hans-Böckler-Allee 7, 30173 Hannover
www.humboldt.de
www.schluetersche.de

Lektorat: Katharina Spangler, Neumarkt i.d.OPf.
Korrektorat: Miriam Buchmann, Hannover
Covergestaltung: ZERO, München
Covermotiv: Shutterstock / Yanina Nosova
Foto Umschlagrückseite: © Christina Gaio Photography
Satz: PER MEDIEN & MARKETING GmbH, Braunschweig
Druck und Bindung: gutenberg beuys feindruckerei GmbH, Langenhagen